基于现代学徒制的校企协同育人机制研究

张 刚◎著

文化发展出版社
Cultural Development Press
·北京·

图书在版编目（CIP）数据

基于现代学徒制的校企协同育人机制研究 / 张刚著
. — 北京 ：文化发展出版社，2024.1
ISBN 978-7-5142-4305-5

Ⅰ．①基… Ⅱ．①张… Ⅲ．①高等学校－产学合作－研究－中国 Ⅳ．① G640

中国国家版本馆 CIP 数据核字 (2024) 第 004232 号

基于现代学徒制的校企协同育人机制研究

张 刚 著

出 版 人：宋 娜
责任编辑：袁兆英　　　　责任校对：岳智勇
责任印制：邓辉明　　　　封面设计：守正文化
出版发行：文化发展出版社（北京市翠微路 2 号 邮编：100036）
网　　址：www.wenhuafazhan.com
经　　销：全国新华书店
印　　刷：天津和萱印刷有限公司

开　　本：710mm × 1000mm 1/16
字　　数：220 千字
印　　张：12
版　　次：2025 年 1 月第 1 版
印　　次：2025 年 1 月第 1 次印刷

定　　价：72.00 元
I S B N：978-7-5142-4305-5

前　言

在当今快速变化和高度竞争的经济全球化社会中，职业教育面临着前所未有的挑战和机遇。高等职业院校（简称高职院校和学校）作为培养人才的重要场所，肩负着培养具备实践能力和创新精神的高素质人才的使命。然而，传统的教育模式往往难以满足当前社会对人才的需求，缺乏与企业紧密结合的实践环节，导致毕业生在就业市场上面临诸多困难。

为了解决这一问题，校企协同育人模式应运而生。该模式旨在构建一种全新的职业院校育人机制。在此基础之上，现代学徒制逐渐发展成形，为我国职业教育注入了新的力量，更好地促进了学生职业素养和实际技能的培养，以适应社会发展的需求。

校企协同育人和现代学徒制都能够有效提高职业教育的实践性和针对性，使学生更好地融入职业领域。首先，通过校企合作，学生能够直接接触真实的工作环境，了解行业需求，并在实践中提升自己的实际操作能力。其次，这种模式能够促进学校与企业之间的密切合作，使校企之间实现资源共享、优势互补。学校可以借助企业的专业知识和实践经验，为学生提供更贴近市场需求的培训内容，提高教育教学质量，而企业则可以从学校获得有潜力的人才资源。最后，校企协同育人和现代学徒制也能够有效解决企业人才短缺的问题，提供更多的就业机会。通过校企之间的紧密合作，学生能够更好地适应就业市场的需求，增加就业竞争力。

本书共七章。第一章为校企协同与现代学徒制概述，介绍了校企协同的内涵与发展历程、校企协同的指导理论及相关政策、现代学徒制概述、校企协同与现代学徒制实施的意义与现状四方面的内容；第二章为校企协同育人与现代学徒制关系辨析，包括校企协同与现代学徒制的区别、现代学徒制解决校企协同问题的科学性；第三章重点分析了现代学徒制校企协同育人运行机制，从理事会日常工作机制、校企沟通与实训机制、人才评价机制三个角度展开了论述；第四章主要介绍了现代学徒制校企协同育人中的权责关系，分为企业参与职业教育的责任与机制、校企利益与权责划分、现代学徒制校企协同育人中的资源分享三部分；第五章主要分析了现代学徒制校企协同育人创新思路，包括不同视角下的校企协同治理研究、产教融合与校企协同育人创新、校企协同保障体系创新；第六章为基于现代学徒制的校企协同育人建设与发展，分为校企实施现代学徒制的内外条件、现代学徒制的课程体系和工场学习体系、校企实施现代学徒制的问题反思与解决对策三节；第七章为基于现代学徒制的校企合作趋势和展望，包括基于现代学徒制的校企合作趋势、基于现代学徒制的校企合作展望两部分。

在撰写本书的过程中，笔者参考了大量的学术文献，得到了许多专家学者的帮助，在此表示真诚感谢。本书内容系统全面、论述条理清晰、深入浅出，但由于笔者水平有限，书中难免有疏漏之处，希望广大同行及时指正。

张　刚

2023 年 7 月

目录

第一章　校企协同与现代学徒制概述

本章的主题是校企协同与现代学徒制概述，将围绕四个方面展开论述：校企协同的内涵与发展历程、校企协同的指导理论及相关政策、现代学徒制概述、校企协同与现代学徒制实施的意义与现状。

第一节　校企协同的内涵与发展历程

一、校企协同的内涵与特征

（一）校企协同的主要内涵

1. 以共同培养人才为目标

校企协同即学校与企业合作的核心目标是学校要更为企业以及社会培育出更多高质量的、优秀的技术技能型专业人才。随着我国经济社会的快速发展，企业对职业技术人才的需求量越来越大，目前我国高等职业院校与用人单位之间还存在着一定的人才缺口。在校企协同的深入影响下，高职院校不仅能够实时了解和掌握企业对职业教育的期待，同时还可以进一步了解企业对不同人才的实际需求，从而为高职院校的快速发展与改革提供有力的支撑。通过构建学校教师与企业导师相结合的“双师型”教学团队、建立与之相适应的实训基地、加强教学团队培训力度等一系列措施来提升教师素质，从而提高学生职业能力，最终实现学校培养技术技能型人才的目标。

现阶段，更快速与地区、行业经济以及社会发展的实际需求相适应是职业教育进行专业设置的主要目的和宗旨。因此，高职院校必须结合当地的产业特色和人才市场情况来确定专业方向，这样才能保证培养出来的学生具有较高的职业素质和专业技能。通过校企共建共享的方式，学校能根据企业需求进行合理的专业设置，保证人才培养目标的实现。学校根据市场需求确定教学计划，合理组织课程开发与实际教学，使毕业生具有良好的职业技能素质，从而增强其就业竞争力。校企协同能够最大化地利用双方在教学环境、教师资源等领域的独特优势，从而加强双方的沟通和合作，进一步加强学生职业技能方面的培训和培养。

在高职院校中，校企协同办学也就是学校与企业的合作办学，它被视为实现开放式教育的一条关键路径。高职院校与企业啊哟以共同培养人才为目标，通过校企合作共建“双师型”教学团队，构建工作学习结合的人才培养模式，可以有效地促进高职院校向应用型院校的转型发展。除此之外，高职院校在设计专业以及招生规模的时候，既可以参照行业、企业的未来发展趋势，又能够参照不同岗位的具体要求，来进行恰当、合理的设计，以便全面贯彻和认真实践以就业为具体导向、以服务为重要核心的办学理念以及正确的教育观点。在这种人才培养模式下，学生毕业后能够快速融入工作环境，并具备符合岗位要求的职业能力，高职院校自身的就业率也能够有所提高。

与此同时，校企协同也被视为高职院校提高办学活跃度的关键手段，在国家鼓励职业教育产教融合赋能提升的背景下，校企协同办学已成为一种趋势。高职院校通过校企协同办学，能够将现代企业的管理思维、模式等巧妙融入高职院校的日常管理中，从而对管理流程进行持续优化，创造更好的教育环境。另外，为了使高职院校在市场上的竞争力得到持续有效提升，还需要进一步拓宽办学的职责范围，通过不同的方式和手段努力提升校企协同办学的活力，并且为经济快速增长提供一系列更为优质的服务。

2. 以人力资源合作为纽带

众所周知，企业的重要核心要素是人力资源，同时人力资源是高职院校运营的关键和主导力量。随着经济全球化进程不断加快，人才作为推动国家经济增长的主要力量之一，受到了社会各界人士越来越多的关注。人力资源现状从某种程度上来说对一个企业未来发展方向具有直接影响。高职院校的毕业生是企业人力资源的核心组成部分，企业在人力资源方面对高职院校毕业生的需求也非常大。

在当前的经济形势下，企业越来越重视人才的培养质量，对于高职院校来说更是如此。毕业生在经过高等职业院校的专业培训与教育之后具备一定的职业技能和能力，可以满足工作环境中的技术要求，从而最大限度避免企业再次培训的麻烦，并使企业员工的总体素质得到有效提升。除此之外，随着生产技术的不断进步以及员工岗位的迁移，企业可能需要通过不同的方式和手段进一步提升在职员工的专业素质。因此，高职院校需要提供培训基地和资源，就某种程度而言，这也是高职院校实现其办学目标和功能，以及更好地服务社会的一项关键措施。

高职院校需要不断加强在专业教学团队方面的建设，具体包括以下三点：

一是高职院校应该在综合考察和调研之后完善和优化教师的考核制度和聘用制度，全面贯彻和落实访问工程师的相关制度。通过挂职等不同的方式，教师可以深入企业一线，对业务技术进行系统化的学习，在加强实践技能的同时提升其在教学方面的相关能力。

二是企业需要为高职院校提供一个吸引企业技术人才的通道，并从企业中引进高级技术人员，以加强教师团队，实现知识的灵活流动和人才资源的共享，同时也要建立校企共同培养机制，使学校和企业形成良性互动，促进人才培养模式创新。

三是高职院校需要对兼职教师的管理制度进行优化和完善，并从企事业单位中专门聘请“能工巧匠”作为兼职教师，以满足高职院校不同专业发展的实际需求。在此基础上建立起包括校内管理、校外培训、行业指导在内的多层次、多形式、全方位的校企一体化人才培养模式。

总之，采用“请进来，走出去”的校企协同模式，对于高职院校来说，是组建教学团队的最佳选择，团队中的教师不仅具有较强的业务能力，还具有较高的专业技能水平等。

3. 以物质资源共享为手段

在职业教育体系中，实验、实际训练和实习是人才培养策略的关键部分。因此，加强实验、实训教学和提高学生动手能力成为各高职院校普遍采用的措施。但是，现如今我国职业教育的改革与发展除了受到教育资源短缺的限制之外，还受到实验实习场所紧缺的制约。因此，想要提高现代高职院校的教学质量，就必须重视对实践教学资源的开发与利用。正因为这个原因，高职院校非常有必要对实践教学资源的建设工作进行持续性的强化。

一是高职院校应该有序、科学整合校内外的丰富实践教学资源，加强校内生产性实训实习基地建设。在校企协同模式下，高职院校负责提供适当的场地，同时对其进行有效的管理；企业则负责提供必要的设备、先进的技术等，双方共同建立校内生产性实训基地，以创造优质的实践教学环境。同时，在校企合作过程中高职院校与企业还应重视学生自主学习意识培养，引导学生参与到实践活动中来。

二是需要通过校企协同的方式建立基地，为实践教学创造一个充满真实职业气息的环境以及必要的物质条件。此外，高职院校与企业还应在校外实训基地设立专门的管理机构，负责组织校外实训基地的日常管理工作，确保其正常运转和良性发展。

三是高职院校应当对现代信息技术进行最大限度地利用，积极开发仿真教学资源，如虚拟工厂、虚拟车间等。建设工学结合人才培养模式下的校内生产性实训基地，这是高职院校与企业开展深度合作的基础。通过对环境以及物质资源的综合整合，可以使双方实现真正意义上的教育资源共享。这为高职院校的学生提供了相对真实的职业环境，使他们以企业“预备”员工的身份参与企业生产运作，从而最终培养和提升他们的职业能力、职业素养等。这一方面顺利解决了高职院校学生缺乏生产性实训经验的问题，另一方面也能为企业提供更多优秀的技能技术型人才，这些人才不仅具有较高的职业素质，还具有较强的专业能力。

4. 以技术服务为推动力

无论是技术还是科学均被人们认为是最主要的生产推动力，可以说它们是影响和构成现代企业发展和壮大的关键因素。技术难题与问题在企业的生产活动中是不可避免的，同时随着经济全球化的持续深入，市场竞争越来越激烈，企业为了提高自身的市场竞争能力，会加大对技术服务方面的投入。

在企业发展过程中，持续引入新的技术、工艺以创新产品是提高企业竞争力的关键，这也为高职院校与企业在技术方面的合作创造了有利条件。校企通过开展广泛的技术与经济联合活动，可以有效地促进双方的优势互补、实现资源共享。

高职院校拥有众多优秀的专业技术人员，他们长时间从事专业技术工作，对高新技术的发展有比较深入的认识和了解，这使高职院校在技术方面具有十分明显的优势。并且高职院校的科研成果也应当向企业的生产实践积极转化，以实现和体现高职院校重要的社会价值。高职院校是我国科技创新体系的重要组成部分，承担着培养高素质技能型人才的任务，是国家科学技术事业的主力军。

高职院校可以通过科研、教育生产（简称产学研）结合的模式为企业提供技术支持，推动科技成果的产业化，促进产业结构优化升级。所以，高职院校应当充分发挥其内在优势，最大限度地利用企业在资金和设备方面的优势，主动与企业在高新技术应用、新技术引进等多个领域进行合作。这样做除了能解决企业在生产过程中遇到的诸多技术问题，还能进一步提升企业的生产技术水平，从而实现学校与企业的共赢。这无论是对高职院校还是企业的长远发展都具有不可忽视的重要作用。

（二）校企协同的特征

1. 教育性

职业教育旨在培养学生的职业技能，它是融合了经济发展特点与企业行为特点的教育方式。在当前市场经济条件下，企业对人才素质有了新的要求，尤其对于高技能专业人才的要求更加突出。所以，校企协同也具有教育性，它的首要任务是培育技术技能型人才。当前，我国高职院校与企业之间的校企协同育人机制还存在着一些问题，如合作不够紧密、缺乏必要的沟通渠道、信息共享不畅、人才流动不畅等。学校和企业应把人才培养作为共同的目标，以岗位的实际需求为具体导向，改变育人的相关理念，不断加强人才意识，明确培养目标，制订合适的教学标准，对教学资源进行有序整合，共同参与人才培养的整个过程。

校企之间通过合作成为利益共同体，从而形成资源共享、优势互补、互利互惠、互利共赢的局面，促进学校与企业共同提高办学水平和质量。这不仅是校企协同的重要内在需求，同时校企协同育人机制的核心属性——教育性。

2. 职业性

校企协同从一开始就以培养满足职业岗位需求的人才为最终目标，具有很强的实用性。所以，校企协同真正体现了将学习与生产紧密结合在一起的核心宗旨是让学生在学习的过程中自我教育、吸收知识，培养其良好的职业素质，同时加强与提升他们的专业技能、社交能力等，帮助他们顺利地从学习阶段过渡到职业阶段。

通过实践发现，高职院校与企业开展“订单式”人才培养模式改革后，能够实现学校教育与企业需求的无缝对接，有效地缩短学生毕业到就业之间的时间。这一流程不仅充分展示了职业教育校企协同的职业属性和特征，同时也充分满足了企业对高质量、技能型专业人才的不同需求。

3. 互利性

合作通常被认为是社会互动的方式，作为一种集体联合行动，是集体或者个体为了实现共同设定的具体目标，彼此之间相互协调开展的。高职院校与企业之间存在着密切的联系，双方可以进行优势互补、资源共享、信息共享等多种途径的交流与沟通。

校企协同在职业教育中被人们看作一种社会互动的方式，参与者不仅在观点上保持一致性，还有相同的目标，彼此之间相互协调，有互动。这意味着双方在行为上有共同性的同时，在目标上也有一定的一致性，简单来说就是所谓的互利性。其实，这里提到的目标实际上是合作利益的一种，单凭一方的行为是无法顺利获得这种利益的。

无论是高职院校还是企业，它们的全部利益，具体来说均是通过相互合作和互动来获得的。校企协同中的合作不是只有学校和企业的参与，而是需要企业、高校、社会三方共同参与。参与者在参与的时候不应该只重点关注合作忽视利益，也不应该只重点关注利益忽视合作，否则校企协同合作也只是一种短期行为。可见，在校企协同过程中，利益关系并不是单一主体间的博弈结果，而是多方共同参与的均衡选择。互利性在校企协同的长期合作过程中发挥着十分重要的作用，参与者不可忽视校企协同的互利性。

4. 创新性

创新不仅是一个民族向前发展的核心精神与灵魂，也是推动国家持续繁荣和发展的永恒动力。在高等职业教育中，创新性对校企协同办学能否成功起到了决定性的作用。研究高职院校与企业深度融合的方式，建立以企业为主体、学校为依托的新型高等职业教育体系就显得尤为迫切和重要了。随着经济社会的快速发展，特别是现代企业对技术技能型人才需求量的日益增加，校企协同逐渐成为我国高等职业教育领域研究和实践的热点之一。

鉴于高职院校所在的地理位置以及所面对的行业差异，学校与企业之间校企协同的合作模式、主题等多个层面具有一定的差异性。因此，如何选择适合自身特点的校企协同培养途径成为当前职业教育界面临的重大课题。现阶段，职业教育中的校企协同的成功经验较少，也无法真正建立一个具有科学性和系统性的固定合作模式。如果高职院校和企业在改革和创新的过程中仅是对尚未完全成熟的经验或方法进行简单的“复制”，那么想要实现真正意义上的校企协同办学目标的概率是非常小的。

5. 多样性

校企协同应该是一种全面和多层次的合作，并且合作的方式、内容以及形式应该是多种多样的，如高职院校与企业的合作、高职院校的专业与企业部门的合作等。当前，我国高职院校正在积极探索以培养创新型人才为目标的校企合作新形式，但由于缺乏对该形式内涵的认识，导致了实践效果不理想，严重影响到高职院校人才培养目标的实现。

高职院校、企业、社会等基于共同的发展愿景建立了校企协同机制，在利益上形成“共赢”局面，并通过各种机制实现资源共享，从而提高办学水平和竞争力。高职院校和企业要结合人才、技术和效益等多种因素，对校企协同的形式与内容进行更深层次的挖掘与探索。在充分利用各方优势的前提下，高职院校和企业双方通过建立一个长期有效的合作模式，从而充分满足人力资源的非静态变化需求，并且推动社会经济的增长。

建立有效的校企协同长效合作机制要坚持政府主导与市场调节相结合、学校主体地位与企业主体作用相结合、校内培养模式与校外实践教学模式相结合的基本原则。高职院校和企业要想真正实现以服务为宗旨、以就业为具体导向的办学理念，保证校企协同的多样性是其关键的措施与手段，是实现学校和企业长期合作机制的保证，也是校企协同成功的显著标志。如果校企协同不具备多样性，则极有可能会对校企协同的广度、深度与效益产生一系列的负面影响。

6. 文化性

就本质而言，校企协同是文化合作的一种，它不仅是高职院校与企业的合作，更是一种深厚的文化交流。在当前的市场竞争中，众多企业已经塑造出了各自独特的企业文化，如科学化的管理方法、合适的管理制度等。另外，这也可以使学生在潜移默化中受到企业文化的熏陶，逐步养成良好的职业素养，如积极认真的工作态度等。企业文化的丰富内涵会促进学校教学管理制度创新，推动教学改革深入进行，提高教学质量，增强办学实力，最终促使学校和企业双方实现更好、更快的发展。

在校企协同中，当企业参与到高职院校的管理工作中时，其前沿的管理思想以及开放的企业文化将会挑战并逐步打破高职院校的相对传统、封闭的管理和文化模式。同时在双主体模式下，双方还能通过相互学习来增强各自的竞争力和创新能力。当企业的优质服务观念与完整的服务结构同高职院校日常管理相结合时，它将助力高职院校的教职员工形成服务意识，并营造一个积极、良好的服务育人环境。此外，通过校企文化融合提升教学质量和学生就业能力，为企业提供优质人才，也是学校自身生存与发展所需。

显然，学校与企业之间的文化合作所体现出的文化性，可以将校企协同的水平淋漓尽致地展现出来。它有利于推动现代职业教育体系建设、促进产业结构调整优化升级、提高劳动者素质、增强国家竞争力。也正是因为如此，深入探讨高职院校与企业合作办学的含义和独特性，可以使校企协同的内涵得到持续的丰富与拓展，同时有利于高职院校与企业最终获取职业教育人才培养的最佳结果。

二、校企协同的发展历程

（一）合作模式的改革

20 世纪 70 年代至 80 年代中后期，因为国家用工政策的调整，企业传统的师徒制内部培训体系逐渐被中等职业学校（简称中职学校）所取代，后者逐渐成为技术工人的主要来源。然而，此时学校与企业之间的合作仍然延续了 20 世纪 50 年代的生产实习、半工半读等模式。

1994 年全国教育工作会议提出的“三改一补”方针，标志着高职教育的大规模崛起与发展。该变化虽然在一定程度上使职业教育管理体制变得更复杂，但同时也促使学校与企业在合作方面展现出一定的多样性。在这一时期，学校与企业的合作模式主要分为三种：一是基于特定行业进行生产实习；二是创建生产实习基地、以厂养校，以此来维持学校的运营；三是双方之间成为合作伙伴，创造十分紧密的合作关系，并且有序安排即将毕业的学生到企业参与对口实习。

（二）机制优化与核心目标的改变

观察这一时期的进展，虽然学校与企业的合作模式多种多样，但它们的发力点和核心目标仍然是借助此种模式来优化和改善高职院校的办学环境、办学条件。校企合作的控制权短暂经历了“一放就乱”的局面后，国家全面加强了对校企合作方面的控制权全面加强，政府及主办方享有绝对产权。由于职业教育体系的封闭性，人才培养的质量和市场的实际需求之间产生了一定的差距，这导致了“技工荒”等问题。为了破解这一难题，国家出台了一系列政策以支持校企深度融合，鼓励学校开展产教结合、工学交替等职业教育培养模式改革。

对于政府来说，这一政策的调整在制度层面为学校与企业之间的合作提供了科学的市场导向，并确立了以学校为中心的校企合作机制。在这一背景下，地方政府通过出台一系列相关文件积极引导校企深度融合，使高职院校逐渐成为具有国际竞争力的技术技能型人才输出基地。然而，在这一过程中出现了“课程资源被压缩”等问题，并且更深层次的问题是学校与企业的合作仅解决了高职院校在技能人力资本生产端的投入问题，而如何减少企业技能人力资本交易成本的问题并未得到有效解决。

这导致一些学生在毕业后无法获得稳定的工作岗位，进而引发就业困难、再分配困难、失业人员增加等一系列社会矛盾。当这种矛盾最终对地区的经济增长产生一定程度的负面影响时，地方政府开始在市场的巨大压力下，开放人才的培训流程。服务地方经济发展，以就业为导向，使校企合作、工学结合成为职业院校人才培养模式改革的核心内容。与过去学校与企业的合作模式相比，现今校企协同的核心目标是通过不同的方式和手段努力提升人才培养的质量，同时在整体上促使职业教育的效益提升。

（三）项目建设与组织构架建设

从宏观层面上看，教育部和财政部共同发起了由中央财政支持的实训基地建设等多个专项和国家级示范学校的项目建设，项目建设借助专项资金和有序引导指引高职院校为区域经济社会发展服务。这些对专业建设、校企合作和对口帮扶中西部地区做了特别的要求，体现了国家对职业教育的要求，具有很大的导向性。

与此同时，各个地区开始创建县级的职业教育中心，其主要目的是为本县的农村居民提供不同类型的教育与技术技能培训：其意义一是可以向城市提供优质、高素质劳动力；二是可以促进农村劳动力技能水平提升，服务农村经济发展。同时，各高职院校被要求从“体制和机制的改革”开始，确立学校与企业之间的长期合作机制。

从微观层面上看，这种组织构架对各个高职院校的内部管理和办学行为产生了深远的影响。在校企之间建立起有效的合作伙伴关系是实现高职院校发展目标的重要途径之一，基于学校和企业之间的共同利益，校企双方成立了一个专门负责校企合作的部门，以协调双方的合作事务。在此过程中，校企间形成了一种良性互动机制，即校企之间的双向联系，这样的协同机制确保了企业市场和学校教育之间的均衡。

从国家层面上看，高职院校在市场压力不断增大的影响下，提高了对人才培养的要求，具体而言就是高职院校将促进学生就业作为导向的同时，将为学生提供更优质的服务作为核心目标，提高高等教育质量，并适当控制高职院校招生人数，稳定招生规模。高职院校采用校企合作的办学模式，以工学结合为人才培养模式，简单来说就是以理论与实践相结合的方式进行人才培养，将就业作为人才培养的主要目标，并开始了进一步研究和探索。

（四）法律保障与校企合作的积极改革

国务院《关于加快发展现代职业教育的决定》提出，加快发展现代职业教育，调动社会力量参与办学，探索混合所有制。[①]同时，国务院对“构建现代职业教育体系建设，深化产教融合、校企合作”做了进一步阐述，强调现代职业教育体系与区域经济社会发展密不可分，产教融合、校企合作政策上升到通过校企协同育人来实现国家人才培养体系与产品市场的融合的层面。[②]它在法律层面上对职业教育领域中的产权制度进行了明确。

---

① 郝杰．国务院部署加快发展现代职业教育[J]．纺织服装周刊，2014（25）：11.

② 国务院关于加快发展现代职业教育的决定[J]．职业技术，2014（8）：7-11.

随着社会经济环境和市场经济体制的不断变化，这种以身份为纽带形成的利益共同体将逐步解体，最终校企间会实现由身份关系向契约关系的转变。为了减少组织内部的交易成本，需要高职院校从教育管理体系的改革开始，进行深入、系统的结构性改革，才可以实现预期的效果。目前，我国高职院校在校企合作方面仍然存在一些问题。基于早期高职院校的实践经验，现代高等职业教育管理者应该利用校企合作不断加强产教融合和协同育人机制，持续性地创新人才培养模式，不断加强行业对职业教育的科学化指导，从教学团队、教材开发等层面进行全方位的积极改革。

第二节 校企协同的指导理论及相关政策

一、校企协同的指导理论

（一）基于政府主导的高职校企协同发展对策

1. 理论背景

（1）校企协同概况

近年来，得益于校企协同理论的进一步升温和发酵，一些重视员工培训和人才资源储备的企业抓住机遇，开始与高职院校谈合作，从而快速有效地缓解了企业招工难、无技术人员可用、无技术储备等矛盾，从而使企业生产经营得以维持和发展。越来越多的企业开始关注和重视校企协同，对校企协同产生更加浓厚的兴趣，主动上门，与有关的职业院校探讨全方位、多层次的合作事宜。

与此同时，大部分高职院校更是意识到校企协同对人才培养和学校发展的重要性，所以更加主动和积极地尝试各种校企合作模式，如尝试前校后厂等新的校企合作模式，与企业在招生、就业等多个层面建立深度的合作关系。同时，它们将进一步加强和改进技能教育，为企业培养高素质应用型人才。如此一来，学校发生了翻天覆地的变化，其生命力也得到了增强；企业也从中受益并且推动了区域的经济和社会发展，形成了社会、企业和学校共同受益的良好局面。

（2）校企协同难题

校企协同被视为推动职业教育向前发展的核心要素，作为高职院校办学和人才培养的生命线，它的开展和实施在“‘中国创造’”“促进我国经济由大向强转变”

的大背景下，对培养优秀人才起到了不可或缺的关键作用。在现代社会，高职院校与企业需求对接越来越紧密，校企协同合作模式逐渐成为培养技术技能型人才的重要途径之一。

尽管如此，现今校企协同仍然存在一些问题与矛盾。其中，由于学校和企业属于不同的社会领域，它们的核心利益和观点并不完全相同，加上缺乏体制和机制的充分保障，从而导致校企协同深度不足的问题十分突出，这制约了职业教育的进一步发展。如一些企业以生产效益和企业利润为首要任务，对学生的实习抱以漠不关心的态度，或者其参与校企协同的目标只是希望学生做简单岗位顶替；而学校则以培养符合社会需求的人才为目标，希望学生全面了解企业的生产和管理，更希望企业参与学校的职业教育计划和实际教学，二者之间的目标差异形成了合作的阻碍。如何破解这一难题是摆在所有高职院校和企业面前亟待解决的课题，也是摆在各级政府面前的一项重要课题。

2.校企协同深度不足的问题

校企协同一直面临着各种挑战和障碍，一些学校面临着与企业沟通困难、遭受误解和冷落的问题，学校不仅需要花费大量时间与企业协商，还要付出辛苦奔波的努力。校企协同往往只见于书面计划，却很少见实际行动。一些企业也对校企协同感到不满。它们认为，合作中最大的阻碍是学校和企业之间的校企协同目标存在差异。企业在追求人才培养的同时，也要求经济回报和效益，但学校的主要目标是培养人才，并没有给予企业足够的合作激励与动力。同时，一些企业也明确表示，接纳高职院校的实习生时，需要为其配备专门的企业指导老师，还可能需要负责其食宿的费用。有些学生由于缺乏实践经验，容易导致产品质量下降、设备的损坏或安全事故的发生，这些都使企业面临着生产成本增加或者管理方面的风险。此外，制度保障的不足也显示了政府在职业教育支持方面仍需进一步完善相关的法律与政策。

受到上述各种因素的作用，虽然许多高职院校都在努力与企业建立合作关系以确保校企协同持续发展，但是多数的校企协同合作仅局限于企业为学校捐赠教学设备、提供简单的实习机会等。综合来看，目前校企协同尚未实现质的飞跃，真正的深度合作仍然是少数，并且在校企深度协同合作中还存在一定的问题。例如，企业在校企协同中积极性和主动性较低、缺乏足够的保障等。

企业对人才需求的变化过于敏感，高职院校则因为人才培养机制不够完善、办学定位不准等原因造成了学生就业困难甚至无法找到合适岗位的问题。当然，这样的问题也是各级政府不愿意看到的，这将对产业转型升级产生不良影响。在校企协同中，行业、企业和学校都是关键的利益方，它们之间的利益交汇点主要集中在技术、技能人才的培训与应用上。可见，目前我国的校企协同发展还面临着一些现实困境，这背后的原因在于高级管理制度的不完善，如职业资格准入制度不完善、企业人力资源教育义务不明确等。

高职院校在之前的校企协同过程当中经常强调培训的人才是为企业提供的，用社会责任或者教育成本的分摊来弱化企业真正应该获得的利益。校企协同的实质就是要建立一种新型合作模式，实现双方共赢，以达到提升人才培养质量与就业能力的目的。实际上，学校应当明白，在合作过程中，不应以损害对方的利益为基础，而是应该追求双方的利益共赢，只有这样才能让校企双方实现共同发展。然而，一些学校并没有在真正意义上加强对自身能力的建设，以更好地实现共同的利益。

除此之外，一些企业的思维方式和观念没有紧跟时代发展的步伐，比较陈旧和过时。一些企业老板在招聘员工时过于追求成本效益，忽略了培养所需人才的重要性。对职业教育的投资实际上是一种生产性的投资，因为企业是职业教育的直接受益者。目前，大部分校企协同关系的构建与保持主要依赖于双方的友好关系或者信誉。

3. 外国校企深度合作的成功经验

（1）健全有力的法制保障

实现职业教育校企深度合作首先得益于健全有力的法制保障，例如，英国发布了若干法律，同时专门设立关键项目来实施政府的具体战略。由此，其职业教育成为国家企业、产业、行业发展的支柱，完善和健全职业教育法制保障是确保校企深度合作的必要和重要条件。

（2）权威有效的行业协会

外国职业教育校企深度合作还得益于权威有效的行业协会，例如，德国制定了涵盖 376 个职业领域的职业教育和培训条例，这些条例是由联邦政府、各州政府、行业雇主协会以及雇员协会的四方代表共同拟定的；澳大利亚的行业协会积极参与职业教育课程开发、教师队伍建设等。这些行业协会通过不同的方式把企业和职业教育联系在一起，促使它们形成紧密的合作伙伴关系，这一方面明确了企业对知识技能以及人才培养的具体标准，另一方面对学生知识与技能的掌握情况进行精准评估，最终加强了双方之间的合作紧密程度。

（3）灵活多元的资金筹措方式

外国职业教育校企深度合作也得益于灵活多元的资金筹措方式，例如，日本的产业界借助对学校的投资或者提供奖学金等不同的方式，加强与学校的合作。在我国，校企合作是一种重要的办学模式，以培养高素质技能型人才为主线，实现人才培养和社会需要的有效对接。通过政府和企业等多元化、灵活的投资策略，学校与企业之间的紧密合作关系得到了有力的保障，这也为校企之间实现更深层次的校企协同合作奠定了更为坚实的经济基础。

4. 基于政府主导的校企深度合作的发展对策

（1）制度建设

校企协同与工学结合不仅是教育领域的重要议题，更是与技术技能型人才培养紧密相关的社会议题，政府应该在更高层次的国家策略和制度框架下对其进行深入的审查与完善。例如，协调组织的保障、专项制度法规的有效促进等均有利于相关制度的创新和建设。

权威性的法律就某种程度上来说为校企协同提供了十分重要的保障与支持，职业教育相关法律法规的修订必须和《中华人民共和国劳动法》（以下简称《劳动法》）等相互衔接的同时保持一致性，并且政府要进一步明确具体的法律责任，对法律后果进行重点强调，树立权威的法律保障。

高效的咨询、信息服务和协调沟通机制是校企协同可持续发展的纽带。一方面，需要真正解决政府多个部门的协同化的问题。虽然，我国职业教育工作部际联席会议制度已经建立，但是，职业教育工作各相关部门在处理校企协同过程当中出现的问题时，有时会各自持有不同的观点和立场，可能会导致各相关部门处理校企协同问题的效率下降，因此这些机制迫切需要改进和优化。政府作为校企合作的主导方，应该发挥其统筹协调作用，通过制定政策法规、完善配套政策以及提供资金支持来推动企业参与校企深度合作，并从宏观上为校企双方搭建交流平台，以促进校企合作深入发展。此外，校企协同还与人、财、物与信息资源的配置、交换存在一定的联系，为了实现真正的共同管理、使学校与企业各自履行职责、相互交流和互利共赢，政府应该积极构建一个更加高效的协同机制。另一方面，行业组织与中介机构均能够在一定程度上起到传递信息和提供服务的作用，如在学校管理、专业建设等层面提供一系列的咨询服务。同时，行业协会还具有促进产学研结合、推动技术转移、规范市场秩序、维护消费者权益等作用。政府应积极利用这些行业组织和中介机构，与它们共同推动校企实现深度合作。现如今，校企协同、校企深度合作面临的最大挑战在于行业组织的性质并没有受到权威法律的明确定义，其组织形态以及运作机制各不相同，同时中介机构也尚未完善。因此，行业协会与中介机构的关系问题必须引起足够重视，否则将严重影响校企协同的秩序与发展。在现阶段，政府应当积极推进行业协会与中介机构的发展，这不仅是实现市场调控的关键方式，也是政府为校企协同提供的、委托服务和购买服务的高效方式，更是校企协同中不可或缺的重要服务支撑与保障。

（2）机制体制协同创新

学校与企业是两个截然不同的主体，它们的管理部门、管理策略等存在差异。为了在这两个主体之间找到最佳的合作方式，学校和企业需要找到合适的切入点。基于我国当前的经济发展阶段以及企业仍在快速增长的情况，用社会责任这一种力量来推动企业主动参与校企协同似乎显得相对“柔弱”。从实际情况考虑，对于企业而言，其参与校企协同的最佳切入点是可以通过校企协同找到一个稳定的人才吸纳路径，二是可以通过与高职院校的合作来达到技术创新的目的。对于企业来说，要实现真正的校企协同，必须从学校招生的早期阶段就开始参与，同学校共同制订具有科学性与合理性的教学大纲，并派遣专业人员对学生进行面试，同时进行公平、公正的学生素质测评，并且积极改革、创新与优化评价机制，为企业储备优秀人才，使职业院校毕业生直接成长为企业一线的重要支柱。

在校企协同的大背景下，学校作为培养人才的核心，其办学方式与市场的实际需求存在不匹配的情况。当前，企业对人才需求出现了许多新变化，这也给职业教育带来了更大挑战。如果高职院校想要解决其办学方式问题，它们必须采取主动出击的策略，不断增强和提升它们的办学能力。从本质上说，高等职业教育就是为社会培养具有一定专业技能和综合素质的应用型人才。高等职业教育和普通教育之间的主要差异体现在它们的课程结构、教学方式以及评价机制上。从某种意义上讲，高等职业教育就是一种“以学生为中心”的学习模式。高等职业教育在面对产业的调整升级以及经济的发展趋势时，必须持续地调整其课程结构、教学方式与评价机制。因此，高职院校必须努力为与行业领军企业建立合作创造有利条件。这样，在校企协同的过程当中企业可以全程参与其中，和学校共同商议专业设置、课程设置等事宜，从而构建一个更适合培养技术技能型人才的课程体系。

除此之外，高职院校需要从组织结构的构建、运营制度的完善以及教育培养机制的搭建等多个角度出发，以最大程度地满足学校和企业双方的利益需求。所以，高职院校应当将组织结构的改革视为首要任务，摒弃以前的传统方式，通过成立综合的教学实训一体化机构，构建与高等职业教育的教学和人才培养特色相匹配的组织与管理机制，进而优化组织结构和体制机制，快速提升管理效率。在探索校企协同的过程当中，职业教育的集团化办学是一种高职院校可以考虑尝试的创新方法，在条件允许的地方，高职院校要能够充分依托和利用高质量的职业教育资源与行业内的企业合作，共同创建职业教育集团，这不仅能够解决“工学矛盾”问题，对提升学校内涵发展能力、促进区域经济协调健康发展也有着重要意义。显然，职业教育集团不应仅停留在形式上的集团化，而应在其管理结构和运营机制中将集团化的特点充分展现出来。这需要高职院校与企业对人事管理制度进行合理调整，对教学内容进行深化与改革，并进一步加强校内、校外实习基地的建设，管理机构和运营机制上实现突破。

（3）政府搭桥铺路

校企协同是高等职业教育改革过程的关键路径，然而，因为企业和学校在性质、功能等方面存在显著差异，实际上很难通过无缝对接来实现真正的合作。

为了彻底解决这些挑战，我国需要迅速建立一个由顶层政府领导的校企协同管理机制，通过立法手段出台关于高等职业教育校企协同的相关法律或条例，并进一步明确政府、行业企业和学校在校企协同中各自的角色、职责以及相关义务。同时，政府还要搭桥铺路，完善相关法律法规，为高等职业教育校企协同办学提供有力保障。除此之外，政府还应该积极地培养和大规模地支持那些有责任心、有能力和有条件的行业协会，不断强化对这些行业协会的审核和管理，建立一个行业组织参与职业教育质量管理的完善机制，并根据行业组织提供的人才需求预测，科学、合理地制定职业教育的布局与发展规划。

对于地方政府来说，则要根据国家法律文件，出台职业教育校企协同地方性法规，同时配套有关的实施办法。政府职能部门可以借助不同的方式，巧妙地将校企协同纳入其工作职责和范围，并进行统一的统筹规划，尤其是教育行政主管部门、企业下属的行业部门等应该共同合作，扮演“红娘”的角色，为学校与企业搭建桥梁，推动两者之间的“联姻”，确保地方性法规得到有效执行，使地方性法规和实施办法成为推动本区域校企协同的中坚力量，成为促进该区域职业教育不断进步和发展的重要基础。通过这一系列有效措施，可以明确政府、企业以及学校在校企协同中的相关权责与义务，顺利解决课程对接脱节、缺乏经费等问题。

（二）校企科技合作思路设计与实施模式研究

从合作实现学生就业为目的的校企协同将成为高等职业教育建设和提升现代职业技术水平的紧迫课题和核心内容，促进校企协同制度化的呼声日益高涨。与此同时，随着地方经济和社会的迅速发展，地方产业正面临转型升级和改变经济增长方式的关键时刻。在这个过程中，高职院校成为转型升级新的动力源，其角色定位也产生了深刻的变化。学校与企业应积极推进校企科技合作，提升校企协同的科技水平。

1. 校企科技合作深度服务社会的瓶颈

（1）学校底气不足

在目前部分学校与企业之间的科技合作过程当中，校“观”企“盼”的现象仍然存在，学校的参与程度有限，造成这种现象的既有学校自身原因也有社会因素，尤其是科技导向的中小型企业，它们非常希望高职院校能够积极地、主动地参与到企业的技术革新、技术创新和产业扩张中，为企业的转型和升级提供丰富且价格合理的科技支持和帮助。然而，大多数高职院校，尤其是地方性的高职院校，由于科技基础薄弱、人才短缺和技术储备不足等原因，并未如企业希望的那样深度参与到校企科技合作当中。

（2）校企科技合作的含金量亟待进一步提升

现如今，随着时代的进步和科学技术的发展，人们对科技的要求越来越高。在其影响下，高职院校对校企协同中科技合作的具体要求与最终目标有了更高的标准，但是因为高职院校和企业的性质不同，导致学校与企业双方在校企科技合作的目标和要求上存在一定的差异性，导致一些高职院校和企业的科技合作过于形式化，甚至大多数情况下是基于彼此之间的人情开展合作，如提供加工生产、技术改造等。校企之间在具体合作方式和内容上还缺乏实质性的沟通与交流，更多的只是依靠行政手段协调工作，这种模式不利于产学研的有效结合。对于学校而言，更倾向于解决教师与杰出学生在专业成长与科技服务方面的问题；对于企业而言，期望借助吸纳学校的优秀科技人才与学生来降低开发、技术改进和生产的成本，从而有效提升其在科技领域方面的竞争力。在制订科技人员与学生的专业发展目标、共建专业等多个方面，校企双方对校企科技合作的期望不同，很难进行深度合作。

（3）校企科技合作缺乏必要的法律和政策保障机制

近年来，我国各级政府部门及高职院校高度重视校企科技合作工作，出台了一系列政策法规文件推进校企科技合作工作的开展。然而，直到现在，无论是国家层面还是地方层面，尚未形成促进学校与企业之间科技合作的完整制度与政策框架，同时相关的法律支持也显得不够健全。这种情况一方面削弱了企业参与的积极性和主动性，另一方面还可能导致校企科技合作过程当中存在的各种潜在风险，变得难以管理，如开发成果的知识产权归属和利益分配问题、科技人员权益的保障问题等。

（4）偏远地区

在部分偏远地区，学校与企业之间的科技合作面临着更大的挑战和更高的难度，其实际效果却相对有限。在一些偏远地区或山区，高等职业教育面临着资金短缺等诸多的问题。受传统教育观念影响，部分高职院校领导对校企科技合作认识不足甚至消极应付，学校与企业之间的科技合作仅是名义上的合作，并没有具体的合作内容与合作项目，或者只是将企业作为学生顶岗实习的基地，造成校企协同“空心化”“脱节”现象严重。

2.校企科技合作深度服务社会

（1）解决校企科技合作难题的突破口——主动出击

高职院校应该主动出击与企业合作，并进行科技调查和研究，主动为企业提供一系列的服务，不断加强自身与企业之间的联系，甚至可以派遣教师进驻企业，创造机会，充分挖掘合作的可能性，而非“坐等”企业上门。学校和企业双方相互推动，企业不仅为学校提供产学研的培训基地，同时还提供技术改进、开发及推广的重要平台，高职院校也要通过不同方式和手段促进企业的科技创新与开发，以增强其产品乃至整个产业的竞争力。因此，在国家大力发展职业教育的形势下，地方政府应把培养职业技术人才作为一项重要任务来抓，并给予这项任务一定的政策支持。在偏远地区，高职院校更应该采取主动“走出去”的策略，推动高职院校与企业之间的科技合作，提升学校的办学质量与教育水平。

（2）解决校企科技合作深度融合的途径问题

高职院校与企业之间开展科技合作的时候，应该对区域经济地方发展状况进行综合考虑，并且以此为基础开展深度的科技合作，为区域产业的全方位发展提供一系列的优质服务，同时使区域产业的支撑作用得到进一步加强，以促使企业或者政府的相关部门对高职院校的持续发展提供常态化支持。目前，高职院校与地方产业部门在开展校企科技合作方面存在着认识不到位、政策扶持力度不足等问题。实现高职院校与地方产业之间的有效融合，关键在于校企协同的产、学、训一体化。校企科技合作应坚持“政校企行”联动，以市场为导向，以技术进步为主线。为了不断加强双方在科技领域的紧密合作关系，校企合作大多数情况下要经历几个关键环节：首先，线性合作阶段，具体而言就是双方之间的直接对接。随着经济和科学技术的不断发展，在其深入影响下企业转型升级和扩张速度不断加快，除此之外，企业对新型工艺、技术、人才等方面的要求也持续提升，并且呈现出几何级数增长的趋势。因此，企业开始更加重视高职院校在科技方面的相关能力，校企之间的合作模式也从单一模式转向了双向互动。企业从科技合作中受益，并主动进入学校，共同推进科技研发工作。这一阶段校企双方都对校企科技合作有较高期望，形成了良好的局面，也取得了一定成效。然而，这种校企科技合作具有不确定性，并且十分容易受到外界环境因素的影响。因此，高职院校与企业要实现校企科技合作创新就要求建立一个稳定持续的机制来保证双方利益最大化。其次，块状合作阶段，具体而言就是学校与其所在行业之间的协同合作。由于各方面条件限制，校企之间缺乏有效联系，难以形成良好的协同效应。在新的发展阶段，高职院校必须对各种资源进行有序整合，与行业有机对接，同时进一步提升自身的科技“硬实力”，从单一线性的校企科技合作连接，逐渐发展到与行业内的企业集群合作，最终科学构建块状校企协同的新模式。同时，要以现代职业教育理念为指导，坚持科学发展观和正确政绩观，不断提高对校企科技创新工作重要性和紧迫性的认识。最后，立体网络阶段，也就是学校和地方乃至整个区域之间实现有效对接。高职院校应充分利用现代信息技术平台，形成多层次立体化的校企科技合作网络。为了实现真正意义上高职院校的办学功能升级，建立一个立体型的校企科技合作网络是不可或缺的途径。学校在完善地方经济建设与推动地方和所在行业科技进步中起到了关键作用，为其提供了综合的推动力，在专业设计、培训模式等方面高职院校拥有更广阔的创新潜力和空间。这使得高职院校不仅可以成为新产品、新工艺和新技术的研发中心，同时也能够成为帮助企业生产人才和宣传推广的核心，既为企业提供了坚实的技术支持，又为企业发展提供了重要的持续性服务保障。

（3）解决校企科技合作深度融合的可持续问题

学校和企业应携手同心，共同培养具备高级技能的科技人才，只有这样才能实现产学研一体化办学目标，从而使高校、企业与学生之间实现良性互动、共同发展。学校与企业在科技合作方面的核心目标是培育具备高级技能的科技人才，是为了科技型教师、学生的专业成长、发展服务的，这样能够有效地促进产学研合作，提高高等职业教育质量，提升学生综合素质。所以，在学校与企业之间开展科技合作的时候，应把重点放在培养具备高级技能的科技优秀人才上。工学结合是让学生在校学习期间就能直接从事实际工作，并将学到的知识应用到实践之中，从而提高他们解决生产问题的能力。实际上，培养具备高级技能的科技人才的基本模式就是工学结合，同时，校企协同也是可以真正实现工学结合的体制基础，校企协同可以用一种巧妙的方式将学校与企业的科学资源有机地结合在一起，从而为工学结合的深层次融合奠定坚实基础。目前，我国大部分高职院校对校企科技创新活动重视不够，产学研互动不足，制约着科技创新工作水平的提高。可见，学校与企业之间的科技合作是高等职业教育与具备高级技能的科技人才培训之间的关键桥梁，不可忽视。所以，高职院校需要寻找一条以地方产业发展为基础、能够实现学校与企业融合一体化的双元发展路径。

3.政府、学校、企业三方指导的校企科技合作

（1）地方政府主导下的校企科技合作

这种模式要求地方政府或者相关行政部门充分利用其组织、资源调配以及整体规划的优势，对教育、企业以及科技三大领域的资源进行合理统筹，为学校与企业的科技合作提供项目课题、制度保障等，从而进一步增强企业参与校企科技合作的热情，顺利解决“校热企冷”的问题，并促进学校与企业在科技领域深入合作。

在政府的建设过程中，政府、学校和企业三方共同参与管理，并依赖生产力推动中心和科技创业服务中心贯彻和实施“专业技术服务”的模式。高职院校为社会提供的专业技术人员是由各部门推荐并经单位同意的具有一定学历、资格或技能水平的人员组成的一支团队，他们能够顾提供的专业服务涵盖了工程管理、技术检测等多个方面。

政府提供项目、学校和企业共同参与招标活动，都是在孵化器和工程技术研究开发中心的支持下，由学校和企业共同执行的项目共建模式优秀范例。

（2）学校主导下的校企科技合作

这种模式要求学校主动创造有利条件，与行业和企业积极合作，以实现资源的互补和共享，如和企业合作创建科技实体，吸引更多的企业进入学校共同建设研发基地等。通过校企联合培养技术技能型人才和管理人才是高等职业教育发展的必然趋势，也是高等职业教育改革的方向。从合作的具体内容来看，高职院校和企业在科技合作方面主要存在两种主要模式：一是产品与技术的开发和应用，二是科技成果转化。具体形式如下：

①与企业签署全面科技合作协议。

混编双方资源，企业管理人员、工程技术人员、行业技师，与学校教师完全打通，相互进入对方领域，沟通技术、承担项目、培训师资。

②与企业共建产学研基地。

校企成立共同的产学研基地，共同出资，按实体运作，独立承接工程和社会服务，对合作企业自身的项目也按社会服务处理。同时，学校鼓励教师到企业挂职负责技术开发，或受聘为企业专家。

③在校内建立工程技术研究中心等平台

为了加强校企协同，加快科技成果转化，高职院校可以依托优势专业建立相应的工程技术研究中心等平台。工程中心与相关企业建立长期合作关系，学校的科技成果先在工程中心进行中试放大，然后直接进入企业进行产业化，实现学校科技成果向现实生产力的转化。

(3) 企业主导下的校企科技合作模式

在该模式中，企业是校企科技合作的主要组织者和管理者，需要主动全方位地参与学校科技发展和科技人才培养，包括参与制订科技发展和人才培养目标、提供技术人员担任专业指导教师等。对企业来说，此举措不但可获得专业对口的高素质人才储备，而且能够获得高职院校的科学技术支持。

该模式下，高职院校可以按企业的需要，派出科技人员常驻企业进行技术咨询、技术开发和生产的合作。这种模式，尤其是常驻企业找项目发掘合作潜力的做法，值得高职院校重视。企业也可以依托工程中心、企业中心等，要求学校派出科技服务小组进驻，深入了解其生产工艺流程，找出制约其产能的瓶颈及提供解决办法，还可以由企业投资，在学校建设新技术、新工艺、新产品开发中心（非研发中心），由企业、学校技术人员共同参与科技推广服务，深化校企之间的科技合作。

（三）技术立校是职业教育之本

1. 高职院校立校背景

技术是一套旨在快速提升劳动工具效率、目标导向和持久性的生产和使用方法体系。从本质上讲，技术既包括一般意义下的科学技术，又包含专门意义下的工程技术。技术力量是人类社会的核心组成部分，它包括了各种工艺、技能等，简单来说就是社会中的技术资料、技术人才以及技术设备。技术不仅是人的能力结构中最重要的要素之一，还是推动人类历史向前发展的中坚力量。从技术进步的角度看，技术持续地对世界和人类的生活方式产生深远的影响。从一定意义上说，人类历史就是一部技术创新史，每一次技术革命都在人类社会中产生深远的影响，不仅极大地提升了生产力，还改变了人类社会的整体面貌，技术创新对全球经济增长以及生产和生活模式产生了极为重大的影响。可以说，从农业文明到工业文明，再到信息时代，技术是推动人类文明进步的最重要动力之一。蒸汽机的出现与广泛应用，使得机械生产逐渐取代了传统的手工方式，大型工厂也替代了传统的手工工厂，从而构建了以机器技术为核心的技术架构体系；随着电力与内燃机的普及应用，自动化生产已经取代了传统的手工操作，流水线生产也取代了分批建造；激光技术、微电子技术、航天技术以及新材料等高新技术的迅速兴起和迅猛发展，则是一场以信息技术为主线的产业革命，能够使整个工业生产方式发生了重大变革，以原子能、电子计算机、空间科技以及生物工程的发明与应用为核心标志的信息控制技术革命，在多个领域都取得了显著的进展。这不仅促进了人类在社会、经济、政治和文化方面的全面变革，还推动了人们生活习惯的转变，同时也对高等职业教育的办学方向与战略选择产生了不可忽视的影响。

衡量高等职业教育的办学质量，就要对高职院校的教学品质和标准、办学质量与水平进行精准衡量，需要考察其对当地经济和社会进步的贡献程度。这就要求高职院校在培养学生专业技能时，不仅要关注学生知识技能，更重要的是高职院校要注重实际操作能力的培养。尤其是地方性的高职院校，非常有义务和责任把理论知识转变为实际的技术和成果，进而将其转化为实际的生产力、产品与服务，以促进地方社会的健康和快速发展。在现代经济发展趋势下，技术已经成为最重要的战略资源，是实现经济增长方式转变的关键因素。因此，高职院校是否能够掌握并运用技术来科学引领日常生活、消费、生产和发展，将决定这些学校是否拥有核心的竞争优势。在现代社会中，知识已不再是唯一的财富，也不是唯一的资本，更重要的是人的智慧。根据国家教育事业发展第十二个五年规划的明确指示，高等职业教育的重点培养产业转型升级与企业技术创新需要的发展型、复合型以及创新型的技术技能人才。在此背景下，我国各地政府也先后制定相应政策鼓励，高职院校加大对当地经济建设和社会发展的支持力度。高职院校唯有将技术应用视为办学的核心所在，才可以培育出与地方经济和社会发展实际需求相适应的优秀技术技能型人才，并承担起高等教育中的人才培养、社会服务等历史使命。这也就意味着高职院校必须坚持以“技”为中心的专业建设与教学改革方向，不断深化实践教学环节改革，提高学生职业能力和综合素质。以技术为基础建立学校，不仅是高职院校当前的办学理念，也是其未来的重要战略方向。

2. 学生培养需要技术教育

（1）专业技能培养需要技术

高等职业教育的核心特点在于其首要使命是培育具有高级技术应用能力的专业人才、尽可能满足社会的不同需求，并以培养学生的技术应用技能为核心来合理规划学生的知识、技能与整体素质结构。这就要求学校必须重视培养学生的实践动手能力，使之成为具有高级技术应用能力的专业人才。以技术为基础建立学校是基于人才市场的迫切需求，由于我国目前缺乏技术技能型人才，高等职业教育更应注重技术基础，以培养更多具有强大实践能力的优秀高级技术技能人才。在最近几年的教育改革进程中，部分高职院校虽然对实践教学给予高度重视，但偏重于形式，这导致实践操作缺乏多样性、综合性以及开拓性。这种现象制约了教学质量的提高和人才培养目标的实现，使高等职业教育难以适应社会发展的要求，也不利于培养高水平技术技能型人才。在高等职业教育的教学过程当中高职院校应该突出和强调技术的重要性，回归技术的本质，重视技术教育的同时重点关注技术的实际操作能力，这就是我们所说的职业能力培养，即把技术应用到工作过程中来，使其成为一种能直接影响生产或服务活动的职业技能。

（2）方法能力培养需要技术

随着经济全球化的不断深入，社会经济在其影响下持续发展，我国的产业结构也将经历一系列变革，这将导致职业结构的更新和升级，使得职业的技术、功能和工作模式都经历深刻的变革。职业的转变和岗位的流动已经成为职场的普遍现象，因此高等职业教育的目标是培养学生的职业适应能力。在高等职业教育中，高职院校要积极培养学生的职业能力，这不仅能够提升学生自身的竞争力，也有利于促进学校与企业之间的良性互动。

专业能力、方法能力以及社会能力均属于职业能力的范畴，其中方法能力是其核心所在，并且高等职业教育面临的主要挑战在于如何培养学生的方法能力或策略。方法能力是一种综合能力，它由多种因素构成，其中最主要的就是学习的策略与思维方式。方法能力涵盖了多个方面，如制订工作任务的策略能力、自学能力等。方法能力被视为检验高级技术技能型人才的关键标准，学生的方法能力得到良好的培养，他们的知识与技能才能得到有效的正转移，他们才能快速适应职业的转变或者岗位流动。方法能力的强弱对大学生今后能否胜任工作岗位具有决定性作用，在高等职业教育的各个教学环节过程当中，高职院校应不断强化对学生方法能力的全面培养，某种程度上来说是达到其人才培养目标的基础手段和根本性措施。方法能力属于一种不易察觉的隐性能力，技能培训则是这种能力的具体表现形式。因此，高职院校对学生的方法能力进行研究与开发就成为一项十分有意义的工作。为了有效地培养和提升学生的方法能力，必须依赖技术手段来实现这一目标，确保学生能够熟练掌握、灵活运用程序性和工具性的知识，并且可以为特定的产品提供多种技术路径与优缺点的分析。通过对职业岗位进行调查研究，发现目前我国一些高职院校存在着忽视方法能力训练的倾向，即注重理论知识传授、轻视操作技能培养。因此，在教学活动中教师需要在知识内容上增加发散性问题，引导学生思考；技能方面则应注重实践性训练，使学生通过动手动脑获得相应的技能技巧；实际操作中，教师要帮助学生深入了解和认识行业的通用和共性技术，并且科学、合理设计具有综合性的技能培训方案，而不是仅进行简单的验证操作。

3. 教师专业发展需要技术

（1）教师要有扎实的技术知识

教师要深刻理解并不断更新其专业的技术原理与知识，这不仅是其教学能力的根基，也是其履行教师职责的基本前提，更是确保教师的教学质量和教师能否胜任教学工作的必要条件。高等职业教育要培养高素质的技术技能型人才，必须重视对教师职业技能的提升，当教师拥有十分扎实的技术基础知识时，他们可以对教学材料进行有效整合，明确教学的核心重点内容，并确保知识理论传授和实际操作技能教育并重，同时能够在理论教学与实践指导中做到触类旁通、运用自如。除此之外，高职院校的教师必须具备围绕专业生产技术进行技术开发、改造和创新的能力，并且主动研究自己所教授的学科以及相关学科，不断深化和丰富专业技术原理，从而提升教师自身在专业方面的能力。

在高等职业教育中，任务驱动、项目教学等都是被高职教师广泛应用的教学方法，教师在设计学习任务与实训项目之前，教师不仅需要对所在行业的核心技术进行深入了解并熟练掌握，还可以对这些技术进行详细的解释、拆分与整合。高职教师在设计完成一个典型的训练任务时，不仅要考虑到企业的实际需要，更要考虑学生未来的发展需求，使他们能真正融入社会中去，成为具有较强职业技能的应用型人才。若教师本身的技术能力不够扎实，对技术背后所包含的原理与知识没有全面掌握和了解，那么他们就无法熟练地设计出难度不同、重点各异的训练任务，更无法科学、合理引导学生进行分析、总结，导致学生得不到很好的培养和锻炼。教师必须有丰富的实践经验和深厚的理论功底，才能完成复杂的教学内容，实现教学的预期效果。作为教师，他们需要时刻关注市场动态，掌握最新的教学材料与技术，而不是仅依赖过去的知识来教导当下的学生，培养未来的人才。

（2）教师要能进行共性技术开发

教师要能进行共性技术开发，只有当现代知识原理、科学技术等成功转化为实际生产动力的时候，它们的潜能才可以被充分释放。对于高职教师来说，掌握“活”的知识和技术是至关重要的，这意味着他们需要具备对已有知识进行综合和灵活运用的相关能力，以便高职教师可以有序组织和开展不同类型的创新活动，这主要体现在他们应具备应用研究与开发能力，以及组织生产、经营与科技推广的能力。

所谓的共性技术，主要指的是那些在多个行业中已经或将来有潜力被应用的技术，它们的研发成果能够被社会共享，并且还可以对单一或多个行业和企业带来深远的影响。共性技术是那些能够迅速推动整个行业或产业的技术水平、产业质量和生产效率的技术，这些技术具有巨大的经济和社会效益。

从本质上讲，共性技术就是能够满足社会需求，推动经济社会快速发展的技术。共性技术是某一行业内被广泛应用的技术，如果一个研究或试验无法在一个或多个行业中得到广泛应用，那么它就不能被视为共性技术研究。高职院校要培养高素质技术技能型人才，必须重视对学生进行专业基础知识与基本技能训练，而基本技能训练又离不开对教师共性技术研究与开发能力的培育。共性技术研究和开发能力代表了高职教师在教育和教学领域进行各种技术研究和创新发展的能力。高职教师掌握了较强的共性技术研究与开发能力，不仅有利于提高自身业务水平，还能够为企业提供更多有价值的技术服务，能够促进学校整体教学水平的提升。对共性技术的深入研究，有助于教师更及时地理解和掌握社会对高等职业教育教育的新期望和具体要求，明确课程中技术内涵的最新变化，并且把这些新的知识和技术快速推广到实际的教学当中，从而使知识和技术得到广泛的应用。此外，若共性技术以一种巧妙的方式，被有机地整合进专业课程体系当中，它就可以更好地满足对学生职业通融能力的培养需求。

（3）教师要能从事岗位技术和单元操作的改良

现阶段，一些高职院校的教学内容与企业实际生产需求之间的不匹配问题依然存在，这主要体现在两个方面：一方面是引入了新技术的课程，然而教师并不熟悉这些新技术，导致他们只能将大部分的时间与精力集中在课堂的理论教学、理论分析等，最终导致他们在实践教学方面的能力无法得到及时更新与有效提升。另一方面是实践教学与一个技术含量不高的企业职位的“零距离对接”，并没有为师生的技术能力和素养提升带来实际价值。这种情况下，高职毕业生到企业后不能快速适应工作岗位要求，甚至无法上岗。如果这种情况持续下去，由于对技术的不熟悉，教师将无法真正“进入”企业；由于对新技术掌握不牢，学生会无法在实际工作中对技术进行灵活应用，同时所学技术的过时会导致学生难以真正满足行业的实际需求。

肩负着培养优秀技术技能型人才重任的高职教师，要能从事岗位技术和单元操作的改良，必须具备本行业的专业能力，一方面他们要胜任专业的工作岗位，并且顺利完成的每一个单元实践操作，另一方面他们要在实践过程中更深层次研究当前企业所需的岗位能力和企业的生产流程，并针对其中存在的不合理之处提出恰当的改进建议和措施，同时还需要掌握企业的生产技术与经营管理模式，并将这些知识运用到实际工作中去，不断提高自己的业务能力。这种方式不仅可以为企业带来经济效益，还可以确保企业的专业技术和行业技术保持领先或同步发展，提升高职院校教师的教学能力。所以，高职院校的教师应该对企业的生产技术以及运营管理有较为深入的了解，如此才可以对现有的专业技术岗位或者生产流程提供具有科学性、合理性的改进建议，从而提高教师的教学质量、教学水平以及为社会提供服务的能力。

4. 学校内涵发展需要技术

（1）社会服务需要技术

高职院校提供社会服务途径主要有三个：

第一，高职院校可以将专业知识转化为技术成果，进而推动地方经济的快速增长，确保地方经济和高等职业教育实现同步发展。在这一过程中，需要政府充分发挥引导作用，建立有效的政策支持体系，完善相关法律法规，加大行业企业的参与力度，以确保职业教育与经济社会协调发展。

第二，高职院校可以发展职业培训，通过有序组织和举办各种文化和技术培训活动，为员工提供在职学习机会，进一步满足不断增长的实际人才需求。

第三，高职院校可以为社会提供信息服务，这些社会服务主要是通过高职院校的图书馆、实验室等实现的。需要注意的是，技术传播是高职院校为社会提供服务的核心要点，原因在于技术是推动社会进步最直观和最高效的手段。在当前激烈的市场竞争中，企业越来越看重技术技能型人才，这也就要求高等职业教育要注重提高学生的专业技能水平。因此，高职院校不仅要注重技术的培养与积累，还应该加强技术团队的建设以及对技术人才的培训，以创造一个鼓励技术创新和尊重技术技能型人才的良好环境，充实学校的技术内涵。

（2）校企协同、工学结合需要技术

校企协同作为一种新型的办学模式，适于高职院校的生存与发展，同时更是校企协同办学、合作发展的关键路径。现如今，高职院校的发展重点虽然是校企协同，然而一些的校企协同是流于表面的，探究背后的原因，一个显著的因素是企业和学校之间的需求存在差异，所以要想使双方之间实现和展开深入的合作，关键在于技术。技术是实现校企深度合作、提高高职院校教学质量的关键，也是企业获取利润的源泉之一。唯有当学校具备企业所需的专业技术以及掌握这些技术的优秀人才的时候，才可以为企业创造更高的经济效益，同时校企协同才可以满足学校和企业的双重需求，真正实现长久、稳定的“双赢”局面。

全球各国广泛接受并认可的高等职业教育模式是工学结合，即学校与企业通过产学研的紧密合作，把课堂教学以独特的方式与实际工作有机结合在一起，以确保人才培养的标准能够满足企业对人才的实际需求。工学结合教学中的课程建设，就是把理论教学、实训操作以及课程设计融为一体，形成一个完整的体系，以适应社会对人才的要求。为了实现这个目的，技术充当了帮助校企实现工学结合的桥梁。从这个角度来说，技术在工学结合中起到了重要作用，当课堂教学的方法与实际工作中的技术相匹配时，高职院校才可以确保它们所培养的人才与企业实际的人才需求相匹配。如果不能掌握好知识和技能，学生未来就很难在工作岗位上取得良好成绩。所以，工学结合的重要根基是技术。

现阶段，众多高职院校正积极筹划与构建校企协同运行体制，旨在进一步促进高职院校专业同企业或者行业的深层次融合。这一体制要求学校与企业共同培养高技能应用型人才，实现产教对接，从而提升学生综合职业能力。其中，学校和企业在该体制当中分别扮演着技术和人才的输出者、输入者角色，若可以把这些人才和技术整合在一起，那么在输出技术和人才的过程当中，可以使企业、高职院校的市场竞争力和知名度得到明显提升。同时，由于企业参与办学的积极性高、参与性强，也会提升高职院校的人才培养质量、促进学生就业。所以，无论是校企协同还是工学结合，高职院校的立校与进一步发展之根本均为技术。

（3）校企协同创新需要技术

为了提高全体公民的创新能力和水平，政府在经过综合调研之后推出了校企协同创新计划，旨在鼓励企业与学校研究机构在将各自的专长充分发挥出来的同时，对各自拥有的技术进行有序整合，从而实现优势互补、加快科技创新。目前，政府、学校和企业均将调整结构、推动转型升级、走新型工业化道路视为未来社会可持续发展，以及企业生存与不断发展的核心所在。因此，如何提高学校和企业的自主创新能力，增强产业竞争力成为当前我国经济建设中面临的重大课题。

为了实现这一目标，各地必须加速建立一个以“企业为核心、市场为具体导向、产学研联合作、政府支持”为特点的区域科技创新体系和技术创新支持体系，从本质上说，技术创新是一种知识创造活动，其中知识创造过程离不开人对信息资源的掌握以及对新事物的发现、分析、判断等一系列认知行为。校企协同创新需要技术，技术在校企协同创新的模式当中除了是连接企业、大学和研究机构的桥梁之外，更是科技创新的核心要素与重要内容。从这个角度来说，高职院校和研究单位应该成为推动产业经济增长最重要的力量之一。要想顺利实现这一模式，它们应该拥有与企业成长紧密相连的技术实力和能力，原因是唯有这些机构提供的技术可以增强企业在创新方面的能力时，企业才会更加主动地参与校企协同创新。所以，技术培养是实现校企协同创新目标的重要途径。

（四）区域内中高职衔接体制机制研究与实践

中高职衔接是指中等职业教育与高等职业教育在政策法规、专业设置、课程结构、课程内容、招生录取、人才培养方案等方面的相互衔接、共同合作。实施中高职衔接，构建科学、完善的现代职业教育体系，是现代职业教育建设的重要内容。积极开展中高职衔接人才培养模式研究与实践，构建区域内种高职衔接体制机制，满足地方产业发展对不同层次人才的需求，成为政府、企业、高职院校及中职学校四方的共同期盼。

作为地方高职院校，如何有效、全面衔接中职学校，联合培养更多高端技能人才，满足区域产业对不同层次人才的需求，是职业教育亟须研究和实践的课题。

1．中高职衔接的现状

自我国开展首批中高职衔接试点以来，各地对多种衔接模式进行了探索和试点，目前有多种中高职衔接模式并存发展：

第一，“五年一贯”制模式，又称初中起点大专教育，招收对象为初中毕业生，学生在高职院校接受五年一贯制培养。

第二，“三二分段”模式，中职学校和高职院校选取对应专业，制订中职学段（三年）和高职学段（二年）一体化的人才培养方案，分段开展教学活动。学生中职学段学习结束后，通过转段考核，进入高职院校学习。

第三，高职院校自主招生模式，招收对象为普通高中应、往届毕业生和中等职业技术学校应、往届毕业生。

第四，三校生（中等专业学校、职业高中、技术学校毕业生）以全国统一招生的方式，顺利进入高职院校。其中，“五年一贯制”模式的衔接效果最为理想，“三二分段”模式和高职院校自主招生模式涉及中职学校、高职院校两级学校，衔接效果不甚理想。

2．中高职衔接面临的挑战

中高职衔接是解决中高职教育脱节、学生升学和成才渠道不畅的重要举措。从各地的实践情况来看，中高职衔接工作还存在一些问题：

（1）职业教育管理多部门分割

目前我国职业教育仍然实行多部门分割管理，部分中职学校归属市或区县教育局，部分中职学校则归属市或区县人社局，高职院校则属于“省市共管”。这种由多个部门组成的管理结构，会在一定程度上降低不同种类与级别的职业教育之间的协同性，容易对中高职教育的整体衔接产生负面影响。

第一，由于不同类型的中职学校由不同的行政部门管理，不利于统一设置中等职业教育的教学、课程等，从而使部分中等职业教育的培养水平不一，无法与高等职业教育做到衔接，存在不小的差异性。

第二，由于职业教育资源分布不均，造成部分地区出现“普高热”现象，影响到整个区域内中等职业教育发展质量。

第三，由于中高职业教育各自由不同的管理部门负责，这使中高职之间的有效沟通、交流以及协调的成本、难度与复杂性大大增加，无法实现真正意义上的中高职衔接。一些地方政府推动中高职衔接的相关政策、举措还不够完善，政策的导向不够明确，在中高职协同发展方面发挥的统筹和主导作用不足。以上问题，共同导致了一部分中职学校和高职院校协同、交流不够，极大阻碍了地方中高职的有效、全面衔接。

（2）中职学校、中职生衔接动力不足

从学校层面看，中职学校对中高职衔接动力不足、积极性不高。部分中职学校为了追求办学经济效益，对“三二分段”模式衔接转段考核的敷衍了事，重视不够。一些中职学校对中高职衔接政策方面宣传、引导不足，组织工作不到位，直接导致中职应届毕业生大量流失，中高职衔接生源不足。

从学生角度看，中职阶段的学制安排特点是造成生源流失的另一原因。自2012年秋季开始，中职学校逐步扩大免费入学政策覆盖的范围，中职学生第一、二学年由地方财政按照生均标准补助学校，但是第三学年原则上由学校通过学生顶岗实习方式自筹办学经费。所以中职学校往往安排学生第一、二学年在校学习，第三学年全年在企业顶岗实习。中职学生在第三学年进入社会工作后，由于各种客观主观原因，往往选择放弃升入高职院校继续学习。从近几年的实践情况看，有一些已经纳入三二分段衔接专业的学生在实习后放弃转段考核的机会，生源流失严重。

（3）中高之间学制不衔接

目前，中职学校两年制、三年制和四年制等学制并存。中高职衔接模式中，“五年一贯制”模式和“三二分段”模式的高职阶段学制为两年，而高职院校自主招生模式和三校生全国统一招生模式的高职阶段学制则为三年。中职和高职的学制设计呈现出多样性，且互不衔接，这无疑增加了中高职衔接人才培养的难度，也增加了培养衔接的难度。学制衔接是构建现代职业教育体系的关键，中高职衔接整体学制设计有待规范。

（4）中高职专业契合度有待提高，课程内容及结构衔接错位

中高职衔接的核心在于专业的对口衔接，目前，我国中高职专业设置的契合度和衔接性有待提高。中职学校的专业数量多，专业分类比较细，而高职院校开设的专业总体不多、口径也相对宽泛。由于专业契合度不高，高职院校对口中职学校的专业多、专业变化频繁；且同一高职专业对口衔接的同专业中职学生素质、基础参差不齐、差异性较大。

目前，国家层还没有对不同层次、不同类型的职业教育制定统一的专业标准和课程标准。中职学校和高职院校各自构建自己的专业课程体系、确定课程教学内容、中高职院校之间缺少有效的沟通，造成大量专业课程在中职阶段和高职阶段出现内容重复的现象。中职学校与高职院校同一专业的课程体系和教学内容总体重复率高达 45% 以上，其中专业实训课内容重复率达 65% 以上。①

3. 中高职衔接探索与实践

（1）组建职业教育联盟，创新中高职衔接体制机制建设

为更好地进行中高职衔接，可以成立由政府、企业、行业、中职学校等单位组建而成的校企协同办学理事会（职业教育联盟），创新中高职衔接体制机制建设。校级层面，设置常务理事会和办公室（秘书处），二级学院层面，设置合作办学办公室并配置专职办公室主任，专业层面，组建专业建设指导委员会，构建学校—二级学院—专业三级合作办学组织机构，完善职业教育联盟运行组织架构。明确理事会的性质、宗旨、机构设置、工作任务以及成员单位的权利和义务，配套出台相关规定，构建基于理事会章程的制度体系。

校企协同办学理事会在政府的指导和监督下开展工作，校企协同办学理事会、常务理事会形成定期的交流和沟通机制，校企协同办学理事会每年召开 1 次交流会议，常务理事会每季度召开 1 次交流会议。

完善校企协同办学理事会运行机制，有助于加强政府、院校、行业、企业的沟通和联系，为校企协同合作办学奠定了基础。借助校企协同办学理事会这一平台，职业院校可与各中职学校合作进行中高职学历教育；与中职学校、行业、企业共同研究与探索专业、人才培养方案，逐步建立和完善区域内中高职教育的衔接通道。

① 雷忠兴．中职与高职数学课程衔接的策略研究[J]. 学周刊，2021（29）：11—12.

（2）政校合作，探索五年一贯制委托定向培养新模式

“五年一贯制”是中高职衔接的重要形式，由高职院校统筹安排和整体设计人才培养方案，避免了中、高职衔接过程中教学内容和课时安排的重复，保证其教学过程的系统性、完整性和连续性。五年一贯制模式在人才培养实施过程中的优越性，得到了政府、院校、学生三方的认可。实践表明，五年制一贯制委托定向培养模式已成为改革农村小学教师培养机制、提高农村义务教育质量、促进城乡教育均衡发展的重要举措。

（3）政府主导、校校合作，探索三二分段中高职有效衔接

推广“三二分段”中高职衔接人才培养工作，积极主导和统筹区域内中高职教育衔接工作。校校紧密合作，多次联合召开教务科长、招生办主任、专业负责人专题会议，共同研讨、制订对口招生专业人才培养方案、教学计划，共同审定开课教材，研究转段选拔考核方案等。政府在此过程中应积极主导，鼓励校校紧密合作，为中高职衔接教育改革工作营造良好的发展环境。

（4）校企协同，以自主招生方式探索现代学徒制

在自主招生的框架下，从学校学生中招收学徒，学徒具有学生和员工的双重身份，这就体现了现代学徒制的特点。校企双方签订联合办学协议，共同研制招生与招工方案，实现学校招生与企业招工相结合。共同制订人才培养方案；共同开发岗位、工学结合技能课程与教材；共同组织课堂教学与岗位技能培训、职业资格考试；共同做好教学团队的建设与管理；共同组织考核评价。这既确保了校企协同人才培养过程的完整性和人才培养的质量，同时满足了企业对育人专业性和针对性的需求，实现了校企优势互补、互惠共赢。

二、校企协同相关政策发展

（一）国务院《关于加快发展现代职业教育的决定》

国务院《关于加快发展现代职业教育的决定》强调完善企业的参与机制，致力于研究和制定促进校企协同办学的相关法律或者激励政策，进一步推动产业与教育的深度融合，激励各行业与企业主动参与或有序组织职业教育活动，将企业作为教育主体的关键作用充分发挥出来。对于规模较大的企业，需要有专门的机构或人员来组织针对员工教育和培训活动，与职业院校进行精准对接，并为职业院校师生提供实习和实践的机会。鼓励企业利用闲置场地，校企协同建立校外实训中心，并将其作为对企业员工和职业院校学生开展职业培训和职业技能鉴定的

重要场所。为了支持企业创建既具备生产功能又有教学功能的实训基地，提供了多种支持形式。鼓励企业借助校企协同的方式，与职业院校携手，共同培育和培训更多的优秀人才，从而使企业的价值得到持续提升。

政府应强化对行业的指导、评价以及服务。引导行业协会在行业发展中发挥积极作用，推动形成以市场为导向，政府宏观调控与行业自律相结合的机制。加大对行业指导能力的建设力度，并且按类别科学、合理地制定相应的行业指导政策。发挥行业协会在人才培养中的桥梁纽带作用。政府要通过各种方式，如授权委托、购买服务等，将行业协会所需承担的任务委托给它们，并为其提供相应的政策扶持，同时政府不断加强对服务的监督管理。行业协会需认真履行和执行应该承担的职责，如推进校企协同等，积极进行行业人力资源需求预测以及定期发布最新就业制度等信息。

高职院校要推动和促进人才培养模式的有效创新，建立双师型教学团队建设和实践基地，构建多层次课程体系和多样化教学方法体系。始终致力于推动校企协同和工学结合人才培养模式的发展，不断强化将教学、学习和实际训练为一体的教育思维。改革实践教学方法和手段，构建理论—实验—实训一体化课程体系，实施多样化的教学模式，如项目教学、案例教学等。加强教学团队建设，完善校内生产性实训基地体系，增加实习和实训在教学过程中的占比，对顶岗实习的方式进行合理创新，并进一步加强以培养人才为目标的实习实训考核和评价。建立与企业合作的办学机制，加强专业教师实践能力培训，完善学生实习期间的责任保险制度。建立校内生产性实训基地与企业生产实际相结合的运行机制，加强实践教学条件建设，推动和促进学历证书与职业资格证书结合的“双证书”制度的实施。

（二）《现代职业教育体系建设规划（2014—2020 年）》

根据《现代职业教育体系建设规划（2014—2020 年）》的要求，政府应推动职业教育管办评分离改革。各个层级的政府努力加强对发展战略、规划等的制定与执行，对区域内的职业教育发展进行合理地统筹规划，确保现代职业教育的投入责任得到全面有效落实，并努力为产教结合、校企协同以及为社会各界参与教育、办学创造一个有益的制度环境。引导行业协会、学会、专家为职业院校人才培养方案编制及教学改革提供咨询建议，建立学校—企业双向沟通机制，加大对行业的指导力度，并鼓励企业积极参与现代职业教育体系建设规划。致力于建立对现代职业教育的行业指导框架，确保该行业在推动和促进校企协同、提供政策咨询服务等方面的作用能够被淋漓尽致地发挥出来。加快建立以行业协会为主、政府职能部门为辅的现代职业教育行业指导机构。为了增强行业协会的指导能力，各个地区与相关部门通过授权、委托等形式，将相关职责转交给行业协会，并为其提供合适的政策扶持。通过对法律体系的完善、实施政策引导等方式，确保企业能够参与校企协同，为学生的实习和实训提供支持和帮助，同时有序组织和开展职工继续教育活动。政府有关部门应建立与完善高职院校教师岗位责任制，加大对高职院校专业技术人员培训力度。

政府要对校企协同的技术技能积累机制进行深层次研究并积极创新，建立“双师型”教学团队建设和实践基地，构建多层次课程体系和多样化教学方法体系。构建产学研相结合的技术技能积累体制机制，构建以市场为导向、高校和科研院所为主体，企业和职业教育机构共同推进、相互促进的运行机制。为了促进技术技能的累积与创新，制定一个多方参与的支持政策，并促进政府、学校、行业和企业之间开展紧密的合作。加强校企之间的产学研合作，引导企业开展自主研发，提升创新能力。支持企业开展产学研结合，推进科技成果向现实生产力转移，引导企业形成以技术开发为龙头的自主创新能力。鼓励企业把高职院校巧妙地有机融入技术创新的体系当中，持续强化双方的协同创新，以确保提高劳动者素质与实现技术创新、人才引进等工作同步进行，最终达到新技术产业化和优秀人才储备同步发展的目标。

（三）教育部《关于深入推进职业教育集团化办学的意见》

根据教育部《关于深入推进职业教育集团化办学的意见》，学校和企业应该对职业教育集团化办学的核心地位有全面的认识和了解。职业教育是国民素质提高的重要途径之一。为了认真贯彻和全面实施中央提出的全面建设社会主义现代化国家、全面深化改革、全面依法治国、全面从严治党“四个全面”战略布局，职业教育需要加快改革和创新的步伐，以整体提高其服务于国家战略以及促进人的全方位发展的相关能力。职业教育集团化办学实际上是适应新形势、应对新挑战、推动职业教育事业科学发展的现实选择。实施集团化的职业教育办学模式是不断加深产教结合和校企协同，进一步调动职业教育办学的“动力”，并推动高质量资源的开放与共享的关键步骤；是能够有效提高管理能力、优化职业学院的管理结构，以及完善政府在职业教育方面的科学决策机制的重要手段；是推动和促进现代职业教育体系的全面建设，系统性、科学性地培养技术技能优秀人才，以及持续性完善职业教育人才多元化成长路径的关键平台。政府要大力发展现代职业教育，必须以深化校企协同为核心。为了加速现代职业教育的进展，必须将深化职业教育集团化办学视为其核心策略和发展方向。

政府要鼓励不同的主体积极参与并努力组建职业教育集团，加强产学研联合培养技术技能型人才。各个地方的教育管理部门均应该通过不同的方式努力争取政府的支持，并将政府在职业教育集团化办学中的整体规划、综合协调等作用充分发挥出来。支持社会力量参与高职院校布局调整，以校企联合为基础，建立现代职业教育体系。为了支持示范性和骨干高职院校，使其严格遵循区域的发展计划，主导创建区域型职业教育集团，并且专门针对区域主导和特色产业。鼓励行业部门、行业领军企业、高职院校等，按照行业对人才的不同需求，主导创建行业型职业教育集团。鼓励地方和行业之间的协同合作，成立一个涵盖多个区域和行业的综合型职业教育集团。积极、主动地邀请科研机构以及其他社会团体加入职业教育集团中，使职业教育集团的综合实力得到进一步提升。

第三节　现代学徒制概述

一、现代学徒制的内涵

人类获得劳动技能的主要方式为“做中学”，这可以说是现代学徒制产生的逻辑起点。

从现代学徒制的发展历程来看，它对传统学徒制进行了一系列的改革和改进，进一步完善了学徒制的内容和形式。其中，学校教育制度的建立和发展，尤其是班级授课制的引入为学徒制的改革奠定了基础。现代学徒制在主体关系、教学规模、教学团队、教学方法以及教学评价等方面与传统学徒制和学校教育制度有了显著的不同。它改革了传统学徒制中的某些缺陷，并借鉴了学校教育制度的优势，使得现代学徒制更加符合现代社会的需求。

（一）主体关系的维度

在传统学徒制中，教学主体关系主要是师徒关系。这种关系某种程度上非常强调“人情”，要求徒弟顺从师傅，并培养师徒之间亲近的情感，通过人情纽带连接双方，师傅像是徒弟的父母一样，给予他们支持和指导。学校教育制度中的教学主体关系表现为师生关系，即教师和学生在教育教学过程中为实现教育目标，通过教与学的直接交流活动而形成的相互关系。现代学徒制中的教学主体关系既不是单一的师生关系，也不是完全的师徒关系，而是将两者有机结合的新型关系。

（二）教学规模的维度

传统学徒制和学校教育制度的优势和弊端主要体现在由教学规模的不同而产生的不同的教学效果上。

传统学徒制的教学规模属于小型规模，即一个师傅带 1～2 个徒弟，师徒之间有充分的和深度的交流和互动，但人才培养效率低，难以适应工业化大生产背景下企业对技术技能型人才的大量需求。相对而言，学校教育制度的优势在于能在短期内完成大量的人才培养任务，适应工业化大生产的需求。然而其弊端也颇为显著，一方面学校教育制度庞大的学生规模导致难以实现因材施教，另一方面容易导致教学资源的严重不足，难以保证每个学生都有接受现场教学的机会。现代学徒制基于职业教育的特性，充分利用学校与企业的资源，采取校企双方合作的方式，突破教育主体的单一性，用学校与企业双主体育人的模式，整合双方教育资源，缩小班级规模。师徒关系的构建主要基于 10～20 人的中等规模，这不仅使社会经济发展对人才数量的实际需求得到充分满足，同时也确保了人才培训的高质量和高水准。

（三）教学团队的维度

在传统的学徒制背景下，教育的核心——师傅并没有所谓的“团队”概念。通常情况下，师傅在传统的学徒制模式中是独立的个体，即便是像行会这样的组织，对师傅的管辖也是相对宽松的。在同一行业中，师傅之间存在相互沟通和交流，但在教导徒弟这一方面，师傅的教学方式大多是相对独立的。在当前的学校教育制度中，同一学科或专业的学生都会有一个规模较大且稳定的教学团队，为他们提供全面的教育指导。然而，由于其课程内容具有一定的独立性，教师们在教学过程中也表现出相对的独立性。

现代学徒制模式下的教师，不是完全的一对一，也不是整体的多对多，而通常是由一个相对固定和稳定的教学团队专门负责对比较固定的项目班级进行有效管理，确保师徒（即教师和学生）之间有充分的互动和相互了解，进一步明确教学团队成员的具体分工和合作协调，这不仅可以促使生生、师生和师师构建良好的关系，还可以将情感（心理因素）在技能培养过程中的积极作用最大限度地发挥出来。

（四）教学方法的维度

在传统的学徒制中，师傅对学徒的教学具有充分的个体化特征，即每个师傅有自己独有的一套教学方法，几乎不受外界干扰和限制，很容易做到因材施教。同时，师傅通常也没有受过专业的教育理论学习，在教学过程中，师傅的教学方法一般是从自己的专业技艺操作开始，并且这些学徒大多没有接受过全面的理论教育，而是直接参与到师傅分配给他们的操作性任务当中，因此传统学徒制的教学方法可以大致总结为从实践到理论的方法。

学校教育制度兴起后，从理论到实践的教学方法适应了短期内培养出大量的技术技能型人才的需求。然而，在经历了快速、大量培养人才的阶段后，社会对人才培养方式的关注焦点由人才培养的数量转向了人才培养的质量。基于此，能够既适当满足人才培养数量需求，又能大力提高人才培养质量的教学方法逐渐受到了重视，适应于技术技能型人才培养的方法“理实一体、做学合一”应运而生，该方法的主要优势体现在将理论知识与实践技能有机结合，使学生在学习过程中能够真正地理解和应用所学的知识。“理实一体、做学合一”人才培养方法的优势主要有以下几点：

第一，传统的教学方法往往偏重于理论知识的传授，而忽视了实践技能的培养。而“理实一体、做学合一”的人才培养方法能够将理论知识与实践技能相结合，使学生能够在实践中巩固和应用所学的理论知识，提高学生的学习效果。

第二，“理实一体、做学合一”的人才培养方法注重培养学生的综合能力，不仅仅是培养学生将理论知识和实践技能结合的能力，还包括对学生创新思维能力、问题解决能力、团队合作能力的培养。这样培养出来的人才具备更全面的能力，更适应现代社会的需求。

第三，通过设置教学实践环节，学生能够亲身参与实际操作和项目实践，积累实践经验。这种经验对于技术技能型人才的培养非常重要，能够提高学生的实际操作能力和问题解决能力。

第四，通过设置教学实践环节，学生能够更加直观地感受到所学知识的应用场景和实际效果、增强学习的动力、培养学习的兴趣、提高学习的积极性。

（五）教学评价的维度

在传统学徒制的培养体系里，教学活动是在师傅和学徒两个独立个体之间进行的，具有一定的独立性，因此教学评价基本上是基于师傅个人积累的丰富经验，出师傅个人对学徒是否可以顺利“出师”进行判断，外界也主要依据其师傅的水平来评判学徒的个人水平，即所谓“名师出高徒”。

学校教育制度则通过对课程的分别评价来整体判断学生的水平。由于学生数量较多，老师对学生的评价必须依赖于客观的评价标准来进行，在这个阶段，客观评价是学校教育制度教学质量评价的主要特征。而在现代学徒制模式下，育人主体的多元性决定了教学评价需要由企业、学校通过毕业证、职业资格证书、技术等级证书等多方面主客观综合评价，才能有效确定人才培养的质量。

二、现代学徒制的基本要素

现代学徒制的实现既需要学校层面的微观探索，也需要国家层面的宏观支持。因此，如何在有限的政策支持背景下，探索微观范围的现代学徒制实现形式，成了我国职业教育面临的主要问题。

基于我国的国情，追求实现大范围的“大、一、统”模式的现代学徒制是不现实的，而是要根据不同地区、不同行业、不同学校、不同专业的实际，探索与其相适应的现代学徒制实现形式。现代学徒制的逻辑起点在于校企合作，其关键在于如何有效整合学校教育和工作现场实践教育。因此，现代学徒制的基本要素主要包括以下三点：

（一）校企双方共同参与

在传统学徒制中，行业协会在传统学徒制的建立与发展中起到了至关重要的作用。在我国，随着市场经济的发展，行业协会在人才供需方面的作用日益弱化，与传统学徒制相比，现代学徒制让人才供需双方的直接对接成为现实。

因此，现代学徒制必须建立在学校和企业双方共同作为这一培养制度主体的基础上，实现校企双主体育人，即学校和企业作为平等的育人主体共同深度、全程参与人才培养的过程。

（二）利益共振是主动力

1. 利益共振的相关概念

当前，校企合作面临的主要问题是如何进行深入合作、如何实现持续合作。这两个问题的解决不仅要靠国家的政策支持，更需要学校和企业这两个主体通过相互磨合，探寻到双方的利益共振点，建立相互依赖的关系。

（1）校企合作的内在动力在于利益

利益是校企合作的内在动力，校企合作必须以培养应用型人才为目标，通过学校与企业进行紧密地结合来实现共同培养应用型人才的目标。因此，在学校与企业的合作过程当中，除了政府要提供必要的外部支持和鼓励之外，更关键的是学校和企业要对合作背后的内在动力进行深挖。校企合作需要利益作为其内在动力，一方面，体现为企业自身的价值理念，另一方面，体现为企业员工对职业岗位的认同感。这两个方面决定了校企合作必须依靠企业自身力量来完成。学校的教育是为了公共利益，有一定的公益性，企业的生产则是为了追求最大的利润，因此也具有利益性。

目前，民营企业是高职院校进行校企合作的主要对象，这些民营企业的特点是追求成本低、收益高、入职培训周期短。民营企业与高职院校开展合作培养应用型人才，其根本目的是获取更多的经济回报和社会效益。当高职院校同民营企业合作的时候，后者不可能为毕业生的入职培训投入过多的资金，并且培养人才是一个周期相对较长的项目，如果在高职院校人才培养的过程让民营企业发挥主导作用，很难在较短的时间内看到明显的效果。目前大多数的高职院校都倾向于采取一种封闭式的校企合作模式来解决这一问题。

显然，企业在这种传统的合作方式中很难积极地参与校企合作。只有当双方达成了一定程度上的利益共识时，校企双方才有可能形成一种合力，从而推动校企合作的发展。为了促进学校与企业之间的合作，需要深入研究这种合作背后的内在驱动因素，其中最核心的部分是利益。校企合作的内在动力在于利益，借助这种利益驱动，可以使学校和企业双方实现共赢。从本质上看，校企合作就是双方围绕各自目标进行博弈，最终实现共赢的结果。在学校与企业的合作过程中，对学校最大的好处是可以降低高质量、高水平优秀技术技能型人才的培养成本，对企业的好处趋于隐性，因此需要学校发挥主动性来邀请企业携手构建相应的发展平台。

（2）校企合作的持续动力在于依赖

现如今，学校与企业之间缺乏长期有效合作机制的关键原因在于双方并没有建立起相互依赖的关系。校企之间只有通过长期稳定的利益联结机制，才能建立这种依赖关系。

基于私人、情感和机遇的校企合作模式，很难建立起长久且稳定的依赖关系。因此，要解决这一问题，需要从政府层面、行业层面和院校层面构建一种新的校企合作模式——利益共享机制，唯有学校和企业以各自的利益为前提建立起一种积极、相互依赖的“共生”关系时，双方之间的合作动力才可以被持续性的激发出来。

(3) 校企合作的最佳状态在于“共振”

为了实现学校和企业之间的持续共赢，并在建立了相互依赖关系的基础上实现“共振”，非常有必要构建长期有效的校企合作良性机制。这样做可以促使企业将参与校企合作视为一种主动和积极的自觉行动，变成一种不受外界限制的习惯性行为。

校企合作是一个动态过程，它同时受到内外因素的影响，同时双方之间的合作不仅受到外部因素的驱动，如政府督导、社会责任等，也需要内部因素的推动以保障其持续性。从内部因素来看，校企合作关系是一个互动过程，只有通过不断地互动，才能够让校企双方产生共赢的效果。这种内在因素表明，只有当学校与企业之间存在共同的利益时，双方才可以真正地进行合作；只有在利益上达成一致，才会促使校企双方从行动中去寻求合作，促成校企长效化合作。

对学校与企业这两大主体来说，合作的基础是既要确保学生的利益得到充分满足，同时也要确保生产的利益得到满足，唯有生产内容与课程内容存在交集的时候，合作的持续性才可以得以长期有效维持，只有在这样一种“交集”中，才可能实现校企间利益的最大化。值得一提的是，虽然利益构成了学校与企业长期合作的基础与根本，但是这并不妨碍双方基于各自的社会责任和道德观念进行的一系列合作行为。

2. 利益共振的作用

(1) 合作办学实质化

校企浅层合作与深度合作的显著区别就在于校企双方合作办学是形式化还是实质化。例如，高职院校的专业方向是根据企业的实际需求来确定的，并且在这些企业中科学、合理地建立实习基地，同时也成立专业专家指导委员会以及实习指导委员会。专门聘请来自行业企业的优秀专家或者高级技师作为指导委员会的具体成员，并且签订专业实习合同，从而逐渐构建产学合作的体系。就实际情况而言，一些指导委员会在很大程度上还停留于形式层面，对高职院校的实质性指导作用没有充分发挥出来。

有的院校还提出，应在校企合作办学的组织架构上考虑将国际化的企业作为双主体的重要组织成员；成立一个高职院校管理委员会或理事会，组织成员包括政府、行业、企业、社区和学校等，由来自不同主体的成员对学校和企业合作办学的相关事宜进行统筹管理。当然，学校与企业在组织架构上的合作是校企之间实现实质性合作的基础，但校企合作办学的根本是要发挥企业在高职院校建设与发展中的作用，要有明确的责权利和工作机制，这样才能实现校企合作办学的实际化、纵深化。

（2）合作育人全程化

育人是教育的根本，高职教育的根本目的就是在于为生产、建设、服务管理、服务一线培养高素质技术技能型人才。因此，高职院校与企业也必须围绕这个目标来开展合作育人。培养高素质技术技能型人才的共同目标，要求从学生入学到学生培养再到学生就业，都必须有企业的参与。

就入学阶段，在高职院校的招生过程中，应当体现企业的需求。特别是当前高职院校可以进行单独招生，令企业参与高职院校的招生过程有了现实的基础。另外，在“订单式”培养的人才培养模式下，企业也在人才的选拔上具有很大的主导作用。在人才培养阶段，企业应参与专业设置、培养计划、课程开发、实训实习、学生考核等方面，从而锻炼人才的综合素质。在就业阶段，企业应主动承担起帮助学生就业的责任，将学生就业作为自身的本职工作，尽全力保障学生的就业。这一点，将在“合作就业责任化”中具体谈到。

（3）合作就业责任化

高等职业教育是以就业为导向的职业教育，因此，使学生成功就业是高等职业教育的重要职责。当然，在校企合作的办学模式下，企业也是实现学生就业不可缺少的重要力量。

当前，尽管很多高职院校与企业的合作目标都集中于学生就业上，但是并没有对落实学生的就业建立相应的责任制度、没有形成相应的责任机制，这导致学生难以拥有稳定的就业渠道。校企深度合作就是要打破仅按企业需求实现学生就业的不稳定性，将学生就业纳入企业的责任范畴，让学校与企业充分利用自身资源，共同承担实现学生就业的责任。

（4）合作发展持续化

合作发展是校企合作的高级阶段，是在合作办学、合作育人、合作就业的基础上实现校企的双赢。校企合作发展是校企深度合作的高层次阶段，并且这种合作发展具有持续性。

要达到这个阶段的校企合作，校企之间在很大程度上已经形成了积极的相互依赖的共生关系，彼此不能离开对方独立生存。例如，企业的员工需要高职院校培养，企业的技术发展依赖于高职院校，企业的规划与发展需要高职院校的智能团参谋；而高职院校办学、育人以及学生的就业等都需要企业的全程、全面参与。同时，两者的合作不是盲目地应急性合作，而是具有长效性的可持续合作。

（三）学生的学徒身份

在校企双方作为利益的主体形成积极的互相依赖的依存关系背景下，现代学徒制的建立就有了基础，在此基础上，赋予学生学徒的身份（签订培养协议或就业协议），以使培养学徒成为学校和企业双方共同的责任，至于具体的学徒培养方式，则需要校企双方根据学校和企业的实际情况具体协商。例如，在整合学校教育和工作现场教育方面，可以以学校场地为主，整合企业资源；也可以以企业场地为主，整合学校资源。

第四节　校企协同与现代学徒制实施的意义与现状

一、校企协同实施的意义与现状

（一）校企协同实施的意义

校企协同是职业院校与企业在各自不同利益诉求的基础上，寻求利益交集共同发展的一种组织形式。具体来说，校企协同是利用学校与企业资源，以培养学生的综合素质为目标，采取课堂教学与生产实践相结合的方式，培养适应生产、建设、服务、管理第一线所需要的高端技术技能型人才的一种教育模式。校企协同是我国职业教育改革的重要方向，同时也对企业能否做大做强起到至关重要的作用。校企协同教育是一种“双赢”模式，主要体现在以下五点：

1. 推进高职院校软硬件的建设

地方政府是我国职业教育的主要投资者，其中地方政府资金短缺成为制约其发展的主要障碍。随着社会经济的不断发展，国家财政也越来越重视教育经费的支出。

众所周知，资金短缺所带来的负面效应是多方面的，其中比较常见和严重的是一些高职院校在扩大招生规模以后，在教学场所、实训设备等多个方面出现了明显的不足，降低了高职院校的教学质量，同时高职院校人才培养的标准和水平也受到一定的影响。因此，必须建立一个学校与用人单位共同参与的产教融合机制来推动职业教育事业的改革与创新。校企协同能够实现对企事业单位现有资源的充分、高效利用，在对企业和高职院校的教育资源进行有序整合的同时，顺利解决政府对高职院校投资不足的问题，确保高职院校实现健康可持续发展。

2. 推进高职院校人才培养模式改革

校企深度融合，行业企业参与高等职业教育人才培养的全过程，共同与高职院校研究制订专业标准以及课程标准，对人才培养方案和人才培养目标、教学计划进行调整，使其符合行业企业的发展需要和职业岗位的实际需求，这能够推进高职院校人才培养模式的改革，逐步实现高职院校人才培养模式的标准化和规范化，达到提升学生的专业水平和提高学生就业质量的目的。

3. 打造具有“双师型”教师素质教学团队

拥有一支高质量、高素质和高水平的教学团队不仅是快速提升高职院校教学质量的关键方法，还是能全面提升人才培养水平的核心因素。高职院校教师在校企协同的影响下，能够定期前往合作的企事业单位进行实地的跟岗实践，这极大地改善了他们在岗位技能与实际操作能力上的不足。

此外，企事业单位的技术人员以及高层管理人员，在顺利完成岗位培训之后，也能够以兼职的方式来高职院校参与教学，这可以弥补实际教学中师资短缺的问题。在这种背景下，校企协同成为高职院校提升办学质量、增强竞争力的重要途径之一。所以，高职院校和企业展开深度合作，可以培育出具有高素质、高水准、高技能的院校教学团队，使师资配置结构得到进一步优化，有利于快速提高高职院校的教学水平。

4. 有效提升学生的综合素质

校企协同有利于提升学生的综合素质，具体表现为以下几点：

第一，高职院校需要借助各种方法不断提升学生在实际工作中的综合能力，并且帮助他们实现从学生到员工角色的顺利转换，同时为企业培养高素质的技术技能型人才，促进校企合作深度发展。

第二，学生通过实际的岗位工作实践积累的经验，可以提升其在自我评估方面的能力，提高他们的情感智慧，进而协助他们更早地明确自己的职业目标与岗位工作方向。

第三，在企业内部与实际工作岗位进行“零距离”接触，让学生实际参与到实际工作中去，为学生未来的顺利就业奠定了坚实的基础。

第四，校企协同为学生创造了更多的工作和实践机会，有利于增强学生对社会的认识，使他们积累更多的工作经验，提高学生毕业后的职业竞争力，最终实现快速提高高职院校学生就业率的目标。

5. 提高企业效益和社会声誉

校企协同不但可以促进企业率先在内部进行改革转型，使企业开始承担起更大的社会责任，还可以为企业提供人才支撑与技术支持，使企业的效益以及社会声誉得到较大幅度的提升。

高职院校的对口专业教师有能力为企业提供信息咨询、员工培训等诸多服务。这有助于促进企业进行积极、主动的改革和创新，从而使企业的实力得到有效提升。

除此之外，通过校企协同高职院校的学生有机会进入企业进行顶岗实地实习和实训，这不仅可以为企业提供具有调剂性和季节性的高素质、高水平劳动者，还可以使企业能够有效降低用人成本，同时进一步提升企业在生产调剂方面的相关能力，从而使企业实现效率和收入的双重提升。

（二）校企协同的实施现状

1. 校企协同实施中的问题

（1）学校在企业建立学生实习实训基地

在企业建立学生实习实训基地，有利于学生进行专业实习和实训。这样的学生实习实训基地不仅能够进一步扩大学校的办学范围，还可以能够按照生产的实际需求与专业内容，最大限度地为学生提供更为理想的专业实习和岗前培训。因此，许多高职院校都把建立自己的学生实习实训基地作为重要的教学改革项目之一。然而，因为企业具有其独特的运营模式，无法完全根据学校的教学标准和要求为实习学生提供更为全面的专业训练环境，所以学校在企业建立的学生实习实训基地尚无法真正实现学校预期的实习实训目的。

（2）企业接收高职院校学生实习以补充其劳动力

企业会严格按照其自身的生产和用工实际需求，接收高职院校对口专业学生进入企业进行实习实训以补充企业的劳动力。但这种情况相爱，企业安排给学生的大多是简单地操作岗位，不能满足学校的人才培养要求。

同时，学生在高职院校所学的专业知识和技能虽然和企业的需求相匹配，但依旧有部分企业觉得学生所掌握的知识和技能并未满足和达到企业职位的要求和标准，甚至部分企业需要在学生入职之前接受企业的再培训，才可以勉强接受学生进入企业进行实习实训。

（3）企业成为高职院校形式上的合作单位

为了充分满足有关部门对高职院校提出的要求，高职院校借助政府管理部门的帮助，或者对各种社会关系进行灵活利用，努力寻求企业的帮助与校企合作机会，虽然高职院校会依赖企业的高级管理人员与工程技术人员成立专业建设指导委员会并且与企业进行“挂牌”合作，但是并未进行实质性的交流与活动，也没有进行真正意义上的专业建设与更深层次的交流合作。因此，部分企业成为了一些高职院校形式上的合作单位，校企协同也流于表面形式。

同时，一些企业也认为学校是一个独立法人实体，与自己无关，从而不愿参与到学校的改革中来。尽管校企协同的合作方式多种多样，但其中仍有一些不尽如人意之处，这些合作大多仍然停留在很浅的表层，仍然处于初级的基本形式协同合作阶段，离高层次深度校企协同合作还相差甚远，根本无法接近高职院校办学理念的核心，因而学校与企业在利益、效益以及社会影响等多方面的“共赢”“多赢”更无从谈起。

2.校企协同问题产生的原因

（1）政府职能缺位

我国虽有《中华人民共和国职业教育法》（简称《职业教育法》），但没有相应和具体的法律法规要求企业必须承担起对职业教育人才培养的责任和义务，地方政府也没有制定具体条例对校企协同中的校企双方进行有效的约束和监督。政府没有形成校企协同组织、协调沟通的常态化机制，由于资金不足、风险分担等问题，校企协同的实施和开展受到了一定的影响。

另外，由于政府在税务减免、资金援助以及激励策略上的指导不足，企业的利益并未得到充分的保障，这也在一定程度上降低了企业对校企协同的主动性与积极性，从而妨碍了校企协同的深入推进。

（2）企业缺乏主动参与校企协同的热情和动力

企业的校企协同意识淡薄，缺乏主动参与校企协同的热情和动力，没有承担职业教育的责任和义务，只对能带来利益的成熟技术感兴趣，并未将高等职业教育的人才培养整合到企业的价值链当中，同时也未将校企协同作为其选择人才的最优路径。

另外，由于缺乏相关的法律法规和协调机制，企业在校企协同中的利益无法得到保障，企业在接受学生实习时会担心影响企业生产、增加生产成本、担心泄露企业的核心技术和核心机密。

（3）高职院校适应行业企业需求的能力不强

高职院校大多由于发展历史短、经验不足、教师教学水平不高、科技开发能力不足，对企业技术创新、项目开发等能够提高企业效益的利益诉求往往缺乏必要考虑和帮助，企业参与校企协同基本得不到利益回报。

在人才的培训模式以及专业和课程设计上，高职院校很少征询企业的相关建议，最终导致学校的专业设置与行业企业需求脱节，课程设计不能适应岗位要求，学生不能达到企业对顶岗实习人员的要求。另外，由于校企协同需要增加高职院校相关部门的工作量和学校开支，加强对实习学生的管理，导致高职院校负担过重，部分高职院校会因此对校企协同望而却步。

二、现代学徒制实施的意义与现状

（一）现代学徒制实施的意义

1. 促进学生的职业能力发展

现代学徒制是职业教育的重要组成部分，它旨在通过在工作环境中的实践，培养学生在未来工作中所需的各项能力和促进其水平的提升。现代学徒制的理念更强调为学生提供真实的工作环境，使学生的学习与生活无缝衔接，从而全方位提升学生的能力水平。参与实习实训可以使学生深入了解并掌握工作所需的知识和技能，进而使学生在未来的职业竞争中具有更多优势。

2. 让企业成为育人的主体

在现代学徒制中，企业不仅担负着培养学生专业技能的责任，还肩负着一定的育人职责，这也体现了杜威（Dewey）所倡导的学校和社会之间的界限已被打破的观点。从本质上看，学校与社会密切相关，作为社会的一个组成部分，学校与社会融为一体，相辅相成不可分割。除了包括学校在内的教育机构，企业也应该承担为社会培养人才的责任。实际上，学生在企业中学习相应的知识和技能，比完全在学校学习更具效率。换句话说，现今职业教育需要积累更多实践经验，光靠书本知识进行职业教育已经不足够，因此引入现代学徒制是提升职业教育水平的有效举措。现代学徒制强调企业在学生教育中的重要作用，能够进一步反映职业教育的进步。在现代学徒制中，企业应当成为育人的主体，发挥其在人才培养方面的重要作用。

3. 强调学习与生活紧密结合

以杜威的名言“教育即生活”为依据，教育和学生的生活之间是有联系的。特别是针对职业教育而言，学生必须在实践中掌握职业知识，不能仅仅停留在学习理论知识上。因此，让学生进行具体的实践和训练至关重要。现代学徒制的理念注重将教育与生活紧密结合起来，学生在扮演企业员工的同时，也以学徒的身份在实践中掌握了必要的职业技能，这种学习方式既高效又省时。

4. 鼓励学生以员工的身份参与企业中的实践

现代学徒制的特点之一就在于学生不仅是企业实习生，他们更是员工。学生通过努力工作获得与企业员工类似的福利待遇，就表示他们已经成功地融入了社会。杜威认为职业教育非常重要，他也主张通过鼓励学生自行实践职业知识的方式来促进其掌握技能。让学生以员工的身份参与企业的实践，让他们身临其境地投入企业实际生产中，这无疑能够为他们提供更为真实的学习经验。这种情况非常契合杜威主张的经验至上学习理念，也就是从做中学，因为实践是学生获取职业技能的最佳途径之一。

（二）现代学徒制实施现状

1. 现代学徒制试点专业学徒身份问题

招生与招工结合是学校与企业开展现代学徒制试点专业项目的核心要求，所以学徒应该是现代学徒制试点专业项目主体中最大的直接受益者。学徒不同于一般意义上的企业员工，学校与企业能否清晰界定企业与学徒的权利、义务关系，能否实施有效的学徒管理，使企业、学徒双方都产生获得感，是现代学徒制教育模式能否成功运行的关键。高职院校试行现代学徒制过程中，企业与学徒的权利、义务关系难以界定，容易造成学徒权益受到侵害，也容易增加企业参与现代学徒制合作的运行成本，进而挫伤企业和学徒参与现代学徒制试点专业项目的积极性。

（1）对学生（学徒）的双重身份界定

现代学徒制实施招生招工一体化，学生（学徒）在被正式录取前必须与合作企业签订劳动合同，入学后到企业跟岗学习，他们既是企业的员工，同时也是学校的学生，既要参与企业的劳动，也要利用课余时间在企业实习或回学校上理论课。许多学生（学徒）对这种双重身份的界定不清晰，甚至产生误解，以为学校将他们作为廉价劳动力“卖”给企业。学徒以“企业在岗培训”为主，具备学生和员工的双重身份，他们不仅要完成学校的学习任务，还要化身企业员工，处理企业工作任务，并遵守一定的企业要求。学校和企业应帮助学生（学徒）有效进行的双重身份界定、双重角色认知，顺利实现学生与员工双重身份的转换。

（2）从政策上明确学徒的法律身份

《劳动法》等法律都没有将现代学徒制中学生（学徒）的身份认定为员工，所以当学生（学徒）在工作中权益受到侵犯时无法用《劳动法》《中华人民共和国劳动合同法》等有关法律维权。政府应在政策上对学生（学徒）的法律身份、权利等给予明确的规定，在实际探索中，学生（学徒）与企业签订了类似劳动合同的三方协议，但在岗学习期间学生（学徒）并未享受正式员工的薪酬福利待遇，急需相关部门和专家根据我国现阶段的实际情况，对现代学徒制学生（学徒）的双重身份进行实事求是的界定，进一步保障学徒能够在企业工作时的合法权益。另外，在学生（学徒）被拟录取之前，学校应集中向学生（学徒）说明学徒、学生身份的界定，使学生（学徒）理解校企协同合作办学的模式、学徒的权利和义务，与能接受并履行承诺的学生（学徒）签署知情同意书、三方协议后再对其进行正式录取。

（3）加强现代学徒制的学生（学徒）管理

现代学徒制中的受教育对象具有在校学生和企业学徒双重身份，作为在校学生，他们要遵守学校的组织纪律；作为企业的学徒，则需维护企业的文化，恪守企业的规章制度，对受教育对象的管理也由单纯的学校管理转向校企共同参与的双重管理。在现代学徒制下，教育管理的涉及的对象、情境、主题都发生了巨大变化。由于在现代学徒制学生（学徒）管理中任务划分不明确，因此校企合作、整合和融合已成为解决现代学徒制的学生（学徒）管理工作中各种问题的重要策略，只有这样，才能确保管理工作顺畅无阻。我们需要将行业和企业主体纳入现代学徒制学生（学徒）管理制度的建设之中，并将相应的行业企业管理内容融入其中，形成一个综合系统。这个系统包含了各级政策、指导方针以及实施流程，能够有效规范对学生和学徒的管理。同时，特定的职业道德标准、资格要求和工作能力标准也被纳入其中。此外，试点企业和学校也制订了针对学生（学徒）的具体管理规定和职业标准，并创造了具体的管理制度文化与认知特征。

①切实保障学徒的合法权益。

学生（学徒）是现代学徒制培养模式中的主体，保障学生（学徒）的基本权益是现代学徒制培养模式改革的重要内容。现代学徒制从入校即入企、招工即招生开始，签订三方协议、明确三方责任。要在确保学生（学徒）自愿的前提下，由学生（学徒）、学校、企业以及监护人共同签署协议，确保学生（学徒）不超负荷工作，能按照实际工作贡献按期取得合理的劳动报酬，同时，校企双方应协商明确由企业或者学校哪一方承担学生（学徒）的责任保险和工伤保险。

②制订配套的学徒管理制度。

在制订高职现代学徒制的试点学生（学徒）管理制度时，学校与企业需要全面考虑学生的学习、工作和生活情况，并结合以往的管理经验和工学的人才培养实践，打造一套可行且有效的学生（学徒）管理制度。其核心目标在于推动学生（学徒）全方位成长，实行创新的管理方法，建立适应核心目标的管理架构，完善对学生（学徒）的品德教育。学校与企业需要始终把学生（学徒）的需求放在核心地位，坚持“以生为本”“以徒为本”原则，制订并执行学生管理制度，严肃工作纪律，明确工作义务及责任，规范学生（学徒）行为，更要加强全面保障学生（学徒）的合法权益。

③解决学徒生活问题。

学生（学徒）进入企业前高职院校就应安排好他们的食宿问题，关注学生（学徒）工作生活中产生的心理问题，定期安排教师下企业指导学生（学徒），积极帮助他们解决生活问题。对学生（学徒）分组、分配“双师制”导师，导师利用在线实习系统、QQ 群、微信群、电话等及时询问学生（学徒）的工作生活情况，使学生（学徒）遇到问题能够得到解决，产生情绪能够得到安抚和疏导。

④做好学徒的动态评估。

校企双方如要确保学生（学徒）得到有效的跟踪指导，学校与企业就必须设立一个可行的动态评估机制，以提供相应支持。动态评估机制能够全面考虑学生（学徒）在工作学习中的表现，并且会对师傅的指导过程进行综合评估，其中也包括学生（学徒）对师傅的评价。当然，评估机制应当及时追踪学生（学徒）的成长进程，以帮助他们更清晰地了解自己的优势与不足。基于评估机制，学校与企业可以通过实时评价师徒之间的互动和指导效果，及时分析和优化师徒关系。在这个过程中，学生可以明显感受到学校和企业对他们的关注和呵护，并且学生（学徒）要能够进行自我评估，以提高自身素养，调整态度和行为。

（4）建立现代学徒制的学生（学徒）发展标准体系

依据现代学徒制各专业人才培养目标，以培养“职业道德高尚、职业素养优良、专业理论扎实、职业技能高超、具备创新创业能力的高素质技术技能人才”为根本，加强职业技能教育和创新创业教育，在学生学业发展、德育发展、个人发展、职业发展、团队发展等领域制订和完善学生（学徒）发展标准，形成学生（学徒）发展考核性诊断标准，并使学生（学徒）理解自我提升和发展的重点及相应质量标准。

（5）全面提升学生（学徒）的学习能力

要让学生（学徒）具备自主性，关键在于帮助他们培养自我学习和不断提升的能力。这种能力可以表现为学生（学徒）对知识和技能进行深入学习的能力和终身发展的理念。学徒期代表一个漫长的学习过程，它跨越职业生涯的全程，从认知到实践，旨在帮助学生（学徒）将理论知识转化为实用技能，这是学徒经历中最为重要的一部分。现代学徒制的理念注重提高学生（学徒）在学习过程中的效率，鼓励他们将理论知识与实践相结合，促进学生（学徒）的全面发展，它的目标是为学生（学徒）铺设一条顺畅的职业成长之路。所以，在具体的实践过程中，现代学徒制的实践教学应更注重提升学徒的学习能力。随着时代的不断进步，人类的发展也面临着新的挑战与要求。为了适应未来生活，我们必须持续学习不止，因为这是必不可少的能力之一，也是确保人类可持续发展的关键。为了增强学生（学徒）的可持续发展能力，学校与企业应注重培养他们的职业志向、综合思维与解决问题的能力、重要职业技术，同时要让他们融入共同学习和交流的氛围中。

2. 现代学徒制试点专业“双师制”建设与管理问题

“双师制”是现代学徒制的重要特征之一，《国家职业教育改革实施方案》强调要“多措并举打造“双师型”教师队伍。大量引进企业师傅充实高职院校教学团队是学徒制试点的最基本特征之一，要有效实施现代学徒制校企协同育人，需要两个主要参与者，即高职院校的教师和企业的专业师傅，他们要一同负责对学生进行培养。企业的专业师傅有着主要承担技能培训的责任。就像国家监管和提供培训以提高教师教学水平一样，企业也需要建立师傅制度来实施现代学徒制校企协同育人，这样才能确保学徒可以拥有良好的教学环境和接受企业师傅的指导指导。企业应该建立一个清晰的师傅制度，明确师傅的背景资质、职责、权利、待遇和培训，并建立一个稳定的师傅团队。现代学徒制人才培养的关键因素在于师傅的素质、道德品质以及对工作的责任感。举例来说，在德国的双元制教学中，他们建立了一套完备的师傅制度，这是德国确保人才培养质量的重要保障。因此，为了进一步改进现代学徒制度，我们国家也需要建立“双师制“的现代职业教育培养模式。

（1）校企共建，互聘共用

根据现代学徒制校企合作的规定，试点专业的教师团队应由学校和企业的相关人士联合组成，并需要学校与企业相互聘任“得力干将”，让他们在教学团队中担任多种职务。企业聘请一批卓越的工程师和一线技术人员，任命他们为企业师傅。每位企业师傅需要带领 3～5 名学生，建立师徒关系，并指导他们进行实际操作和学习。企业师傅会采用一对一或一对多的方式，向学生传授他们的技术和技能。除了担任导师外，他们还会承担其他职责，包括参与设计课程、制订培训计划、组织实践教育以及建设教育资源等。学校将挑选出表现出色的教师担任

“双师制”导师，并与每个导师团队中的3～5名学生建立紧密的师生关系。这些教师将承担教授理论知识和向学生提供学习支持的职责，就是对学生进行高等职业知识理论与技能的培训以外，这些老师还需要为学生提供日常生活上的指引。除此之外，这些学校教师还会担任企业的技术负责人或车间主任等职务，与学生一同在实践工作岗位上工作，并参与学生学业的评估。此外，他们还要负责开发新产品和新技术、监管生产等具体职责。学校和企业的导师将联合组成多种教学团队，在教授课程和辅导学生方面进行合作。这些团队将由学术界和企业界的导师联合组成。根据实践证明，在学校和企业，导师们会将教学内容分成不同的目标，并将他们各自的专业知识相互融合起来，这样可以协同作用，有效地提高技能人才培养水平。

（2）建章立制，规范管理

为了成功推广和有效管理现代学徒制的试点工作，高职院校和企业需要在试点工作开始阶段就非常注重制订相关规章制度，并规范相关管理机制，以及采取恰当的规章制度手段。这样可以有效推进现代学徒制试点工作，并保证其管理、实施的有效性。高职院校和企业可以设立专门的改革试点引导委员会，其主要职责是协调现代学徒制试点专业相关工作并起草相关方案。可以成立一个名为“校企教学团队管理委员会”的实体组织，其主要目的是从高职院校和企业人才库中选用最优秀的人才，创建一个完整的教学团队，便于满足现代学徒制的教学需求。此外，该委员会还需要能够就教学团队的发展方向制订计划，并设计相应的导师培训计划和管理规则、开展专职和兼职导师的评估和管理措施，同时也要明确定义学校教师和企业师傅的聘用标准、选拔程序、工作职责和管理方法等。这有助于确保“双师制”教学团队成员的学术素养、职称和能力等条件适当，也可以规范导师的教学工作和学生管理工作，进而能确保现代学徒制背景下的“双师制”教学效果和质量均能达到预期水平。

（3）侧重培养，提升素质

为了确保现代学徒制试点工作质量，提高人才培养水平，教学团队必须具备合格的教育教学素养和教学能力，并实行“双师制”。学校专职教师和企业技术人员在培养应用型人才方面都有各自的优势和劣势：专职教师具备丰富的理论知识和教学能力，但他们在实践操作和实际应用方面的能力尚需加强；尽管企业技术人员拥有丰富的现场实践经验和出色的操作能力，但其在教学技巧和理论深度方面的能力还有很大的提升空间。尽管“双师制”通过实现学校和企业导师的互相补充，能够弥补他们彼此之间的不足之处，但这并不意味着“双师制”能够完全消除校企双方的劣势。为了增强“双师制”团队的教学水平，我们可以借助现代学徒制试点工作的机会，有针对性地开展导师培训活动，以满足学校教师和企业师傅的不同需求。详细而言，为了实现这个目标，我们可以增加学校教师的实际经验，提升企业师傅的教学技能水平。让学校教师有机会参与企业产品研发、一线生产等工作，这能够帮助他们亲自了解企业在生产和研发方面的情况。他们还能够借此熟悉车间的各个生产流程和设备操作，进而积累实践经验并提高自身的专业实践能力和操作技能。企业师傅参与短期专题培训等，来帮助自己快速了解现代教育理念和规律，掌握教学流程、先进教育技术、科学教学方法和课堂掌控技巧等知识。这些培训可以增强导师团队在教育教学方面的水平和基本技能。在“双师制”背景下，学校教师和企业师傅之间的协作是能让他们互相受益的，他们之间的合作可以弥补对方在专业实践和教学能力等方面的不足，从而实现互相提升，这种做法也有利于提高导师团队的整体教学水平。

（4）搭建平台，密切合作

现代学徒制的核心特征是学校和企业联合培养人才，学校教师和企业师傅在教育过程中应当紧密合作，确保教学质量和培养水平达标，并保持联系，实现高效的教育合作。举例而言，江苏工程职业技术学院的飞机机电设备维修专业采用校企融合、渐进过渡的模式来培养专业人才。这种方式指的是校内实训室、产教融合实训基地和企业车间三个实践环节与线上网络教学相结合，使教学逐渐向企业车间转移，而不是仅限于在学校的课堂中开展。为了使高等职业教育实现向现代学徒制过渡的目标，学校应当与企业合作，联手研发和履行有关专业课程的教学大纲。该试点专业计划旨在推广师资合作培养模式，计划为每个学生分别安排一位学校教师和一位企业师傅。这两类导师将联手合作，共同参与学生的教育实践活动。为了加强导师之间的合作，该试点专业设立了多个微信和 QQ 群组，以方便导师、学生之间进行交流和互动。这些群组不仅让师生有机会相互交流和互动，还有助于促进学校教师和企业师傅之间开展育人合作。学校采用现代学徒制定期例会制度，旨在提升现代学徒制试点专业的教学质量和学生的职业素养水平，并强化学校教师和企业师傅在职业教育理念和提高他们的教学能力。学校和企业的导师都积极参与教学方案的制订，此外他们还经常一起参加公开课和教学研讨活动。在试点专业中，每个学期至少要组织一次集体讨论会，每个教学团队每月至少要举行一次教研活动；“双师制”系统内需要定期举行会议来进行学术与教学交流。此外，校企双方会轮流主办各种教研活动，这些活动有时在学校举行，有时则在企业举行。在某些情况下，学校或企业的导师可能会充当主持人，这样便创造了一个优秀的交流平台，从而促进了学校与企业双方的互相学习和共同提高。

（5）校企考核，多元评价

在教育和教学中，考核扮演着重要的角色。它能够评价和认可教师在之前的教学工作中所付出的努力，同时能够为教师未来的教学提供科学的指导，它对于教学质量和教师个人的成长至关重要。按照试点方案，对现代学徒制的试点专业的考核将采用校企双主体评估方法，综合考虑学校和企业的评价意见。同时，还将结合学生评价和导师相互评价等进行综合评价。教师考核将对师德师风、教学表现、道德品质、学生管理能力和“双师制”导师职责履行情况进行评价，而评估结果将会被记录在相应的档案中。这一评估结果将是确定教师等级、管理绩效以及任命“双师制”导师的重要依据之一。换言之，教师考核结果对现代学徒制的推广实施具有重要的参考价值。校企联合考核可用于客观地评估学校教师在为企业提供服务方面的表现，同时也可评估企业师傅在教学方面的表现。这种评估可作为衡量导师工作表现和决定导师职业晋升的一个参考指标，也可以增强学校教师和企业师傅参与现代学徒制校企协同育人的自主性。为了保证考核全面而客观，我们应该在试点专业中采用多种评价方式，并在考核的过程当中，综合运用不同的评价手段，同步考虑多个方面，进而进行全面的综合评估。多元评价的推行扩大了评价参与者的范围，评价参与者不再局限于学校和企业，而是包含了学生、学校教师、企业师傅以及相关管理人员等，这样可以让更多人聚集在一起参与评价活动，分享自己的想法和见解。多元评价可以采用不同的形式，不只是局限于过程性或总结性评价，还可以有其他的评价方式，如领导的评估、学生对教学的反馈、学生自我评价、小组成员之间的互相评价，以及导师和学生之间的互评等。这些评价方式可以为高职院校和企业提供更丰富、全面的评估信息，也可以更好地反映学生的学习情况。根据相关实践研究，以学校和企业为核心的评价方法和多样化评价模式，可以保障考核评价的科学客观性，提高“双师制”教学团队成员的工作积极性。

（6）动态管理，定期更新

试点专业校企教学团队管理委员会承担对专业导致团队进行管理的职责，其工作重点在于挑选符合要求的校企双导师，组建校企混合导师团队，满足现代学徒制背景下“双师制”的教学需求。另外，该委员会还需要规划教学团队的发展蓝图，设计导师培训计划，并确立专职和兼职导师评估和管理的标准化规范。为了确保“双师制”的教学团队具备高水平的专业素养，试点专业必须对学校教师和企业师傅进行严格的筛选和专业培训，并且需要对他们进行动态管理和定期更新。这样可以确保“双师制”导师的专业技能和能力保持最佳状态。例如，江苏工程职业技术学院飞机机电设备维修试点最初在选定“双师制”时，选择了来自学院内航空与交通工程学院和南通华夏飞机工程技术股份有限公司的候选人，他们被纳入导师数据库。试点专业在工作开始之后，每学期会对这些候选人进行评估考核。根据评估结果，试点专业对学校和企业的指导教师进行重新配置。那些教学效果不佳、执行任务表现不佳的人将被解聘并从导师名单中除名。在此之后，试点专业持续搜寻符合条件的候选人，并及时更新导师数据库，确保数据流转畅通无阻。这种灵活的管理方式确保了教学团队的教学积极性和专业水平。

第二章　校企协同育人与现代学徒制关系辨析

本章的主题为校企协同育人与现代学徒制关系辨析，主要从两个角度进行研究：校企协同与现代学徒制的区别、现代学徒制解决校企协同问题的科学性。

第一节　校企协同与现代学徒制的区别

一、培养对象的合法身份与权益维护方式不同

在现代学徒制中，培养对象学徒的合法身份是企业的（准）员工，企业对学徒承担主要的责任，学徒所享有的合法权益包括他们与其他员工享受同样的劳动保护、安全措施和社会福利，并主要通过法律法规的方式对其合法权益进行维护。统计显示，学徒制各利益相关者的协调方式主要为合同类（46%）与法律法规类（43%），严格意义上来说，合同一般都受到如《中华人民共和国合同法》《劳动法》等的规范，隶属于法律法规类。[①]

二、培养主体发挥的作用不同

现代学徒制与校企协同都重视发挥学校与企业两大主体的作用。在现代学徒制中，企业扮演着核心角色。在我国的学校与企业合作模式中，学校被视为核心角色，企业处于配角的位置，因此，企业被期望为职业学校提供更多的兼职教师、实习机会和相关设备等，它是一种以学校为主的校企协同模式。

三、培养对象与培养主体之间的关系不同

培养对象与不同的培养主体之间会表现出不同的关系。就学生（学徒）和企

① 虞梅．基于制度规则下的现代学徒制发展路径[J]．北京财贸职业学院学报，2023，39（1）：62—67.

业之间的联系而言，基于现代学徒制，企业与学徒／学生之间的关系主要表现为雇佣与培训，也就是说，企业以员工的身份聘请学徒／学生并为他们提供必要的培训，而学徒则以低薪的方式为企业服务；在我国校企协同中，学生（学徒）与企业之间主要是一种实习关系，也就是企业为学生（学徒）提供了所谓的实习职位，当学生（学徒）作为实习生加入企业时，企业会不定期给予学生（学徒）某种形式的劳动报酬，有时学生或学校需向企业支付一定的岗位实习费用。就学生（学徒）和学校的关系来说，现代学徒制与我国校企协同基本上是一种教育与学习的关系，即学校为学生（学徒）提供教育服务，学生（学徒）努力学习以提高自身职业能力与综合素质。所不同的是，现代学徒制特别重视企业与学生（学徒）之间的雇佣与培训关系，而我国的校企协同则重视学校与学徒／学生的教育与学习关系。

四、对工作现场学习的重视程度不同

在现代学徒制中，工作现场是学徒／学生学习的主要场所。而在我国的校企协同中，组织学生（学徒）进行现场学习的基本做法是“中等职业学校在校学生最后一年要到企业等用人单位顶岗实习，高等职业院校学生实习实训时间不少于半年”，工作现场学习比较形式化，尚未建立与之对应的质量监管机制，而学生（学徒）实习之前的学校学习才是我国职业教育关注的重点。

五、对能力目标的重视与实现程度不同

在现代学徒制中，高职院校与企业对学徒／学生的要求越来越高，包括但不限于良好的口头表达和沟通技巧、优秀的团队协作精神、高效的信息处理能力、专业技能的精进等。能力目标强调学生（学徒）要将理论知识转化为实际应用技能，注重自我学习能力的提升、对实践经验的运用以及高效工作流程的建立。它教会学生（学徒）“如何实践他所学的知识，及在不能完全预测未来工作变化的情况下，如何使教育与未来的工作相适应”。

虽然我国的校企合作非常注重这些能力的培养，但在以学校教育为主、无法做到精准控制企业实习质量的情况下，培养这些能力的手段较少，这是由于“在一般情况下，学校教育主要是针对学会认知，较少针对学会做事”。[①]

① 教育：财富蕴藏其中[M]. 联合国教科文组织总部中文科，译. 北京：教育科学出版社，1996.

六、对行业与产业部门的重视程度不同

现代学徒制非常重视行业与产业部门所发挥的作用，而在我国现在的职业教育校企协同中，行业与产业部门发挥的作用非常小。我国法律没有明确规定行业与产业部门在职业教育发展中的地位和作用，也缺乏相关政策支持和鼓励行业与产业部门参与职业教育与培训，行业与产业部门、高职院校与企业缺少对话机会与合作平台。①

综上所述，现代学徒制与我国的校企协同是两个不同的概念，现代学徒制强调企业在技能人才培养过程中的核心地位，注重将知识运用于工作环境中，学生（学徒）的合法身份是企业的（准）员工。而目前我国的校企协同育人机制注重学校在培养人才过程中的核心作用，强调知识和技能的教授，确保学生在学校中拥有合法的地位。学生（学徒）合法身份的不同，以及对各培养主体重要性认识的不同，使得我国校企协同与现代学徒制呈现出很大的差别。

第二节　现代学徒制解决校企协同问题的科学性

校企合作现状与困境分析表明，在确保学生的合法权益和岗位学习质量的前提下，如何增强企业对职业教育的热情并进一步深化学校与企业的合作改革，已经成为我国职业教育深度发展过程中无法回避的核心问题。现代学徒制是一种在现代经济环境下建立起来的教育模式，它融合了创新、个人实现和终身学习等多个教育观念，是一种将生产现场的学徒制与现代学校教育相结合的职业教育制度，它改变了学生（学徒）的合法身份（学生（学徒）的合法身份为企业员工），重视企业在人才培养中的主体地位，强调学生（学徒）解决工作现场专业问题的综合职业能力，是一种能够有效解决以上难题的人才培养途径。

现代学徒制在我国的实施具有合理性，从本质上看，它是一种可以有效解决我国校企合作面临的一些问题，并且在运作过程中能够为社会带来效益和成本效率的方式，该方式也能够统筹企业经济利益和人才培养质量这两个重要目标。与学校教育相比，现代学徒制在人才培养方面具有更多的优势。与此同时，它也给大家留下了一些疑问：为什么现代学徒制能够保障岗位学习的质量？为什么企业

---

① 北京师范大学职业与成人教育研究所．职业与成人教育研究新进展（第一辑）[M]．北京：北京师范大学出版社，2012．

的生产组织形式会对学生（学徒）的专业能力发展产生影响？为什么现代学徒制能够兼顾企业的经济利益与学徒的学习需求？为什么在现代学徒制试点项目不具备完善的培训机制以及培训人员无法完全胜任教学工作的情况下，学生（学徒）的专业能力还能在整体上保持较高水平？为什么目前我国职业院校大量建设的、模拟真实工作环境的实训室或实训中心达不到学生（学徒）真实工作场所学习的效果？

人类学情境学习理论通过对合法的边缘性参与、学习与社会实践的关系"“世界中行动完整的人、从实训场到实践共同体等论点的探讨，从学习科学的角度对以上问题做出了解答。

一、合法的边缘性参与

根据人类学情境学习理论，我们应该从总体的视角来理解合法的边缘性参与。“合法的边缘性参与的每一个方面在解释其他方面时都是必不可少的，而且不能孤立地加以考虑。各组成部分促进不可分割的各个方面，它们的联合体创造了共同体成员的一道风景，其中包括形状、程度以及质地等。”[①] 边缘性表示在某个共同体所定义的参与领域中，个体以多元化、多样性或投入程度不同的方式存在，并与该共同体相互包容。个体在社会上的定位与边缘性参与密不可分，因为个体的学习轨迹、身份发展和共同体成员身份的形成都与其不断变化的定位和观点密切相关。合法的边缘性是指个体在实践共同体中拥有一定的地位，这暗示着社会结构中存在着一种专门的权利关系。边缘性是一个允许人们更深度参与某一共同体当中的授权位置，可以使人们以不同的视角看待事物。一个人能合法地进入某个场所却无法完全参与其中，从整个社会的角度来看，这就是被剥夺了参与的权利。所以，我们可以用以下方式简述合法的边缘性参与的内涵：

与边缘性相反的概念是指那些与当前正在进行的活动不相关或非相关的特征。在实践共同体中，新成员会通过部分参与来与实践主题产生密切关系，而不是毫不相关。这表示他们将会积极参与实践，尽管他们可能只会参与实践的其中一部分，并且意味着他的实践处于整个专业社会活动的外围地区，他参与活动的贡献与价值相对较低。

当边缘参与获得“合法性”时，也就是边缘参与被授予权力时，“它暗示着

① 莱夫，温格．情境学习：合法的边缘性参与 [M]．王文静，译．上海：华东师范大学出版社，2004.

一种开放的通道，一种为了理解的目的通过逐渐增长的进入源头的途径”，即个体实现向心参与的过程。

向心参与意味着不能将其终点简单归结为一个统一的中心，也不能仅仅将其终点归结为获得技能，因为在实践共同体中，不存在独一无二的核心。

在职业教育校企合作中，之所以出现了一些不尽如人意的结果，很大程度上与以下两种情况有关系：所学专业与实习岗位不对口、所在岗位是简单的流水线工作。专业与岗位的不对口意味着对进行着的活动的不相关性与非相关性较高，是与职业毫不相关的实践。而现代学徒制之所以能够解决校企合作的这种难题，原因是从一开始它采取的就是边缘性参与的方式，它不存在相不相关的问题，而是相关程度如何、重要程度如何的问题。对于一个新成员来说，边缘性意味着在职业的外围参与，这决定着他的专业实践对整个职业体系做出了相对次要的贡献。从一开始，相关性就不是现代学徒制试图解决的问题，而建立在相关性基础上的对职业的重要程度与贡献程度才是现代学徒制中边缘性参与试图解决的核心问题，而对这一问题的解决过程就是新成员不断地向心参与的过程。

但是个体向心参与途径的顺畅与否，更重要的是其合法性问题，个体进入实践共同体，必须获得其成员资格，它的核心问题是能否顺畅进入正在进行着的、广泛的专业活动，能否有机会接近老资格的前辈和共同体中的其他成员，能否接触更多的信息、资源和参与机会，这也成为了个体实现充分参与的前提条件。但事实上，新成员能否参与某一共同体活某一活动极易受到操控，因为对组织的依赖，正当的边缘性可能既有助于正当的参与，也可能对其产生阻碍作用。

现代学徒制试点项目个案研究，对同一企业、不同车间的生产组织形式对阻碍或促进学徒进入的问题进行了深入讨论。结果显示，学员整体的专业能力发展之所以受阻，与各个车间的培训任务的专业水平有关，而培训任务的专业水平则主要是由车间的生产组织形式决定的。企业劳动精细分工所形成的流水线生产组织形式，对新成员的进入产生了一定的阻碍，劳动的商品化通过“阻止学徒接近成熟的专业实践场所的运作方式”，将学徒变为廉价劳动力的来源。它不仅阻碍着学徒进入实践共同体中广泛的领域，而且使之接近老资格前辈的机会以及资源、信息的获取等都变得极为有限。这是导致部分校企合作情况不尽如人意的重要原因，也是本研究试图说明的、如何根据车间的生产组织形式，选择学徒学习与工作的场所的问题，实践证明，并非所有现代学徒制的实施案例都实现了同样的学徒培养效果。

二、世界中行动完整的人

在对比学习是个体内化知识的心理过程这一基础上，人类学情境学习理论提出了：实践共同体中合法的边缘性参与关注的是在世界中行动完整的人这一新主张。无论是从主观角度还是客观角度来看。作为地球上的人类个体，同时也是某个社会文化共同体的一部分，世界中行动完整的人具有以下内涵：

行动完整的人与特定的专业实践或社会活动有关系，人类学情境学习理论揭示了行动完整的人与专业实践或社会活动的关系，行动完整的人通过对专业实践与社会活动的不断参与，获得承担更多实践活动的机会与能力，人类个体可以在专业实践活动中，获得能力与理解力的发展。在职业教育领域，这被称为职业能力。德国教育家罗特（Roth）最早提出了职业能力的理念，他将职业能力分成四个维度：自我能力（又称个性能力）、专业能力、方法能力与社会能力。其中专业能力是劳动者胜任职业工作、赖以生存的核心，它具有以下特征：专业能力是与职业共同体的专业要求相适应的行为，满足对工作成果的质量要求；选择与工作和生产条件相适应的材料和工具，并有意识地关注由于错误选择对工作成果造成的不良影响；制订工作计划，关注选择生产技术／工作过程的条件，有意识地关注由于错误地制订工作计划或者生产技术程序对劳动结果造成的影响；对自己及他人的绩效做出客观评价的能力。[①] 而本书中的现代学徒制个案正是通过工作本位学习，使学徒不断地参与工作实践，承担更具有挑战性的任务，不断获得对职业活动的隐性的工作过程知识与专业的行动能力。

世界中的人与实践共同体有关系。这种关系被温格（Wenger）描述为“学习着成为另一个人”“学习着归属于某个实践共同体中”，即要变成一个充分的参与者与一个共同体中的成员。[②]“活动、任务、功能以及理解力是不能孤立存在的；它们是更为广泛的关系体系的一部分，在这些关系中它们有着各自的意义。这些关系网络产生于社会共同体，并在其中得到再生产和发展，人受限于同时也限制着这些关系。就这些关系体系所允许的可能性而言，学习意味着成为另一个人。”这意味着“整个学习过程扎根于人与人之间的互动，也即不断社会化的过程”。[③]

① 庄榕霞，赵志群．职业院校学生职业能力测评的实证研究 [M]. 北京：清华大学出版社，2012.

② 殷玉新．情景学习理论及新进展研究：基于莱夫和温格的思想探索 [J]. 成人教育，2014，34（10）：4–8.

③ 莱夫，温格．情境学习：合法的边缘性参与 [M]. 王文静，译．上海：华东师范大学出版社，2004.

现代学徒制个案研究显示，在学徒的熟练程度以及专业能力逐渐提升的同时，学徒的身份经历了从学徒到熟练技术工人再到小组组长的变化。这意味着该学徒逐渐地成为了一个充分参与者，学徒会受限于实践共同体中的关系网络，同时学徒也通过与其他成员不断的互动获得了自己的身份、地位与待遇，而且学徒们的身份随着其向心参与的过程不断变化。这个变化的过程不仅意味着学徒专业行动能力的不断发展，更意味着学徒会从与其身份相对应的角度出发，进行工作、思考、承担责任并为企业做出贡献，这个过程是学徒不断地成为“另一个人”的过程，这是目前我国高职院校建设的、模拟真实工作环境的实训室或实训中心不可能实现的学习效果。

三、学习与社会实践的关系

人类学视角的情境学习理论认为，学习属于社会实践中充满活力的一部分，能够帮助人类个体安身立命。它较好地解释了学习与社会实践（工作）之间的关系，两者具有高度的一致性。学习属于社会实践的不可分割的一部分，但社会实践却不局限于学习，这意味着社会实践具有更丰富的内涵。现代学徒制通过真实的职业实践，使得学徒能够在参与职业实践的过程中促进学习，但是职业实践具有更加广泛的包容性，可以兼容更多的其他目标与意义。这也是现代学徒制之所以能够兼顾企业的生产目的、员工需求同时能为学徒提供学习机会的原因所在，因为，对学徒与学校而言，参与生产实践的主要目的是学习，但对企业而言，其主要目的是满足企业的生产需求与员工需求，而学习只是该过程的一种“副产品”。这就是社会实践所具有的包容性，现代学徒制则通过这种包容性更强的途径满足多方的要求，这也成为现代学徒制系统与单纯学校系统的区别。学校运作的根本目的是促进个体的学习与发展，而现代学徒制运作的原则是让学徒投入实践，学习是社会实践中整体的不可分割的部分，但学习不能成为实践的独立目标，却“具有充分的理由可以成为学习有效性的一个条件”。①

四、从实训场到实践共同体

情境理论的心理学观点与人类学观点都重视情境对学习的重要性，认为“知识是通过经验而情境化的”，但两者由于目的、分析单位、侧重点等不同产生了很大区别。

---

① 莱夫，温格．情境学习：合法的边缘性参与[M]．王文静，译．上海：华东师范大学出版社，2004.

实训场与实践共同体体现了心理学情境学习理论（建构主义）与人类学情境学习理论建构学习环境的原则。目前，在我国职业教育领域所进行的课程与教学改革、实训室、实训中心、实训基地建设等都是在情境学习理论心理学的观点下（建构主义）所进行的，而这很大程度上建立在对学校教育培养人的局限性思考以及这种局限性所引起的不满之上。怀特海（Whitehead）认为在学校的学习使学生学会了惰性的知识，即学生所知道的，但学生出了校门却不会运用的知识。索耶（Sawyer）认为学校教育的传统观点是教授主义，往往是围绕着如下常识性假设来设计的，而这些假设并没有得到科学的验证："知识是有关世界的事实以及问题解决的程序的集合。学校教育的目的是将这些陈述性知识和程序性知识传授给学生。教师是这些知识的持有者，他们的工作就是将知识传授给学生。首先，应教授简单的知识，然后再教授复杂的知识。学习内容的顺序并非根据学生学习的规律，而是根据教师或者专家的研究决定。检验教育成功的标准是测试学生获得了多少陈述性知识和程序性知识。"①

在 20 世纪初，通过教授主义的教学方法，学生们能够更好地适应当时工业化社会经济的发展需求。但在知识经济社会中，仅靠记忆陈述性知识和程序知识是不够的。1996 年，《以知识为基础的经济》的经济合作与发展组织（OECD）年度报告将知识分为以下四类：第一，知道是什么的知识（know-what），特指事实层面的知识；第二，知道为什么某事发生的知识（know-why），即原因和解释层面的知识；第三，掌握如何操作的技能和能力（know-how），即针对某些事情的技巧和才干；第四，知道谁的知识（know-who），即知道谁和谁如何做某些事的信息。

信息一般基于知识的 know-what 和 know-why 的范畴，律师、医生等领域的专家必须拥有广泛的事实知识，以应对复杂的领域和完成相关工作。多数行业的技术进步和产品制造的发展，都依赖于人们对相应的基本原理和规律的理解，这种理解的获得和更新由专门从事研究的机构负责，比如，实验室和大学可以通过教育，向学生传授对基本原理和规律的理解。有些知识类型是隐性的经验，如 know-how、know-who 等方面的知识技能和人类交往中形成的人际关系，都属于经验类知识，很难被转化为可测和可教学的形式。如商人判断一个新产品的市场前景，或熟练工人操作复杂机器等都必须运用这种经验性的隐性知识，目前，获得这种经验性隐性知识最便捷的途径是个人或企业在发展中会运用一系列专业技巧和窍门，而企业之间需要共享和整合专业技术和诀窍，这是产业网络或行业

① 索耶．剑桥学习科学手册[M]．徐晓东，等译．北京：教育科学出版社，2010.

协会形成的原因之一，这也是为什么知道是谁的知识变得越来越重要的原因之一。由于分工方式不同，企业和专家之间出现了技能广泛分散的情况，促使企业产生了建立自身的社会关系网络的需求，目的是接触有关专家并有效地利用他们的知识，进而针对社会、经济与科技的快速改变，对企业的生产策略、生产方式做出相应调整。与其他类型的知识相比，此类知识是企业内部或专家个体所独有的高级知识。

我们可以通过多种途径获取这四种类型的知识，阅读书籍、聆听演讲和浏览数据库都可以帮助人们获得事实性和原理性知识。然而，其他两类知识则需要人们通过实践来获得。在通信与计算机技术高度发达的信息社会里，信息（事实性知识与原理性知识）的获取轻而易举，因此，“更需学习的是整合的、可用的知识，而不是教授主义所强调的割裂的、脱离情境的事实”。[①] 情境学习理论的心理学观点（建构主义）对改革学校的办学是革命性的，它以学生的情景化活动为分析单元，“从教学观点看，目标从概念的教授，转变为使学生进入可能需要使用这些概念和技能的真实任务”。强调的是为学生创设真实的学习任务在这些学习任务中同学生传授他们所需要学习的概念和技能，真实学习任务的设计遵循“首先明确需要学习什么，行为发生的真实世界情境是什么。接着，选择其中的一个情境作为学习活动的目标”。这在一定程度上对学生获得 know-how 的知识是有帮助的，也为他们参与校外真实工作世界中的实践活动提供了机会。但是实训场与真实场地是分开的，“所有的努力都是为了把这些真实的活动安置在一种环境之中，这种环境就是学习者在校外参与这些活动时出现的环境。但是，这些情境脉络只是实习场，因而，它们在时间、场景和活动上与校外情境是分开的，与活动为之准备的生活是分开的”。[②] 它对于让学生获取 know-who 的知识帮助不大，而此类知识对于其他类型的知识来说，属于企业内部或专家个体独有的高级别知识，这也是实习场区别于实际工作场所最重要的特征。国际上常见的基于问题的学习、抛锚式教学、认知学徒制等都是将实习场概念化并对实习场进行设计的方法，目前职业教育领域内流行的项目教学、案例教学、行动导向教学也都是基于情境学习理论心理学观点（建构主义）对实习场进行设计的方法。

尽管，实习场的设计解决了雷斯尼克（Resnick）所提出的校内学习和校外学习的区别：校内的个体认知与校外的共享的认知、校内的纯心理状态认知与校

① 索耶．剑桥学习科学手册[M]．徐晓东，等译．北京：教育科学出版社，2010．

② 乔纳森．学习环境的理论基础[M]．郑太年，任友群，译．上海：华东师范大学出版社，2002．

外的情境认知、校内的符号操作与校外的工具操作；校内的抽象学习与校外的具体情况处理能力。但是，此时学生能介入的实践仍然是从实践共同体中所抽象出来的学校任务，任务发生在被设计与构建出来的学校环境里，而不是通过学校发生在实践共同体里。而且学校的文化环境通常过分强调学习和等级，而不是强调参与和应用，在这样的文化环境中学生的身份仍是学生，而不是通过利用和评估所教内容而做出贡献的实践共同体成员。这就导致了目前学生在模拟真实工作环境的实训室或实训中心中学习，不可能获得与现场学习一样的学习效果。校企合作的意义是它可以将学校系统与真实工作系统联系起来，通过参与实际的工作使学生顺利地实现从学生身份向职业共同体成员身份的过渡，这也是较好地连接教育系统与工作系统的一项重要制度安排。但目前，校企合作仍然存在一些困难，才引发了本书对现代学徒制的探讨。

莱夫（Lave）与温格（Wenger）将实践共同体理解为“并不是同时出现的、身份明确的团体，也不要求可以看得见的社会界限，但它意味着参与同一个活动系统中。在这个活动系统中，参与者共享理解，即对于他们所进行的行动在他们生活中的意义以及对实践共同体的意义的理解是一致的”。罗斯（Roth）认为实践共同体具有以下特征：成员介入的相同任务、相关的实践与资源、无异议的背景假设、共同认可的常识与解释事物的理由。[①] 印第安纳大学巴拉布（Barab）与达菲（Duffy）认为实践共同体必须具备的条件是共同的文化历史传统，包括共同的目标、共同协商得出的意义与共同实践；相互依赖的系统，个体在其中成为更大的集合的一个部分；再生产循环，通过循环，新手成为老手，而实践共同体也因此得以维持。[②]

尽管观点各异，但从教育的角度来说，以上实践共同体的各种要素构成了学生（学徒）所要学习的各种隐性的、情境性知识，被莱夫与温格称之为“有利于实践中学习的结构性资源”，学生（学徒）学习问题的解决必须与实践共同体的发展循环相关联，因为知识是实践共同体的一部分。“从最广泛的意义上讲，实践共同体创造了潜在的‘课程’，新手可以通过合法的边缘性进入的方式来学习这种课程。学习活动似乎具有一种特有的模式。学习有强烈的目标，学习者能够就事务整体是怎样的、需要学习些什么等问题形成一种看法。学习本身是一种实

① 莱夫，温格．情境学习：合法的边缘性参与[M]．王文静，译．上海：华东师范大学出版社，2004.

② 乔纳森．学习环境的理论基础[M]．郑太年，任友群，译．上海：华东师范大学出版社，2002.

践：一种学习型课程在投入实践的机会中展开，但它并不是为特定的实践所特设的一套指令”。①

实践共同体所提供的结构性资源、学习型课程或知识都是由情境化的机会组成的，而且是专门面向个体的实践。正是由于大量的知识处于实践共同体中且属于专门面向个体的情境化的实践，才可能导致现代学徒制中出现以下情况：企业可能并未建立完善的培训机制，学校的老师也无法完全胜任教学工作，但学生（学徒）通过在实践共同体中的工作与学习却可能在较大程度上保障学习的质量，促进学生（学徒）专业能力的发展。对于这样一种似乎存在矛盾的现象，根据传统的学习理论与心理学的情境学习理论确实无法做出合理解释，因为学生（学徒）学校的学习都是通过接受学校的教学完成的，在学校的教学质量、教学环境无法得到保障的情况下，学生（学徒）学习的质量是深受影响的。

但人类学情境学习理论使得这种情况合情合理，因为真正的具有价值的学习是对社会实践活动的参与，它并不发生在培训人员与教师的控制当中，也不发生在模拟或虚构的实习场所当中，而且培训与教学对知识的传递是非常有限的。参与即学习的隐喻使得真实的工作现场以及实践共同体成员之间的互动变得更重要，构成了真正的具有学习价值的结构性资源、需要通过经验才能够理解的隐性知识。学生（学徒）不可能通过言语教学的方式获得这些知识，需要学生（学徒）通过长时间地参与实践共同体的各种活动，参与为完成一个共同的事业所要经历的各种各样复杂的人际交往与社会协商当中。随着其对实践的理解深入与其行动能力不断提升，学生（学徒）同时也获得了如身份、动机、意义、信念、价值、专业知识与技艺等。

在培训机制、培训与教学人员能力有限的情况下，如果能够保证为学生（学徒）提供更多参与职业活动与职业工作过程的机会、提高学生（学徒）与实践共同体中的成员合作与交流的可能性，学生（学徒）学习的质量同样是可以得到保障的。因为知识与学习型课程同时处于实践共同体中，学生（学徒）参与实践共同体中的工作与学习的本质是通过合法的边缘性参与获得相关的理解、身份、社会网络与行动能力。而现代学徒制试点项目正符合以上的情况，不完善的培训机制通过非常注重学生（学徒）的工作本位学习、自主学习与工作过程学习，这在很大程度上弥补了培训的缺陷，从而保证了学生（学徒）的职业能力正常发展。

① 莱夫，温格．情境学习：合法的边缘性参与[M]．王文静，译．上海：华东师范大学出版社，2004．

第三章　现代学徒制校企协同育人运行机制

本章介绍的核心内容是现代学徒制校企协同育人运行机制，主要围绕三个要素进行分析：理事会日常工作机制、校企沟通与实践机制、人才评价机制。

第一节　理事会日常工作机制

一、定期会议制度

理事会和常务理事会应建立一个定期的会议制度，从而加强双方之间的交流和合作效果。高职院校和企业可以考虑每年举行一次校企协同办学理事会大会，以及多次召开常务理事会。理事会大会由副理事长主持，理事长做年度工作报告，并主持讨论和部署下一年工作计划，表彰校企协同先进单位和先进个人。常务理事会每季度召开一次，其主要内容为审议新修订、新出台的制度文件，审议常务理事会成员增补名单等。

（一）协调与决策

理事会是现代学徒制校企协同育人运行机制的最高决策机构，由校方和企业代表组成。高职院校和企业携手成立理事会可以促进校企之间的协调与合作，便于他们共同制订发展战略、规划合作项目，并进行重要决策。常务理事会则是理事会的执行机构，负责监督和推动合作计划的实施。

（二）信息交流与资源整合

理事会作为校企双方对话的平台，为高职院校和企业提供了充分的信息交流机会。定期召开会议可以方便学校和企业代表分享各自的发展经验、专业知识和行业动态，这有助于高职院校和企业共同把握市场需求、发展趋势，并形成合作共识。此外，通过合作，学校和企业可以整合各自的资源、实现优势互补、为学徒提供更丰富的培训资源和实践机会。

（三）监督与培养学生

高职院校和企业通过成立理事会、常务理事会，并定期召开会议，可以建立起一个有效的监督机制。理事会可以对现代学徒制校企协同育人运行机制的实施情况进行评估和监督，确保校企协同育人运行机制能够实现预期的教学效果。同时，这些会议也是校企双导师交流学生培训经验和分教学方法的机会，有利于通过各方的互动，提高校企双导师的教学质量和水平。

（四）推动行业发展与创新

理事会的建立促进了校企之间的深度合作，有利于推动相关行业的发展与创新。高职院校和企业定期召开会议，可以就行业热点问题展开讨论，共同研究解决方案，促进技术创新和知识转化。理事会还可以为政府部门提供行业发展建议，积极参与行业标准的制订，对行业发展具有重要影响力。

定期的交流和沟通机制，有助于让校企双方及时了解双方合作需求，互通政策信息、听取更多意见和建议，这也能够为学校和企业创造更多的合作机会。

二、理事会成员动态管理机制

理事会应根据区域人才需求、人才培养和社会服务的需要，实施动态成员管理，优化成员结构。一方面，理事会基于会员实效原则，对已经没有合作或不真心合作的企业实施退出机制；另一方面，以长期紧密合作为标准，通过积极主动联系行业与企业事业单位，增补优质的合作对象，不断优化理事会成员单位结构。

（一）目标设定与评估

理事会可以制订明确的培养目标和指标，并定期对学徒进行评估和监测，如评估监测学徒的技能水平、知识储备、工作能力等。通过定期评估，理事会可以了解学徒的发展状况，并有针对性地调整教学计划和措施。

（二）制订合作计划

理事会应就学徒的培训内容、培训周期、实践机会等制订校企协同的详细计划和策略，根据行业需求和市场变化，动态地调整合作计划，确保培养出的学徒具备适应行业发展的能力。

（三）资源分配与整合

理事会可以协调学校和企业的资源，对教学设施、教育师资、实践机会进行统一的资源分配与整合。通过对资源的分配与整合，理事会可以确保校企双方资源的合理利用，提高学徒培养的效果。

（四）合作协调与沟通

理事会要负责协调学校和企业的合作关系，促进双方的信息沟通。通过组织定期会议和建立各类沟通渠道，理事会可以及时解决合作中的问题，调整合作方式，使高职院校与企业保持良好合作氛围。

（五）经验分享与学习

理事会可以组织成员间的经验分享和学习活动。通过定期会议、研讨会等形式，校方和企业代表可以分享各自的成功经验和教训，借鉴彼此的最佳实践经验，促进校企间的互相学习和共同成长。

动态管理是校企协同中非常重要的一环，它能够使理事会保持敏锐的感知能力并灵活调整策略，以适应不断变化的市场和教育需求。通过动态管理，理事会可以确保学徒培养的持续性、有效性。

第二节　校企沟通与实训机制

一、校企实训基地共建机制

校企共同修订、完善合作实施办法文件，完善“互利共赢、共建共管”的校企实训基地共建机制。

（一）校内实训基地

高职院校和企业可以选择以共建“校中厂”的方式，构建校内实践教学基地，将企业引入学校，共同建立生产型实训基地和教学工厂。企业按照自己的要求提供车间标准、原材料和销售渠道，并确保它们可以满足真实生产环境、场地和设备的要求。此外，企业要派遣专业人员负责工厂的生产经营，协助学生进行实训和实习，并为学校打造完备的实训课程体验提供支持，学校将实训课程纳入教育体系，完成工厂需要的生产目标。这样一来，学生将有机会参与校中厂的实习之中，同时教师也可以前往校中厂参与实际操作训练。企业需要评估自身的设备和技术，以确定其对人力资源的需求，并与学校合作，设计包含实际操作重点的实训课程。这门课程应该包括企业文化、生产工艺、操作流程等相关领域的知识。

1.“校中厂”实训基地建立目的与原则

“校中厂”实训基地是学校与企业合作，将企业的生产设备、运营资金和技术人才等资源融入学校，进而共同打造而成的实践教学基地，旨在更好地培养学生。“校中厂”将教学、科研和生产紧密结合，促进了校企深度融合，能够使学生在真实的工作环境中获得学习经验，在理论学习和实践技能之间达到平衡。除此之外，校中厂实训基地将课堂教学与现实生产环境紧密融合，有利于让学生更全面地掌握相关工作技能，进而将自己塑造为符合新时代要求的高素质技术型技能人才。

建立“校中厂”实训基地的原则包括：合作建设、共同管理、资源共享、共同获益。高职院校与企业要利用各自的优势，积极展开深入、长期的合作，以建立稳定的合作关系；高职院校和企业应当积极地支持“校中厂”实训基地建设，推动其开展实践教学、科研探究和试验检测等活动，努力提高其技术含量和效益，使其成为实践教学基地的领军者。为了确保校企合作顺利推进，必须使校企双方的利益和责任高度协调一致，具体涉及领导、管理、规划和评估等方面的一体化。此外，根据学校与企业规划的校企合作愿景，“校中厂”的实训基地需要确保学生得到切实可行的操作实践机会和接受实地教学的机会。为了保障学生能够在校中厂实训基地全面并安全地掌握理论知识，学校特意聘请企业中拥有丰富实战技术经验的一线技术人员作为兼职导师，为学生授课。这一措施可以促进学校师生实践技能水平的提高，同时也可以帮助企业的一线技术人员加强理论知识。这样，将实践和理论相结合，可以使校企双方的人员在综合能力上都取得有意义的提升。

2.“校中厂”实训基地主要任务

“校中厂”实训基地的主要任务是参与人才培养方案的制订工作，并提出经过深思熟虑的合理建议，此外，它还要承担实习、实训、科研等任务。“校中厂”实训基地应主动为学生提供与专业相关的实践机会，满足相关专业的实践教育和科研需求，从而发挥其重要作用。它还需要提升自身的建设水平，增强其为社会服务的能力。除了承担教学和科研工作外，“校中厂”实训基地也需要努力提高社会和经济效益，并致力于提高企业员工和学校教师的职业素养和技能水平，积极组织不同形式的培训课程，并支持学生参加证书培训和职业技能鉴定等活动。

这些措施有利于学校与企业之间共赢共利。“校中厂”实训基地的主要任务还包括尝试利用先进技术、新型材料以及创新工艺来开展产品研发和试验等。

3.“校中厂”实训基地资产管理

“校中厂”实训基地资产采购程序参照校内实践教学条件建设与运行管理程序执行，该资产列入学校固定资产，作为校产的一部分来管理。“厂中校”资产采购，由企业负责或双方另行协商处理，该资产不列入学校固定资产管理，由企业单列“校企协同资产”来管理。

“校中厂”实训基地固定资产日常维护由学校负责，大修和改造项目由学校提出，相关上级部门批准，由实训基地资产管理部门组织实施。“厂中校”实训基地固定资产的维护则由企业负责，对于这两种实训基地设备改造问题，双方另行协商处理。

“校中厂”实训基地资产进行校内迁移，相关负责人到学校资产管理部门登记，同时相应变更资产管理台账，做到账、卡、物相符。“校中厂”实训基地资产进行校外迁移，原则上不允许，如确实需要，应由相关负责人按照设备变更流程，办理相关设备迁出手续，如是需要长期迁出，应及时到有关部门办理注销手续。

“校中厂”实训基地资产报废参照校产报废的相关规定和程序执行，由相关负责人报送合作企业备案。“厂中校”实训基地资产报废参照企业资产报废程序执行，由相关负责人报送学校备案。

4.“校中厂”实训基地创办、变动和终止

高职院校要建立“校中厂”实训基地，需要着重改善相关教学部门的教学和科研水平，提高教学单位的实践教学能力。另外，也要注重教师培养和学科发展，使产学研工作能够健康顺利地进行。

为保障“校中厂”实训基地的合法性和保证其能够独立运营，学校需要先通过合法授权并设立一个独立的财务机构来管理其运作，学校不对其合法运营进行干涉。

“校中厂”实训基地如果想要组织学生进行实际训练，就必须使用学校提供的资源，如设施、设备或场地等，为此需要与学校缔结租赁合同或协议。“校中厂”实训基地的员工并非由学校直接任命，而应由实训基地的法人代表与其签署合同，以完成聘请。

为了保障经营活动的合法和规范，“校中厂”实训基地需要遵守学校规定以及国家和地方法律法规，确保平时的生产、教学活动符合安全生产标准，并尽可能减少对环境造成的不利影响。在启动“校中厂”实践教学基地之前，提出申请的部门需要向学校提交申请报告、可行性分析报告以及企业章程等相关文件。在学校党政联合会讨论并批准后，需要有专家团队进行可行性研究。只有专家团队研究认为“校中厂”实践教学基地的建设具有可行性研究结果后，“校中厂”实训基地方能开始投入建设。

“校中厂”实训基地申办人可为校内教职员工或外部人员，他们均可在“校中厂”实训基地进行实训。如果“校中厂”实训基地从事不当或非法行为，学校可以在合同或协议期满时结束合同和协议。此外，“校中厂”实训基地影响到学校合法权益、干扰学校正常教学工作、给学校带来负面影响或经济损失、收益大幅减少、因其他原因而导致经营困难、拒绝与学校达成协议并未能按期缴纳学费、无法满足学校在教学和科研方面所需的要求。这些情况中的任何一种发生，学校都可以终止相应合同和协议。

5.“校中厂”实训基地绩效考核

为了保障“校中厂”实训基地的持续发展和优质运营，学校每年需要根据学校相关部门与“校中厂”实践教学基地双方签署的《合作协议书》和《实训基地考核标准》对“校中厂”实训基地开展考核工作，以考核结果为基准，决定是否继续运营“校中厂”实训基地，并考虑是否需要与原协议人续签。“校中厂”实训基地考核标准如下：

①人才培养。“校中厂”实训基地能否按《合作协议书》的要求提供足够的学生实习实训岗位、产教深度融合、落实“两对接”（课程内容与职业标准对接、教学过程与生产过程对接）。

②“双师”双向。“校中厂”实训基地能否使专任教师与企业技术人员对接与互通，打造双导师结构教学团队。

③教科研。“校中厂”实训基地是否有利于构建校企教学研究团队和技术创新团队，共同开发和实施工学结合课程、共同开展技术研发。

④缴纳费用。“校中厂”实训基地能否根据《合作协议书》的要求按时向学校缴纳有关费用。

⑤合法经营。“校中厂”实训基地的生产经营符合相关法律和学校规章制度。

⑥安全生产。“校中厂”实训基地是否符合安全生产要求，能否杜绝生产安全隐患。

⑦现场管理。“校中厂”实训基地是否实现了从整理、整顿、清扫、清洁、素养为主要内容的5S现场管理。

（二）校外实训基地

学校与理事会内外企业联手共建校外实训基地即“厂中校”实训基地，能够为学生顶岗实习和优质就业奠定基础。校企深度融合，共建“厂中校”实训基地。由企业提供实训场地、管理人员和实训条件，建立符合企业生产要求的“厂中校”实践教学基地，并将校内实训基地搬到企业中，使得平时单纯的实训室变成真实的生产车间。企业和学校合作建设“厂中校”实训基地，将学生的实际培训与企业的生产、经营和管理融合在一起，以企业为主导，校企协同设计实践课程。这样一来，学生有机会在“厂中校”实训基地中参与实习、练习和生产性操作。学校教师和企业师傅能够在“厂中校”实训基地中实现紧密合作，确保学生掌握符合实际职位需求的专业技能。

二、校企双向服务机制

校企共同修订完善校企协同实施办法、科技特派员工作管理程序等文件，充分发挥学校人力资源优势和先进实验实训设备优势，与企业合作建立一个能够将科研、生产、应用和高级技术技能型人才培养整合起来的校企双向服务机制，进而实现校企双赢，达到合作发展的目的。

（一）校企双向服务内容

依托校企协同办学理事会，充分发挥学校为地方经济社会发展服务的职能，依托企业行业优势，充分利用教学资源，建立紧密结合、优势互补、共同发展的校企双向服务机制。

根据市场人才需求情况，学校和企业共同合作，进行专业课程建设和资源建设，一同规划专业核心课程，以培养学生突出的职业能力为目标，制订课程标准。企业必须提供符合职业资格标准、行业技术标准、相关岗位知识与技能要求的相关资料文件。利用自身的各种资源，不断丰富校方的教学资源库，包括重大项目可对外披露的设计文档、流程图、视频资料等。

1.“订单”式人才培养

招生前学校要与企业签订联合办学协议，学校与企业合作，进行“订单”式人才培养，校企共同设计培养人才的计划、课程结构和基础理论课程，实现校企紧密结合。学校致力于灌输专业知识，而企业则提供实习和工作机会，让学生获得实践经验。毕业生可直接进入就业市场，可以满足企业对人才的需求。此外，校企双向服务可以提供定向培训、以企业名称命名的专业课程和定制企业课程等服务。

2. 科技开发合作

校企双方可以合作进行各种类型、各层次的科技开发合作，校企联合参与行业活动，双方利用各自优势资源，在符合地方经济特色的各种行业项目中进行深层次合作，以争取地方政府更多的支持，共同研究、共同开发、共同实施，促进地方经济发展。

3. 合作构建双导师结构的教学团队

校企双方可以邀请行业专家、专业技术人员和技能水平杰出人士担任兼职导师，协助学生参与实践、实训和其他教学活动；开办各种培训班和讲座，教学内容覆盖新技术、新设备、新工艺、新材料等领域，以帮助教师提升自己的知识和技能；此外，校企双方还可以安排学校教师到企业进行实践锻炼，提升他们的教学能力。

4. 共建“厂中校”实训基地

学校引进企业建设“厂中校”实训基地，可以借助企业生产环境和技术指导，组织学生进行专业实训，使学生提前接触生产过程，在实践中学习和掌握专业知识与技能。学校会从专业设置和实训的需要出发，以互利共赢的态度，选择适合企业的地点成立“厂中校”实训基地，作为师生接触社会、了解企业的重要阵地，“厂中校”实训基地能够让学生“走岗认识实习、贴岗专业实习、顶岗生产实习”，这种方法的优点在于能够让学校充分利用企业资源，使学生在职业素养、实践能力和创新意识方面得到发展，同时也能够提升学校教师的实践教学水平和为学校教师提供发展机会。

5. 交流与培训

校企双方应通力合作，积极组织校企之间的交流与培训。企业可以派出一线技术人员帮助学校承担部分相关课程教学任务，并聘请学校优秀教师作为企业特聘专家。校企双方每学期进行 1～2 次的教学研讨。学校与企业共同组织或参加同行业教学研讨、学习观摩等活动，企业定期向学校提供专项知识讲座，服务师生。

（二）校企双向服务工作机制

学校校企协同办公室（设在科研处）的职责是负责学校和企业之间的双向服务、合作工作。该机构能够统一组织、协调并管理校企协同双向服务的各项工作，其主要任务如下：

该机构应制订一套全面的发展计划和有效的管理策略，确保整个机构运作管理流程的效率和流畅度。推动学校、政府、行业协会和企业之间的交流与合作，探索更多的合作机遇和方式，积极推进校企合作计划，旨在实现校企共同发展、互惠互利。在校企服务合作项目申报和建设方面，该机构要协助各二级学院并提供相应支持，帮助二级学院提高协同和组织能力，以适应跨越多个学科、校区和领域的校企合作计划。推动横向科研计划，促进校企合作并加强科技创新平台建设。鼓励教师积极与企业合作，提高学校的社会服务水平，为企业提供专业技能支持。

校企协同委员会是各二级学院校企双向服务工作的主要负责机构，其职责是具体推进校企双向服务工作的落实。这个委员会需要结合校企合作和专业发展、就业创业等方面相结合，拟定积极的计划并促进本校的校企合作，同时还需要负责校企双向服务工作日常的管理工作。此外，这个职位的主要任务是规划一份二级学院校企双向服务年度工作计划，旨在积极为学校和企业提供双向服务，同时与各专业研究单位密切合作，共同制订可行的校企合作计划。积极探索“订单式”人才培养模式，促进学校和企业的合作关系更深入地发展。积极与社会资源合作，保持与合作单位的联系。引入合作项目，负责项目申报和立项工作，并与合作单位共同建立“厂中校”校外实践教学基地，这可以满足学生对外出实习和学习企业一线实际操作技能的需求。促进学校和企业之间的合作，共同组建由业界和学界专家组成的双导师结构的教学团队；与企业联手举办或参与不同级别和类型的职业技能比赛。

人事处、教务处、财务处等在内的学校各个部门也应在其职责范围内，共同参与校企协同双向服务的相关工作，促进校企协同合作共赢、实现有效管理。通过这样的合作，我们可以高效地完成校企双向服务并与企业建立良好的合作关系。此外，学校还需要考虑聘请业内的专家、一线技术人员和高级从业人员作为兼职导师，负责教授实习和实践操作技能方面的课程。有计划举办培训班和演讲，帮助学校教师提高自身能力。派遣学校教师到合作单位参与实践锻炼等。

（三）科技特派员机制

学校应根据当地产业发展需求，建立科技特派员机制。这是学校与企业进行合作的主要方式，同时也是学校积极为社会提供服务的措施之一。目的是引导广大学校教师深入企业（单位）、行业协会、工业园区等，积极开展社会服务活动，增强学校教师的社会服务能力。拓展校企协同空间，推动学校校企协同办学工作，建立能使高职院校人才服务地方、服务企业的长效机制。

学校应该选拔那些在相关技术领域具有扎实专业知识、具备较高水平社会服务能力、组织协调能力和工作责任心的教师，将他们派驻到各个工业园区、专业村镇和行业协会等地，从事校企协同、人才培养、调研和联络工作。科技特派员服务区域覆盖本地主要县、区，还要与高新技术区、工业园、旅游景点等区域合作关系。

1. 特派员选派原则

（1）按需选派原则

高职院校要根据地方经济发展规划、区域经济发展要求和地方对人才的需要，选派专业对口、具备较强科技与社会服务能力的骨干教师担任科技特派员工作。

（2）任务明确原则

特派员被派驻期间，要承担明确的工作任务和实现阶段性成果目标。

（3）绩效考核原则

特派员派驻期间的工作成效与教职工年度绩效挂钩。特派员派驻期满后，高职院校应对其进行绩效考核，综合考察特派员工作成效，考核内容主要包括特派员派驻期间工作任务完成情况和特派员工作预期目标达成情况。考核目标写入特派员年度个人岗位职责（任务书），考核结果计入特派员年度工作量，作为其年度绩效考核的依据。

2. 特派员应具备的条件

特派员特指立足本地产业发展需要，从学校全体在岗教师中选拔、派驻到各个专业村镇、工业园区、行业协会等地，开展校企合作、人才培养、调研和联络工作等工作的教职人员，特派员应当符合以下基本条件：学校在岗人员，具有中级（含中级）以上专业技术职称，拥有扎实的专业技能、优秀的人际交流能力、出色的计划能力以及坚定的职业道德。

3. 派驻单位应具备的条件

①具有相当数量会员单位的学会、协会；或具有相当规模的园区管委会；或政府部门认定的专业村镇。

②有人才培养、员工培训、技术攻关等方面的需求。

③认可高职院校的校企协同办学工作理念，能积极配合特派员开展工作。

4. 特派员工作任务

（1）调研工作

特派员要前往企业进行实地调查，深入了解其生产经营现状和企业对人才的需求。通过搜集相关的产品和技术资料，以及深入研究所在行业的发展趋势，为学校提供可靠且权威的信息，并帮助学校根据这些信息制订专业人才培养计划。

特派员应该实时跟进科技和行业的进展，全面掌握企业的技术需求，并及时收集最新的产品、工艺和技术方向。除此之外，他们还需要密切关注国内外市场的变化，深入了解相关技术领域的未来发展方向和资源配置情况，仔细分析企业需要解决的关键技术问题和常见的技术难题，帮助企业制订可行的技术发展计划。在这一过程中，特派员可以向企业推荐学校相关专业的教师和企业合作进行技术研发。特派员要对地方行业发展的最新动向进行调查与研究，进而向地方政府献计献策。

对于以上调研工作，特派员必须撰写和提交调研报告，并附有相关部门或单位的认可（或采纳、实施）证明和支持材料。

（2）助力校企协同平台建设

特派员应当帮助校企构建校企协同长效运行机制，助力校企协同平台建设。校企协同是我国高等职业教育的发展方向和前景所在，所以，特派员应该认真分析学校的专业特色和现实状况，在校企之间积极充当协调者和联系人的角色，促进企业（单位、园区）与学校之间的合作。此外，特派员还需要基于企业的技术需求和发展战略，提出对校企协同机制建设方面的建议，帮助校企之间确立长期的产学研合作机制。

学校与企业共建合作平台，深入合作，制订并实施专业人才培养计划。可以考虑创建一个具有共同研发能力的校企协同平台，推进校企合作，并采用“订单式”培养等方式，校企共同设立教师研发中心、实践教学基地和工厂人才培养基地。这样一来，学校和企业可以密切合作，在员工培养和学生实习方面实现有机结合。学校、企业、行业协会和工业园区等利益相关方应联合创立一个校企协同合作平台，其作用是能够增进学校和企业、行业之间的跨学科交流，为广大学生提供实习和就业机会，同时也为企业员工提供短期更多培训机会。

（3）帮助校企建设合作创新平台，提升企业自主创新能力

特派员要支持企业建设合作创新平台并帮助企业进行产业化基地的建设，帮助企业提升字数创新能力。这些平台和基地包括研究开发机构、技术工程研究中心、检测服务中心，以及旨在促进产学研之间合作的示范基地等。笔者建议，高职院校应鼓励满足条件的专业教师与企业合作，开展各项计划，并联合申请各种科技项目，并争取来自国家财政的资金，来促进企业的科技创新发展。高职院校可以调动校内资源，组建一个科技服务教师团队，该团队将由来自不同学院和专

业的人员组成。这个团队会通过主导协调的方式，促进学校与企业合作，进而推进技术攻关项目的实施，来帮助企业它们所面临的技术难题。另外，这个团队需要针对不同行业和地区的需求进行定制化服务。

5. 特派员工作考核

特派员工作考核，每学年开展一次，在全校年度绩效考核时段进行，分特派员自评、管理部门审核和网上公示三个阶段，考核不合格者取消下一年度特派员推荐资格。等级绩效按当年学校绩效考核办法执行，对考核成绩优秀、表现突出的特派员，学校将授予他们荣誉称号和适当的物质奖励；对连续做出突出贡献的特派员，在技术职务晋升时学校应给予他们优先考虑。

6. 经费来源与管理

高职院校要将特派员工作经费纳入学校预算，归科研处管理。特派员工作专项经费主要有特派员进驻企业的差旅费、会务费。差旅费主要包括特派员进驻企业所需要的交通费、住宿费、伙食补助费等；会务费包括邀请企业（单位）代表来校参观、组织学术研讨等所花费的费用。特派员进驻企业差旅费，由特派员提交工作台账到科研处，经科研处审核后，特派员可以按正常出差报销程序办理工作经费报销，其各项开支标准按学校统一规定执行。

（四）组建协同创新中心、协同育人中心

高职院校要以地方政府为主导，以切实服务地方经济和社会发展为宗旨，以发展新材料、新能源、新装备、新医药四个高新产业为重点，通过与当地大型企业的强强联合，成立协同创新中心，推动学校与地方企业或产业化基地的深度融合，校校企之间形成“多元、融合、动态、持续”的协同创新模式与机制。学校要高度重视、大力支持协同创新中心、协同育人平台的建设工作，从经费、人员、场所等方面进行专项投入。

第三节　人才评价机制

高职院校要以保证教学质量为教学工作的核心，建立合理的人才评价机制，不断完善教学质量标准建设，教学质量管理、评价、监控等制度建设，确保教学质量管理与监控体系和人才评价机制有效运行。

一、质量标准建设

高职院校各专业根据高等职业教育的理念和特点，在专业建设、课程建设、实践教学、毕业环节等方面制订严格的质量标准。这些质量标准主要包括：专业标准、课程标准、实习实训大纲、毕业设计（论文）指导书、考核大纲等。针对每项质量标准，学校还要制订具体的管理办法和工作规范，为提高教学质量奠定良好的基础。

二、管理程序建设

在教学管理方面，学校要针对教学工作各个环节，研究确定教学质量监控点，制订针对各教学质量监控点的监控方法，形成以过程管理为核心内容的教学工作管理体制。制订职责分明、工作流程清晰、过程记录充分、操作性强的管理程序文件，做到教学工作凡事有人负责、凡事有章可循、凡事有案可查。有效地规范教学及管理人员在教学活动中的行为，确保各项质量标准在教学活动中能够得到落实。

三、教学质量监控体系建设

在办学实践中，学校要根据自身条件和特点，建立校、院二级督导工作机制，建立多种方式并行的教学质量监控体系。

教务处、督导处对教学过程实行动态管理，建立期初、期中、期末教学检查制度。同时有计划、有针对性地对教学管理的各环节进行质量审核，确保教学活动及其质量处于教学质量监控体系的常态监控之下，使教学过程管理体系预防问题和持续改进问题的功能得到充分发挥。

学校建立专、兼职督导组，修订督导工作管理程序文件。督导组按专责、专职负责对教师进行听课和导课，同时强化二级学院督导组的职能，逐步扩大二级学院督导组教学质量管理和监控的范围，督导员除了参加日常听课评课、教师职业教育教学能力测评指导等工作外，还应参与本学院考试巡考、试卷抽查、教学检查工作；对学院督导工作提出建议；参与教师教学质量评定投票并以多种形式检查和了解学生校外实习情况；对学院学习工作的管理、校企协同项目的开展和校外基地建设提出建议等。在学校层面，高职院校要创新督导工作思路和方法，建立督导员约谈制度，该制度是动态掌握二级督导员的工作状态、教师的教学动态以及教学活动中存在问题的有效方法，通过与督导员深入的交流，掌握教学动态、发现教学问题、研究解决问题的方法，有助于促进教师教学质量的提升。

高职院校要制订学生信息员工作管理程序文件，建立学生信息员教学质量反馈制度。有序开展学生信息员遴选、业务培训、信息表统计和筛选、教学问题反馈和通报等方面的工作。学生信息员能充分尊重教师的劳动，真实和及时地反映问题，做到每节课后能及时报告所在班级的教学状况或提出建议，确保学生对学校教学工作的意见能及时和经常性地反馈到各教学部门。各教学部门能够及时地了解掌握教师课堂教学状况，有针对性地处理各类教学问题，为学校的教学质量建设提供保障。

校、院领导深入教学第一线，每学期都要制订对本校教师的听课评课计划并严格执行。校、院领导及时了解教学状况，能使教学工作中出现的问题能够及时得到处理。高职院校还应重新修订听课管理程序，要求教学部门举办公开课、观摩课、示范课系列集体听课活动，形成教师集体听课、集体研讨的听课评课模式。督导处要起到督促、参与、引导的作用。这种新的听课评课模式有助于将教师的学习和评议活动从专业范围扩大到学院范围，甚至学校范围。听课评课模式能为教师提供充分交流教学经验、相互学习的机会，在学校内营造良好的学术氛围。

四、课堂教学质量评价

学校要重视课堂教学质量的评价工作，改革教师教学质量的评价方式，侧重以学生评教结果确定教师的课堂教学质量如何。建立完善的全样本学生评教系统，学生将对教师的评价结果纳入教师绩效考核指标中，不断调整课堂教学质量的评价指标，使之更趋合理、公平和人性化，这有利于提高教师教学水平和教学质量。

学校可以修订完善现有绩效管理实施方案，构建含若干一级指标、二级指标的工作水平和绩效管理的评价体系，从专业建设、课程建设、实训基地建设以及教科研水平、学生技能竞赛、就业工作等方面出发，按年度对二级学院进行评价，评价结果与绩效分配挂钩，从而提高教职员工的积极性，使学校的教学质量和管理水平得到提升。

五、第三方质量评价

第三方质量评价机制应由独立的专业机构来进行评估，确保评价结果的客观性和公正性。制订明确的评价标准是建设完善第三方质量评价机制的基础。这些标准应涵盖合作项目的各个方面，包括技术、管理、安全等，这保证了评价的全面性和准确性。

确定评价方法和流程是确保第三方质量评价具备有效性和可操作性的关键，评价方法可以包括现场检查、文件审查、数据分析等，评价流程应涵盖评价前、评价中和评价后的各环节。

确保评价人员的专业素养和经验是保证第三方质量评价机制有效运行的重要因素，笔者建议专业机构可以建立一个专业的评价人员团队，他们应具备相关领域的专业知识和评价经验。

建设完善的第三方质量评价机制需要不断进行评估和改进，定期评估机制的建立可以有效监督第三方评价工作的质量，并及时发现第三方质量评价中的问题和提出改进措施。

建立信息共享机制有助于提高校企协同的透明度和校企相互信任度，第三方质量评价机构应及时向校企双方提供评价结果和改进建议，帮助双方共同提高校企协同育人项目的质量。

六、质量评价与监控手段创新

学校要重视对教学质量评价与监控手段的创新，比如，高职院校可以引入基于广域互联网和移动互联网的教学质量监控与评价系统，从而搭建师生互动的新平台。通过提供调查问卷、课程核对、留言管理、反馈管理、课程分类、质量指标、教学评价、实时监控、数据分析等功能栏目，使师生交流变得更直接、更及时，让学生能够更方便快捷地参与网上评教工作。要快速反馈学生给教师的留言和建议，用网络交流替代学生信息员人工记录，解决教学状态实时监控难的问题。

第四章　现代学徒制校企协同育人中的权责关系

本章的主题为现代学徒制校企协同育人中的权责关系，包括企业参与职业教育的责任与机制、校企利益与权责划分、现代学徒制校企协同育人中的资源分享三部分。

第一节　企业参与职业教育的责任与机制

一、企业参与职业教育的社会责任

企业作为职业教育校企协同育人的利益主体，承担职业教育对社会的职责既是职业教育本质属性的回归，同时也是企业保持可持续发展的动力支持。近些年，针对当前经济层面部分企业参与职业教育动力持续性不足、制度层面对企业参与职业教育的保障仍需完善，道德层面少数企业缺乏社会责任意识的失衡现象，国家层面出台了一系列的政策文件，旨在落实企业在参与职业教育过程中的主要责任、巩固企业在参与职业教育过程中的主体地位并明确企业在参与职业教育过程中所拥有的权益，国务院办公厅《关于深化产教融合的若干意见》提出“通过拓宽企业参与途径、深化‘引企入教’改革、开展生产性实习实训、以企业为主体推进协同创新和成果转化、强化企业职工在岗教育培训”等举措，强化企业在职业教育中的主体作用。教育部等六部门《职业学校校企合作促进办法》明确规定，“企业应当依法履行实施职业教育的义务，利用资本、技术、知识、设施、设备和管理等要素参与校企协同，促进人力资源开发”。可见，国家层面高度肯定了企业承担职业教育这一社会责任的重要性、必要性和可行性。

（一）企业参与职业教育社会责任的类型划分

企业需要认识到自身对社会负有责任，并将这种责任具体化为职业教育这一社会责任，进而实施职业教育行动。所以，我们将在企业的社会责任基础上进一步延伸出企业参与职业教育的责任。这里所提到的责任是指企业与高职院校之间的合作关系，包括但不限于共同培养人才、合作开展研究项目、共建机构、分享资源等活动。这些活动可以促进校企双方的互利共赢，使企业履行其社会责任的同时也提高了职业教育的质量。同时，这些活动的目的是增强人们的职业技能，培养人们的职业道德。活动具体内容包括人才培养、技术创新、就业创业、社会服务、文化传承等主要领域。这些措施都是企业参与职业教育的表现。由此，我们可以发现，企业参与职业教育是其履行社会责任的实践，其影响范围较为广泛。根据不同的衡量标准，企业在履行职业教育社会责任方面可以被归为多种不同的类别（见表 4–1–1）。

表 4–1–1　企业履行职业教育的类型划分

划分标准	划分类型			
涵盖范围	员工职业教育（内部）		学校职业教育、社区职业教育（外部）	
发展动因	逐利型	公益型	综合型	
实施内容	职业启蒙教育	职业准备教育	职业发展培训	
参与方式	职业培训	职业教育	职业活动	公益活动

1. 依据涵盖范围

企业参与职业教育的类型根据其所涵盖的范围，可以分为员工职业教育（内部）和学校职业教育、社区直接教育（外部）两类。员工职业教育（内部）主要是指企业为优化人力资源而全力推行职业教育，旨在建立完整的职业教育培训体系，提升其内部员工的技能水平。这种类型旨在帮助员工提升其专业技能，其中包括在岗正式培训、脱岗正式培训、在岗非正式培训和脱岗非正式培训等。我国在《关于深化产教融合的若干意见》中强调落实企业职工培训制度，强化企业职工的在岗教育培训。通常来说，在学校里，我们所说的职业教育是指比较狭义的职业教育，企业往往会通过投资开办学校、提供针对性的培训或实习等方式来履行职业教育的社会责任。学校职业教育、社区职业教育（外部）是企业提供不同形式的培训活动，旨在满足企业外部的社会对技能的需求一种服务，其中包括正规和非正规的教育。这种类型旨在帮助那些处于劣势地位的人们，如残障人士，获取各种技能，使他们实现就业或再就业，帮助他们解决相应生计问题。

2. 依据发展动因

根据发展动因，可以将企业履行职业教育社会责任的行为逐利型的分为三种类型：第一，逐利型。在经济激励和职业院校的合作培养方案中，企业倾向于采用“订单式”的培养模式对学生进行培养，尤其在中小型企业中，这种操作较为常见。这些企业对劳动力极为依赖，其中不少企业属于核心是劳动密集型产业。企业自发承担职业教育社会责任的主要目标是满足内部发展所需的人力资源，这样一来，企业可同时获得经济效益与积极参与职业教育投资之间的良性互动。这种方法的鲜明特点是成本低、回报高。第二，公益型。这些企业将履行职业教育的社会责任视作一项公益行动，通常情况下，国有企业和民营企业在公益性活动中表现优异。它们热心参与公益事业，包括捐资助学、设立教育基金等，这能够帮助它们赢得社会的高度赞誉。此外，这些道德行为也可以证明企业对承担社会责任的积极程度，并能赋予其积极社会形象和信誉。第三，综合型。这些企业通常综合考虑经济和道德等多种因素，我们不能轻易地把它们划分为仅追求利润的逐利型或者仅推崇公益的公益型企业。一般而言，这些企业是业内领导者或者主流企业，它们把承担社会责任视为企业发展战略的必要组成部分。大型企业如华为、联想等开展校企协同办学，其动机是多方面的、综合的、涵盖广泛。它们可能追求在兼顾经济效益的同时，履行企业的社会责任，也可能出于纯粹的人道主义，期望与学校携手实现经济效益上的双赢。这表明职业教育投资与其他投资有相似之处，企业可以出于经济利益的动机对职业教育进行投资，也可以基于承担社会责任和追求心理满足的考虑对职业教育进行投资。

3. 依据实施内容

以实施内容为划分标准，企业社会责任在履行职业教育这一领域的存在包括三个不同的类型：第一，企业可以向青少年提供职业启蒙教育。例如，宁波 LG 甬兴化工有限公司依托其在化学理论和实验器材方面的优势，为社区孩子提供有趣的化学课程，以增强他们对化工职业的兴趣；第二，企业可以为高职院校的学生提供职业准备教育，使他们顺利地从学生角色转变为企业的员工。这也可以从侧面反映出，校企合作是一种被现代学徒制广泛应用的教育模式，它涉及学校和企业间的合作。第三，企业可以为企业员工和社区居民提供短期或长期的技能培训，帮助他们重新进入就业市场或提升专业技能。在商业界，职业教育是一项至关重要的社会责任，它不仅可以为个人的职业发展提供主要支持，还是商业进行社会人力资源开发的根本手段。而职业启蒙、职业准备和职业发展培训都属于职业教育，都是其不可或缺的组成部分。

4. 依据参与方式

以参与方式为依据，可以将企业履行职业教育社会责任划分为四种不同的类型：第一，职业培训，涵盖了多个领域，如安全与健康、技能与技术、学历提升等，并且企业应支持有就业困难的弱势群体参与培训，例如，在制造业和采矿业中，企业十分重视为员工提供安全和健康培训。第二，职业教育。为了推动产学研中心建设、优化课程内容、推动教学改革、增强教师教学能力和激励学生创业，职业教育往往会采用多种手段。比如，中国第一汽车集团有限公司、四川长虹电子集团有限公司和东风汽车集团股份有限公司等正在积极与学校展开合作。这些企业在校内或校外创建实习和实训基地，这是它们培养高素质技术技能型人才并推广相关行业技能评估工作的主要途径之一；第三，职业活动，也就是企业所组织的一系列聚焦于技能和专业知识的活动，例如，企业可以举办职业技能比赛等不同级别和类型的活动。第四，公益活动，它是企业为了造福社会而开展的活动，涵盖了设立创业资助计划、向各级学校赠送教学用品、推动社区知识普及等。

（二）企业参与职业教育社会责任的合作机制

机制这个词源于希腊语，原本被用来描述机器的构造及其运转原理。在社会学研究中，人们通常使用“机制”这个词语来描述已经被证实有效且能够处理问题的方法或途径，这一方法或途径能够在有多种刺激因素的情况下表现出良好的效果。如果我们把企业和员工、社区和学校看成是彼此对应的两个集合，那么这里所说的合作机制就指不同主体之间的互动和联系方式。下面，笔者探讨和分析的是企业在与其他职业教育机构进行合作时所形成的利益、交往和组织等方面的机制。

1. 互惠性的利益机制

针对利益，我们可以从多个方面进行考虑，根据时间的角度来对利益进行划分，我们可以将其分为眼前的利益和未来的长远利益；根据利益所带来的影响程度进行区分，我们可将利益分为直接效益和间接效益；利益可以按照需求的不同被划分为两类：一是物质利益，二是精神利益；根据利益主体的不同，利益可以被分为个人利益和集体利益。

互惠涉及多个主体的利益，它能够通过调整彼此之间的关系来引导和控制个体和组织的行为。企业参与职业教育的主要动力在于利益，这也是企业与学校、社区政府和行业部门进行合作的重要动力。

能够将优秀职业教育资源整合起来，是合作最大的优势。合作可以帮助高职院校与企业实现专业设置与产业需求的对接、实现课程设置与职业要求的对接、实现的教学流程与生产流程的对接、实现毕业证书和职业资格证书的对接、实现职业培训与职业发展的对接。除此之外，这种合作还有助于职业教育教学改革，从而提高职院校在人才培养质量和社会服务水平方面的能力。这种合作模式具有非常重要的意义，它能够缓解职业教育的财务压力，还可以充分发挥社会各方面的积极作用、调动人们参与职业教育的积极性。同时，合作能够整合校企双方资源以创建一个互动交流平台，能够满足不同的教育需求，并提供个性化的教学服务。

企业积极投身职业教育，旨在汇聚职业教育界的各利益相关方，共同为职业教育的进步做出贡献。第一，政府。政府承担了在职业教育中保障公民权利的重要责任和义务，这是公民权利的基础。政府有责任提供职业教育资源，制定相关的职业教育制度并对职业教育加以监督协调和管理。政府与学校和企业建立合作关系，实现“政府、学校、企业合作”或“学校和企业协同”，不仅可以按照法律规定分配职业教育资源，还有助于保障学生能够接受优质的职业教育。第二，学校。学校在职业教育中扮演着关键的角色。学校和其他职业教育机构，可以通过协调整合职业教育资源，达到提高职业教育对教学质量的要求。多样化的职业教育资源供给有助于学校优化校内和校际职业教育资源的组合，同时还可以保证更多职业教育资源参与职业教育的全过程，提高职业教育的教学效果。第三，企业。企业需要引进高素质的人才，这些人才必须具备一定实力，并且企业需要得到长期稳定的人才供给。这些人才要拥有专业技能和知识，可以为企业提供发展所需的资源和支持，帮助企业节约人力资源成本、提高经济效益，进而帮助企业增强其市场竞争力。此外，在职业教育的人才培养过程中，行业协会等社会团体在提供职业教育资源的同时，还有助于加强校企合作，促进职业教育各利益相关方之间的信息共享和职业发展引导，而且有助于促进资源的有效利用，实现节约招聘成本和降低人力选拔上的盲目性，进而增强企业的品牌形象和社会声誉。第四，受教育者。这里所涉及的受教育者不只是传统上的在校学生，而是包括各年龄段和各领域需要接受职业教育的人群。如果职业教育能够提供高质量的职业教育资源，满足受教育者不同阶段和多样的需求，那么社会各界受教育者在接受职业教育这一方面，将能享受到更优质的保障，包括受教育成本的降低、职业教育效率和质量的提高。受教育者学有所成为社会贡献个人的职业发展经验和分享职业教育资源，被视为一种回馈社会的方式。既能促进受教育者个人价值和社会价值的融合，还可以帮助受教育者积极回馈社会。第五，产业。建立职业教育资源供给体系，可推动职业教育的发展，促进产业市场的繁荣，并实现经济和社会效益的良性循环，同时也能满足职业教育各利益相关方的需求。此外，这也有助于社会上形成尊重人才、重视技能和技术的良好氛围，从而推动全社会树立正确的人才价值观和职业选择观。

2. 长效性的交往机制

企业能够长期与其他主体互动的方式被称为长效性的交往机制，它包括企业与不同主体分享和交换资源、知识和信息的交往机制，还包括与合作伙伴之间进行沟通和交流的交往机制。为了维持长期稳定的交往关系，企业需要和与自身行业特征相符的学校、外部机构以及产业劳动市场保持长期有效的联系和交流，这种互动关系可以帮助企业实现与各类合作伙伴之间的有效合作。

交往关系是在社会交往中形成的一种社会关系，它是人类社会最根本、最普遍的特定关系类型。交往关系代表了个人与集体在社交活动中所处的地位，以及他们之间的互动联系，企业要维护与合作伙伴的交往关系需要考虑四个主要原则：第一，平等原则。在不同利益群体之间的交往中，应该使每个利益群体者能实现投入与回报的平衡。不论是企业、学校、政府还是行业协会等组织，都需要在交往过程中提供一定的资源与贡献，满足其他方的需求和利益。但绝不能让一方投入过多或者回报不成比例，造成不公平的局面。第二，包容性原则。即使在合作过程中遇到一些小问题，企业也应该以宽容的心态对待合作伙伴，不要太计较，尽量避免因小事影响双方的感情，从而破坏原先建立起来的良好合作关系。第三，企业以互惠互利为基础的原则。为了展开与各方的合作，企业需要寻找可以与合作伙伴共享的资源，并以此为基础进行资源交换。这些资源包括资金、设备、设施、人员、技术、信息、知识和社会资本，而资源交换的目的在于让企业从获得的资源中受益。第四，确保信用原则。企业与各方交流时，如果存在协议规定模糊不清、真相揭示延迟等问题，可能会导致出现矛盾或冲突。这种矛盾或冲突无法解决的原因在于企业的合作伙伴不信任企业。换句话说，如果参与合作的各方方之间没有信任，那么合作进程和合作期限就会变得缓慢，合作期限也容易变短。

建立长期稳定的客户关系是企业展现服务能力和加强品牌形象的重要举措，这是企业在市场经济条件下必须追求的。为了建立长效性的互动关系，企业应该创造一种友好的交流环境，鼓励企业和内外部人员之间的积极互动。当人们相互关注和支持时，他们之间的互动动力会更加强大。为了促进互动，企业需要提供多样化的交流机会，包括不同类型的活动，以便增强其他各方的交往意愿并使其对企业保持关注。在交往过程中，得到有效的引导可以让我们按照计划适度地调整我们的角色。因此，在提供职业教育服务时，企业不仅要扮演服务者的角色，还需要扮演支持者、推动者和管理者的角色。能否成功建立各类交流关系，对企业而言是非常关键的，这些交流关系包括但不限于师生关系、同学间互动、雇主雇员沟通、企业政府合作等。为了解决冲突关系，企业需要在充分了解各方需求差异的前提下，以公正公平的态度来调解争端。还要督促学生勇往直前，并向他们提供更多的交流学习、实践学习和实习的机会。

3. 有效性的组织机制

在管理学中，组织机制是确保事务运作有条不紊的法则。它是企业参与职业教育、承担社会责任的操作指南，是明确企业与其合作伙伴合作方式和分工的具体规定，有效地组织机制能够规定合理合作涉及的各部门或组织的职权和职责。

为了保证企业参与职业教育的组织机制的有效性，企业需要考虑以下几点：第一，要制订适合企业开展活动的原则、方针和主要指标，具体规定应根据企业的目标和特点来加以确定。大多数老企业拥有充足的财富积累，可以将主要投资用于职业教育领域的发展，并以捐赠为主要投资形式。而新兴的互联网企业需要与学校携手合作，共同建设微课程资源库。垄断性企业需要与政府协商并签订协议，为国家基础设施建设等任务提供一定的支持。第二，就职能分析和设计而言，企业要明确企业中各职能部门的具体职责和工作范围。人力资源部门要以年度为基准，制订人才培育计划，市场营销团队应积极筛选适宜合作的学校，研发团队则要致力于完成技术研究项目，而财务与会计部门需要制订拨款预算。第三，明确联系方式并指定联络人员，同时确定联络平台和协调人员。第四，关于规范管理方面，具体指的是管理流程、标准和方法的规范，以及规范管理人员行为的规定。此举旨在构建有效的奖励和惩罚机制，激励表现积极的人员，并对出现贪污等违规行为进行惩处。第五，关于反馈和改善，企业需要定期或不定期地总结组织机制运行过程中的表现反馈回去，并进行必要的修正来完善上述组织机制设计。

二、企业参与职业教育的体制机制

企业的参与对于职业教育而言有着重要的意义，它能够有效地提高职业教育的培养质量，提高职业教育所培养的技能在劳动力市场上的相关性和适用性，有助于提升学生的学习积极性和他们的学习效果。然而在一些国家和地区，企业参与职业教育的积极性不足、程度和水平不够的情况仍然存在，这也对这些国家和地区的技术技能型人才的培养乃至其经济社会发展构成了挑战。这并不只是微观层面校企之间的问题与困难，而应关注中观与宏观层面体制机制的问题与不足。笔者希望运用新制度经济学、公共选择理论和劳动经济学等学科的分析工具，解释和分析企业参与职业教育的体制机制问题，并在此基础上尝试提出一些改进建议。

（一）企业参与职业教育的关键制度要素

笔者尝试以新制度经济学的相关理论为基础，对企业参与职业教育加以分析，并总结出若干政策建议。当然，影响企业参与培训的因素很多，比如，宏观经济形势、实体经济的发展水平、企业的技术水平及自动化程度等，且它们之间也会相互影响。

1. 我国企业参与职业教育的困境分析

要确保和推动职业教育质量，有效的企业参与是至关重要的，这需要企业结合中国的国情和国际经验来进行实际参与。虽然我国职业教育中的校企合作已经取得了不少成就，但是，部分企业参与职业教育的程度不足仍然是我国职业教育发展的一个限制因素。在学校和企业的合作中，一些企业参与积极性不足，导致学校和这些企业之间的交流存在困难。此外，部分教师尚不具备参与职业教育必要的教学能力，同时只依靠企业也难以有效地监督职业教育的教学效果，这些问题对当前的校企合作造成了一定的影响。

尽管我国学者对企业参与职业教育的研究已经很多，且取得了不少成果，但他们还需不断完善研究方法，同时在解释一些问题时需要更加准确、清晰地进行分析和说明，这将有助于拓展他们的视野、提升他们的分析水平。过去我国学者的研究重点关注校企合作的微观层面，如教学设置和实训条件，并且主要从学校的角度出发，运用教育学的理论和工具对企业参与职业教育进行分析，但对于劳动力市场甚至经济社会政策的宏观剖析相对较少。对于这个问题，相关学者需要站在更全面的视角来分析对企业参与职业教育设计的各种情况，包括从整个劳动力市场和经济社会政策的角度，以及从经济学等其他学科的角度来对企业参与职业教育加以考虑和分析。

在市场经济的背景下，企业通常会与其他主体进行交易性互动，因此校企合作会涉及企业的行为。所以，将学校和企业的合作视为经济市场中的互动，对其进行经济学方面的分析，有机会为职业教育开辟出一条新的认识之路。

如果用市场交易的框架来理解企业参与职业教育的过程，那么我们可以把企业看成出售服务的卖家，而参加培训的学生则是购买服务的买家。可以说，这种交易方式既具有劳动力市场的本质特征，又具备商品与服务市场的特点。这个市场的主要特点在于它是一个劳动市场，其中的企业需要雇用学生作为学徒。这些学徒能够在学习的同时为生产提供劳动力，成为未来的潜在劳动力资源。并且在这个过程中，学徒可以因为提供预期劳动而获得报酬。这个市场还存在这样一个机会：企业可以提供职业培训服务给学徒，学徒利用劳动来获得相应的教育服务。另外，借助这项服务，学徒可以提升工作效率，提高在劳动力市场上的竞争力。就劳动力市场而言，学徒属于劳动力供应方，而企业则是劳动力需求方。如果我们从培训服务市场的角度来看，企业可以被认为是培训服务的提供方，而学徒则是这些服务的需求方。（见图 4-1-1）

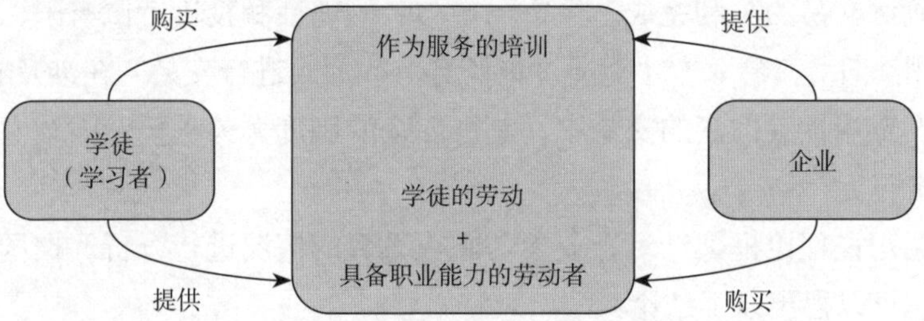

图 4-1-1　兼具劳动力市场和培训服务市场特征的市场交易

该市场交易的核心要素是职业教育和培训服务，学徒能够通过参加培训来锻炼职业技能，而企业则提供这方面的服务。学徒想要获得职业技能，就必须接受培训、提升自身综合水平。此外，只有那些具备卓越职业能力和素质的学徒，才有可能成为企业当前和未来的重要人力财富，并成为企业开展职业培训的基本动机。在该类型的市场交易中，企业和学徒双方会付出巨大的投入成本，而这些成本也是决定交易是否成功的重要因素之一，这些成本指的是交易过程中附加的各种费用，而新制度经济学是研究此类交易成本的理论之一。

2. 对企业参与职业教育的新制度经济学分析

依据威廉姆森（Williamson）的新制度经济学理论，交易是经济分析的基本单元，而经济组织中的核心问题是合同签订的问题。合同签订前后都会产生成本。合同签订前的成本包括信息搜集成本、协议谈判成本、契约成本，其核心问题是激励；合同签订之后的成本包括监督成本、执行契约成本，其核心问题则是交易成本，它总是与特定的治理结构相关。从该理论视角出发来分析企业参与职业教育的问题，则培训市场中的交易行为应当成为分析企业参与职业教育与培训的基本单元，而其中的核心问题正在于培训合同的签订。这也是国内外学者所共同认可的现代学徒制的核心特征之一。①

① 威廉姆森．资本主义经济制度[M]．段毅才，王伟，译．北京：商务印书馆，2003.

因此，对于企业参与职业教育的研究关键点在于探讨成本交易难题，特别是在培训合同签署前后的激励及后续治理结构方面的问题。

威廉姆森的交易成本理论认为合同制订和交易完成的要素涉及理性行为的限制、利益相关者的投机行为以及资产的专有属性。假设交易行为的唯一目的是投机，并且所涉及的资产的使用价值非常有限，同时所有相关参与方均非常理性，那么交易合同就将变成一种预先设计好的活动。当交易者的理性受到限制，所交易的商品具有资产专属性，且没有投机行为存在时，交易双方可以通过信守承诺的方法来确保交易的顺利完成。当市场参与者的理性和投机意愿有限，并且资产没有固定用途时，交易双方才能通过市场竞争的形式进行交易。在涉及有限理性、投机和资产专用性等因素的交易中，制订健全的制度尤为重要，因为它可以确保交易无缝进行。

可以运用该理论框架针对企业参与职业教育的情况进行分析。据国内专家的分析，我们可以得出以下结论：

在签订培训协议之前，企业、学徒以及学校等相关参与方，在行为上存在某些投机主义倾向，并会受到有限理性的影响。此外，相关资产的通用性较高。因此，签署合同的过程无法避免地会分散开来，交易各相关参与方需要逐个达成市场交易，这也难免会形成各方之间的竞争。所以，在签订合同之前，交易各相关参与方需特别关注激励制度，确保为各相关参与方提供最大程度的获利机会，从而推动企业、学员和教育机构之间可靠的承诺关系的建立。同时，交易各相关参与方还需要考虑在这个过程中搜集和获取信息的复杂程度，以及在决策和谈判环节中的投入和开销。

在签署培训合同后，随着培训的深入，企业会增加更多的专有技术和技能培训内容，学徒的工作也会变得更加复杂，他们会逐渐积累更多的专业知识。随着劳动专业化程度不断提高，交易成本问题会慢慢演变成校企内部治理结构问题。校企共同培养人才的整个过程，需要双方及时进行校企沟通、协调和共同开展培训等活动，这些活动所产生的费用即交易成本。尽管存在竞争，其强度也会受到制度及其他多项因素的调节。

除此之外，要想使职业教育培训取得成功，校企双方就需要关注其关键特征，如目标设定、内容安排、质量保障、时长安排、效果评估等。可被视作市场交易的培训只有在交易双方充分认同这些关键特征的情况下，才能顺利完成。若双方无法明确培训关键特征或双方无法在职业教育培训上达成共识，则这场市场交易会变得更加困难。第一，如果交易双方对于培训的内容和价格等核心产品的期望不够明确、无法相互匹配，可能会导致双方缺乏签订合同的动力。第二，一旦合同签署完成，培训阶段中的交易可能会涉及高额的交易成本，这对于双方而言是一个重要问题。

但在企业参与职业教育时，市场失灵的情况也时有发生。根据玛格丽特·斯蒂文斯（Margaret Stevens）的研究结果，自由市场在培训领域存在市场失效的情况，正因为没有任何培训是对所有企业都有效的，也没有多少培训是仅对一个企业有效的，如果企业是纯粹竞争者，工人的工资会等同于其边际产品，任何企业只要付给该工人的工资低于其边际产品，工人就会跳槽；而在不完全竞争的市场上，企业则有可能付给工人低于其边际产品的工资。①

市场失灵的重要原因就在于企业间相互的挖墙脚行为，在这方面学界也已有一些专门研究。亚历山德拉·勒内（Alexandre Léné）从理论上对这种行为进行了推演，并指出，即使是在不完全竞争的市场中，企业之间的挖墙脚行为也会存在，它会导致提供培训的企业反而面临缺乏技术技能型人才的情况，在这种情况下，政府的干预可能会对鼓励企业参与培训产生积极作用。②通过对瑞士不同地区的劳动力市场的实证分析，萨穆埃尔·缪勒曼（Samuel Muehlemann）与史蒂芬·沃尔特（Stefan Wolter）指出，即使在瑞士这样一个现代学徒制培训发达的地方，挖墙脚对于企业而言也是真实存在的威胁，为了使企业愿意投入培训，培训条例的设计和相应的制度安排应当有利于企业能从培训中获得合理的收益。③

所以，政府需要从政策层面做出权衡，保证劳动力市场的流动性，选择追求更具自由和可雇用的劳动力群体；加强对劳动力市场的监管和限制措施，有效降低提供培训的企业被挖墙脚风险和缓解不良市场影响；采取相应措施，鼓励企业积极参与培训并提供相关的专业技能培训。这可能会略微减低市场的灵活性和透明度，但是，市场的灵活性和透明度本身是难以做到完全平衡的。

确切地说，站在制度经济学的角度来看，制度会对交易成本产生影响，而交易成本的大小会直接影响经济活动的具体形式。换句话说，制度的构建会影响交易成本的高低，从而决定不同经济活动的运作方式。特别是政府对劳动力市场、

---

① 杨程，秦惠民．校外培训的市场失灵与依法治理[J]．清华大学教育研究，2021，42（6）：72—79．

② 赵南．市场竞争下现代企业员工培训体系建设探析构建[J]．经济管理文摘，2021（23）：136—137．

③ 关晶．职业教育现代学徒制的比较与借鉴[M]．长沙：湖南师范大学出版社，2016．

职业教育体系以及技能形成体系等多个制度进行安排时，制度将会对市场交易的成本产生一定的影响。

所以，若市场出现失灵现象，为了鼓励企业参与职业教育，政府需要实施其他制度和政策措施以降低其不良影响。这也涉及对企业和教育机构的治理结构的改善，对于保证职业教育的顺畅运行有重要影响。

经过综合考虑，我们可以初步得出这些结论：企业参与职业教育，本质上是将劳动力市场和商品服务市场相互融合。想要改变企业参与职业教育积极性不高的现状，我们需综合考虑多种制度因素；为了促使企业积极参与职业教育，我们需要在职业教育领域提供更多机会，从而使企业等职业教育参与者受益；在市场上，企业参与职业教育需要双方共同制订被企业和学徒双方接受的培训标准。为了简化培训合同的交易流程，这些标准应该明确规定培训目标、内容、质量、时间、效率和价格等内容。如果没有这些标准的话，交易的成本可能会变得非常昂贵；市场机制的单纯运作就无法充分激励企业参与职业教育。企业参与职业教育的交易成本是社会制度决定的，比如，不完全的劳动力市场制度可以纠正完全竞争市场造成的失序，同时也可以促进企业积极参与职业教育。

（二）关键制度要素视角下的校企协同困境

以上从比较抽象的层面分析了企业参与职业教育在制度方面可能存在的一些挑战，笔者将这些抽象的分析放在中国的具体现实中进一步考察，尝试在这一框架视角下，发现部分企业对职业教育参与不足的原因。

1. 基于制度经济学视角的企业参与职业教育的困境分析

前文已从理论上初步梳理了新制度经济学分析企业参与职业教育的概念与框架，接下来，笔者尝试运用这一概念框架对我国企业参与职业教育的困境进行进一步的分析。

鉴于当前我国的劳动力市场环境和宏观经济社会制度下的规定，一些地区的校企合作往往只能是某些特定的中、微观层面的企业和学校之间进行点对点式的合作，并且这种合作往往不够深入，合作过程中仍然难免出现问题。从新制度经济学的视角看，可以将其概括为以下几个问题：

（1）狭义的交易成本的问题

学校体系和企业体系有着根本性的差异，它们运作的方式和行为模式存在着明显的区别。这意味着，为了使个别学校和企业之间能够有效沟通和深度合作，相关参与方需要投入更多精力和资源。

第一，校企之间进行协同合作，通常需要耗费一定的资源来寻找合适的合作伙伴，其中包括调查搜集信息、维护关系以及进行合作谈判的成本，确保双方达成有利的合作协议。双方达成合作协议后，由于存在沟通不畅的情况，一些学校和企业之间的合作很可能会出现各种问题。除此之外，部分学校还需要投入大量的时间和精力向企业争取让学生实习或参与实训的机会，这些都要学校付出一定的成本。此外，学校通常需要投入一定的资源，与企业进行合作关系沟通和联系。

第二，由于部分学校在与企业进行交易时的“谈判筹码”有限，它们通常处于不利地位。这意味着学校必须更加努力地促进与企业的合作，从而增加额外的交易成本。其中最常见的一种成本就是“订单式”人才培养过程中涉及的成本。例如，成立“订单班”和组织“订单式”教学需要学校投入大量资源，包括重新设计课程结构、更新教学内容、调整教学计划，以及为设施设备建设投入人力和物力等。此外，也存在项目进展受到延迟的情况，原因是企业不愿意与学校合作并与其分享涉及真实生产流程的信息。

（2）企业参与意愿的问题

我国部分地区的职业教育实践者经常提到的问题或遇到的困难是企业参与职业教育的意愿较低，这种情况通常是企业担心投入成本不能得到相应的回报所致。并且企业很还可能会担心提供培训后会失去员工，即被其他企业“挖墙脚”。

从新制度经济学的角度来分析，这个情况可以被归纳为企业缺乏合同签署前激励的问题。企业因为缺乏对交易前景的明确预测，导致缺乏参与交易的初期动力。企业所担忧的，一方面是其在职业教育领域的投资可能会出现投入成本过高而产出不够优秀的情况，另一方面是企业难以准确衡量职业教育能给企业所带来的价值回报。

（3）学校与企业的课程开发能力的问题

企业对员工素质和能力的期望与现有高职专业教学标准和课程不完全符合，因此学校需要与企业合作，如在设计课程方面进行合作。这表示学校和企业必须积极投入各种资源，如经费、人力和时间，以支持不断发展的教学进程具体涉及课程开发、教材建设、实践课程改进等各方面的工作。但是，这些工作要求校企双方拥有非凡的专业素养，因此单个学校或企业通常难以完成这些工作。

设计职业教育课程需要综合考虑多个要素，包括但不限于确定课程目标、分析职业特点、制订教学标准、设计课程内容以及整合课程所需的教学资源等，这是一项非常烦琐的任务。其开发的过程需要协调多个领域的专业人士，包括实践专家、课程开发者和教师等多个群体，确保他们之间无缝合作，并遵循科学严格的程序建立校企合作机制。

一般情况下，制订教育课程的任务通常由课程专家或对职业教育教学经验丰富的教学专家承担，但是他们可能会受到特定学科课程的限制。高职教师的知识储备不够全面，会导致课程开发进程受到延误。企业对开发课程的积极性不高，课程的开发方面面临着许多挑战。在部分现代学徒制试点专业的实例中，一个主要的问题是教学设计欠缺将工程学科融合进来的考虑。然而，工程学科融合是现代学徒制教育中必不可少的课程设计和构建现代学徒制教育的重要组成部分。

（4）学生权益可能受到损害的问题

在部分校企合作中，由于顶岗实习部分的内容和方式不够明确，学生有时会被企业错误地视为廉价劳动力。该现象可以部分被归因于学校在与企业的合作中地位相对较低，然而，更根本的原因在于，在签署培训合同或校企合作协议后，校企双方未能有效处理培训过程中出现的问题。

由于监管主体难以界定清楚，学生会在某些培训期间被一些不良企业作为廉价劳动力利用，进而损害了他们的合法权益。目前，学生顶岗实习既属于企业生产经营活动，也是学校教育的一部分。学校和企业对于学生实习或实践岗位的规定和要求重点集中于管理方面，如组织计划和评价等，在专业层面的具体学习内容、学生掌握知识和能力的目标方面缺乏明确的规定和要求。另外，在实习阶段，企业与学校之间的职责分工不明确、权力界限模糊，同时也缺乏对学校、企业和实习生各自权利的明确规定。前者说明校企双方都认为教育标准存在不足，后者则表明校企协同合作的制度框架方面还有待完善。

2. 国内外企业参与职业教育成功经验的分析

前文运用交易成本理论分析了我国企业参与职业教育所面临的问题与不足，然而国内外也有一些企业深度有效地参与职业教育的成功案例，这些成功案例的背后蕴含着怎样的规律和关键要素，仍然有待探讨挖掘。笔者在此继续运用新制度经济学的工具来对此问题进行分析解读。这里笔者先简要分析国际上受到广泛认可的德国双元制职业教育与培训，再探讨我国太仓等地的成功经验。

（1）德国的双元制职业教育与培训体系分析

德国的双元制职业教育是企业参与职业教育的重要案例之一，因此受到了全球的广泛关注。在国内，许多学者已经对其进行了深入细致的解释和探讨。在此，将以新制度经济学的视角探讨此问题的核心结构和特征，同时分析其中的关键制度要素。

①培训合同签订前的激励

德国双元制职业教育与培训初期主要依靠市场机制进行各方面的协商、交易和资源配置，而不是通过政府的规定或指令来激励职业教育发展，这意味着市场机制在推动企业参与职业教育方面发挥了至关重要的作用。尽管在德国存在培训市场，但它并未达到劳动力市场的完全竞争市场标准，这表明劳动力市场和培训服务市场的竞争程度并不如真正的商业市场那般完整。

德国企业积极推行职业教育，是因为他们深刻认识到了职业教育对于促进企业经济利益增加的重要作用，因此它们采取了有力的措施来推进职业教育建设。学徒在接受培训期间做出的贡献，足以有效地覆盖企业付出的大部分培训成本，这就成为了企业与学徒签订合同前获得的激励。另外，德国双元制职业教育与培训也可以帮助企业减少人力资源招聘开支，同时也可以确保企业未来拥有高素质的劳动力。因为企业给予学徒低于其实际创造价值的工资，所以学徒在接受德国双元制职业教育与培训期间的工作能够以较低的成本抵消企业的培训开支。在德国的培训市场中，我们可以看到这样的实际情况反映了不完全劳动力市场的制度表现。

②培训合同签订后的治理

在签署培训合同之后，德国企业和教育系统之间建立了宏观合作治理结构，这为管理者提供了合适的沟通渠道。学徒在与培训机构签订合同后，将以学生身份在学校里度过一段时间，接受关于文化和专业领域理论方面的教育，同时还要进行部分实践训练。在学习期间，这些人会以学徒的身份在企业接受德国双元制职业教育与培训，并有机会在一定程度上参与真实的生产工作，将他们在学校获得的知识加以应用并加深理解。通常情况下，德国双元制职业教育与培训的两个教育或培训场所可以同时开展学习、培训以及工作，能够相互协作和为对方提供支持。这种成功的教育和培训模式所体现出的双元结构，主要得益于德国政府在宏观层面上推行的双元制职业教育与培训体系。这项制度包含工商界、工会和政府共同认可的职业教育与培训要求，以及德国文化部所制定的教学计划框架，旨在确保双元制职业教育和培训顺利实行。因此，学校可以灵活运用这些制度实现法律层面的双元制职业教育与培训，即联邦层面的职业教育法和各州教育法，共同构建了能够为德国职业教育与培训提供保障的法律体系。这种双重法律框架，能够分别管辖联邦和州级层面，进而可以使教育相关法规更加严谨规范。在职业教育和培训方面，国家委托商会承担主管职责，而地方教育行政主管部门则负责管理学校教育，这种管理体系的特点仍然是双元结构。在教育领域的双元制职业教育与培训制职业教育与培训结构中，企业内的职业培训由企业导师负责，而学校教师则主要进行文化课教授和校内职业教育。

这一制度清晰的双元制职业教育与培训结构明确了职业教育学徒的权利和责任，并设计了可以被社会广泛接受的职业教育课程标准和技能要求，能够有效降低不同参与者在接受企业职业教育时所面临的风险和不确定性。这一举措还有助于消除学校、企业和学徒之间的信息错位问题，并能节约企业与学徒、企业与学校在交易和合作中需要付出的成本。

德国要求职业教育必须明确体现多方参与和协作开发的共识性原则，以便相关人员开发和修订这些标准。因此，职业教育标准在某种程度上也可以被视为多元治理的成果。

标准一旦被确定，它将成为职业教育中必不可少的管理工具，能够规范整个交易过程并传递相应信息。依照培训条例的规定，企业要制订详尽的培训计划和安排，商会据此对企业的培训能力进行审核，职业资格考试亦按照该条例的规范实施。

（2）中国太仓的案例分析

虽然我国在校企合作方面面临着许多挑战，但在某些地区和行业中，我们已经进行了多种尝试，来鼓励企业参与职业教育，并取得了一定的成就。以下笔者从新制度经济学的角度，分析关于江苏省太仓市企业参与职业教育的情况。

太仓市的企业在职业教育与培训方面已经取得了多项明显的成果，具体包括：企业对参与职业教育与培训表现出了极大的热情，它们积极参与职业教育与培训，对职业教育的相应投资力度也不断加大，取得的效果也非常明显；职业教育与培训所提供的专业技术技能培训结构能够与当地产业结构相匹配，从而为地方经济发展和招商引资提供有效的支持；利用外国企业的聚集和创新机制，太仓市成功实现了德国双元制职业教育与培训的本土化，并且在本地的校企合作职业教育与培训中对其加以利用，取得了不错的成效。

第一，为了在企业和学校或学生签署培训协议和合同前提供激励，首先，太仓市的某些欧洲企业共同创建了欧商协会，并达成了一项君子协议，减少企业之间互相“挖墙角”的行为。其次，还有一些企业与学徒签订的培训协议包含一项规定，要求学徒在完成培训后继续为企业服务。前者减少了企业“挖墙角”的可能性，后者可以让企业从投资职业教育和培训中受益。

第二，借鉴德国职业培训条例及德国对职业资格证书的考试要求，可以在签订培训合同和协议后建立有效的治理结构，从而缩减企业（尤其是德国企业）与高职院校之间的交易成本。这体现在以下两方面：一方面，尽管高职院校无疑还需要付出努力来进行课程改革及资源建设，将培训条例等进行调整、细化和本地化，但至少企业培训的部分可以在一定程度上帮助高职院校节省资源和时间；另一方面，由于有明确的职业培训条例及职业资格证书考试的要求，培训企业需要完成其对学徒的培训任务，因而在客观上能够较好地避免学生仅被企业当作廉价劳动力使用而没有培训的情况，从而保障学徒的权益。①

（三）企业参与职业教育与培训的关键体制机制建议

基于前文的理论框架及对现实情况的分析，笔者在此试图对企业参与职业教育与培训所涉及的核心要素及其发挥的作用进行归纳总结，进而就其中的关键体制机制要素加以阐述，并提出相应的建议。

1. 关键体制机制的建构

我国校企合作的实践经验表明，企业参与职业教育与培训的主要难题在于它们担心参与和投入职业教育与培训，会带来成本收益上的风险。根据新制度经济学，在市场交易的起步阶段，缺乏有效激励政策是职业教育与培训比较现实的问题。进一步的调查表明，导致激励计划未能如预期般见效的主要原因在于参与方，如企业、学校和学徒等，这些参与者普遍具有理性思维和投机倾向，且缺乏相关的人力资源培训，因此激励政策的实施效果会受到一定限制。同时，部分校企合作对人力资源管理的专业性较低，也加大了实施激励政策的难度。校企合作只依靠市场手段而不借助其他体制机制工具，很可能引发激烈竞争，也难以避免企业间如“挖墙脚”之类的恶性竞争行为。在这种背景下，企业很难积极参与职业教育与培训。

根据上文提及的实证研究，在校企合作的过程中，存在一些难题和挑战。例如，开发课程所需的高成本和高难度、校企之间需要进行大量的协调等。这些情况可能是签订合同后的交易成本较高和校企合作管理结构不合理等问题所导致的，其主要原因是教育和培训方面的核心内容缺乏明确性，或该内容无法获得所有人的普遍认同。如果学校和企业试图开发自己的课程，而没有得到各参与方支持，那么校企合作将会面临许多困难。

德国和太仓的企业成功经验表明：当劳动力市场制度不完善时，企业可以通过参与职业教育与培训直接获益的事实能够为企业参与提供良好的激励；确立统一的职业培训标准并使其获得企业和学徒的广泛认可，可以有效降低企业参与职

① 周新源．本土化构建：现代学徒制太仓模式[M]．上海：上海教育出版社，2022．

业教育与培训的成本；在如德国社会一样的外部经济社会环境无法满足企业参与所需的条件时，政府可以通过引入替代性的制度和政策激励企业参与职业教育与培训，提高其水平，并帮助企业从职业教育与培训中受益，其关键在于创造条件并采用受各参与方认可的职业教育标准，以降低交易成本。

因此，为了鼓励企业积极参与职业教育与培训，我们可以考虑运用以下方案：

①引入一定程度的不完全劳动力市场机制，以营造能使企业积极参与职业教育与培训的有利条件，确保企业在职业教育与培训中得到合理的回报。这样做将有助于鼓励企业更加热衷于投入资源，进而全力支持职业教育与培训。

②采取一种普遍适用的职业教育与培训模式，减少企业、高职院校和学徒之间在具体的培训过程中需要投入的沟通成本。

③建立一个系统化、高效运转的利益代表机制，可以让企业、员工、学徒和学校通过代表机构或组织来表达其对职业教育与培训的需求和他们的利益要求。

④政府可以通过制定相应政策和提供资源来解决市场失灵问题，并推动教育与培训服务朝着符合社会共同利益的方向发展。

鉴于以上论证，笔者建议政府可以采取以下两项政策来推动校企深度合作和促进产教深度融合：

第一，创建一个专门为高职院校学生提供职业培训的市场，通过运用市场机制来协调各方资源，以促进包括企业和学校在内的多种参与者积极参与其中。这样可以增强它们参与职业教育与培训的积极性，从而提高整个市场的效率。为了实现这个目标，政府需要对职业教育与培训的相关体制机制进行创新和完善，并且要有宏观制度和中小微企业共同支持作为保障。为促进职业教育与培训市场的发展，政府需要建立有利于其发展的职业教育与培训的相关体制机制，其中的关键是让企业在参与职业教育与培训时能够合理地获得收益，进而建立可持续的发展机制。为了实现这一目标，政府可以通过学校和企业合作中的不完全劳动力市场机制，采取签订劳资协议和缩小学徒与企业员工的工资差距等方式，减少企业之间在人才挖掘和劳动力流动方面的竞争。同时，鼓励企业对学徒进行长期的职业教育与培训，鼓励并确保培训协议的签署和执行，以增强企业参与职业教育与培训的热情和动力。此过程关键在于平衡职业教育与培训的相关体制机制建设与政策应用，政府要确保二者同步发展。政府还需要找到一种平衡的方式，在通过市场机制来增强企业积极性、调动资源，限制劳动力在市场自由流动的同时，减少企业之间的“挖墙脚”现象。

第二，通过与行业企业联合开发职业教育与培训的相关体制机制，制订获得各方认可的职业教育与培训标准。该标准必须明确职业教育与培训的重点和细节，具体涉及职业教育与培训的重点与目标、所需总时长、企业与学校在职业教育与培训期间各自要承担的工作职责，以及不可或缺的合同条款等。毫无疑问，这个过程需要耗费大量投资，而且相当复杂。如果各参与者共同制订标准并确认其可行性，那么这个标准将成为一种公共资源，其中涉及企业、工会代表、学校以及政府等。这个公共资源可以帮助各参与者实现职业教育与培训市场的资源匹配，并提高市场预期的稳定性，从而有效缩减企业和学校之间的交易成本。

2．发挥市场在现代学徒制发展中资源配置的主要作用

2018年，尽管教育部与人社部都公布了实施现代学徒制试点的意见，但是至今各地的高职院校和企业还在不断发掘和试验推动相应工作和进行试点改革的方法。笔者认为，充分发挥市场在现代学徒制发展中对资源配置的主导作用是保障相关试点工作有效推进和最终落实的重要手段。

解决这个问题的可行之道之一是推动职业教育与培训市场的进一步发展，并利用现代学徒制中市场资源分配的机制。事实上，现代学徒制职业教育与培训中的各方参与者都有不同但互补的需求和资源：企业拥有最先进的生产和服务技能，渴望找到并培养高水平的劳动人才；学徒希望接受与实际生产实践紧密相关的职业培训，以充分锻炼他们的劳动能力；学校拥有广泛的教育资源，可以向学生传授各种常识和技能，所以学校往往期望通过企业参与来提高教学品质。启动市场机制并鼓励各方投资职业教育与培训市场，进而促进资源和需求的精准匹配。要使培训市场充分有效地运转，并顺畅运转，职业教育与培训的参与者需要考虑以下三个因素：

第一，职业教育与培训的参与者要想开拓培训市场，创新体制机制是非常关键的。宏观制度和中微观机制的支持和保障是市场在职业教育与培训中发挥主要作用的必要条件，这一点尤为关键。要发挥制度和机制创新的真实作用，关键在于允许企业在参与职业教育与培训投入的同时，合理地赚取收益，从而建立一个可持续发展的职业教育与培训体制机制。就实际情况而言，我们可以考虑在现代学徒制职业教育与培训中引入不完全劳动力市场机制，从而降低企业间的竞争、弱化跨领域拓展的趋势。这可以通过降低学徒的工资差异等方式实现。此外，职业教育与培训的参与者应当着力促进和确保培训合同的签署和执行，以此鼓励企业在职业教育与培训方面进行持续投入。

第二，为了保证培训市场的有效运作，我们需要推行现代学徒制职业教育与培训并确保相关参与者都遵循相同的职业教育与培训标准。只有当职业教育与培

训市场的买卖双方对所提供的培训内容有明确而合理的预期时，交易才有可能成功。这与其他市场交易原则相同。为了避免争议并确保职业教育与培训合同顺利达成，现代学徒制职业教育与培训的参与者应就职业教育与培训内容、期限及考试标准等方面达成共识。要确保职业教育与培训标准达到预期效果，需要明确定义其关键内容和要素，并确保各方参与者都能认同和理解这些标准。只有这样，职业教育与培训市场才能保持低成本的交易，并保证职业教育与培训顺利进行。

第三，职业教育与培训市场的成功运营，离不开政府的支持。政府应该积极鼓励职业教育与培训参与者的改革和创新，应当牵头协调制定和实施职业教育与培训标准，发挥政府的领导作用。为了满足各参与者的利益和需求，政府需要建立一种交流平台，让所有参与者都能在平台上进行交流和协商，并且在制定标准的过程中，引导参与者协调和整合该标准。

3. 论现代学徒制的制度供给侧改革

从现实需要和宏观政策的角度来看，供给侧改革在职业教育与培训领域的改革中扮演着重要的角色，它也能在现代学徒制的建设中起到至关重要的作用。诚然，现代学徒制的供给侧改革尚未被学术界深入研究，但它是一个值得探讨的重点和现代学徒制建设的突破口。

现代学徒制主要由企业和学校合作提供职业教育与培训，单一依赖于学校的职业教育是不足够的，企业的积极参与是确保现代学徒制教学质量的关键因素。尽管职业教育与培训日益受到关注，但企业参与职业教育与培训的积极性并不高，其原因可能是其技术能力不足或对于恶性商业竞争的忧虑等。除此之外，现代学徒制在供给侧方面存在一些问题，其中包括职业教育与培训缺乏社会认可度可能导致生源匮乏等。根据国际经验和中国实践经验表示，积极参与职业教育与培训可以有效地提高企业质量。所以，在推动现代学徒制和改革职业教育供给侧的过程中，积极鼓励企业参与职业教育与培训是非常关键的。

即使面临着众多不可预测的外部因素，企业仍有可能参与职业教育与培训的投资。中、宏观层面的制度在这一过程中具有至关重要的作用，通过新制度经济学的角度看待企业参与职业教育与培训，能够对这一点有更加清晰的认识。从某种程度上讲，企业参与职业教育培训属于商品市场服务交易行为，企业为学徒提供职业教育与培训服务，获得相应的报酬。此外，这个市场的特点是将职业教育与培训作为一种产品和服务进行销售，由学徒购买企业提供的职业教育与培训服务。需要注意的是，外部制度因素极大地影响着该交易的顺畅进行。

第一，在适宜的市场环境下，交易的执行应由包括学徒和企业在内的各方自主完成。在这里，市场所发挥的基础作用是对资源进行分配；职业教育与培训的关键体制机制应该配合市场的作用，加以相应的行政指令与约束规范，辅助行动者自主决策和进行交易行为，而不是代替它们进行交易。

第二，在职业教育与培训行业中，市场失灵的情况也有可能会出现。许多案例表明，企业之间“挖墙脚”的做法，对企业参与职业教育与培训的积极性和其参与效果造成一定的负面影响。如果职业教育与培训的关键体制机制安排能够强化不完全劳动力市场的自由化特征，那么企业被恶意“挖墙角”可能性会降低，这也能够鼓励企业积极参与职业教育。

而要促进企业参与职业教育这一市场交易，则应进一步确定交易的核心产品，即职业教育与培训本身的内容及其标准。

第三，要推动企业积极参与职业教育与培训市场的交易，就需要明确和规范职业教育与培训课程的内容和标准，使核心产品更加明确。

想要实现以上几点，必须依靠制度的创新，并由政府制定宏观政策以及在中、微观层面建立有效的制度和机制来提供支持和保障，现代学徒制的制度供给侧改革的最大挑战是要保障企业能够从参与职业教育中合理获益。为了成功构建现代学徒制的制度，我们必须在市场和政府两种资源分配和管理途径之间寻求协调，同时根据当地的经济、技术水平和民众对职业教育与培训的期望进行适当的调整。这是现代学徒制建设取得实际成效的关键，也是该制度建设和改革的核心难点。

第二节　校企利益与权责划分

随着我国经济结构的转型升级，国家和社会对技术技能型人才的质量提出了更高的要求。职业教育的发展也越来越受到社会各界的重视。校企协同是职业教育研究的热点和提升职业教育教学质量的关键所在，也是职业教育改革与发展的瓶颈。校企协同难以深化，诸如企业与高职院校利益结合点难以统一、各自责任与权力定位不明晰、企业参与合作的积极性不高、校企协同的效果不明显等问题长期存在。因此，必须厘清企业与高职院校共同作为校企协同利益主体时的关系，在系统分析双方利益诉求的基础上，通过权责配置模式创新，明确校企双方的责任，实现双方的责、权、利配置均衡，最大限度地满足双方的利益，在实践中进一步推动校企深度合作，促进我国职业教育的发展。目前，一些高职院校已经开始探索在利益共享的基础上创新校企协同办学模式——建立校企共同体，这使得校企协同育人跃上了一个新的台阶。该模式在满足利益主体各自利益诉求的基础上，建立了有效的责权配置机制，使校企责权关系实现了互补与统一。因此，以校企共同体为例，进一步对其责权配置模式做出理论分析和价值判断，对今后的校企协同改革创新具有重要意义。

一、校企协同利益与权责问题与分析

（一）校企协同双方利益诉求与责任的现状

1. 企业利益诉求期望值差异性比较

校企协同企业利益诉求的期望值符合程度与高职院校承担责任的符合程度存在显著性差异，校企协同企业利益诉求期望值与高职院校承担责任情况符合程度不高。

2. 高职院校利益诉求期望值差异性比较

高职院校在各维度上的得分均值都低于企业，在运行管理与育人机制方面，高职院校与企业存在显著差异，在技能与意识方面双方并无明显差异。通过进一步比较分析，发现双方在育人机制方面双方差异性最高。

（二）校企协同双方权责不清的现实困境

1. 校企双方利益的结合点不明确

要使校企协同转化为双方自觉的行为，关键是找准双方利益的结合点。承担着培养技术技能型人才这一重要职责的高职院校在育人过程中起着主导作用，同时，校企协同也必须兼顾合作方的利益，尽可能全方位地为企业提供各种服务，为校企协同的深度融合奠定良好的基础。因此，作为校企协同责权配置模式的重要一方，高职院校在合作过程中应以积极主动的姿态寻求与企业的合作，本着对企业服务的原则，合理化分担责任并找准双方利益的结合点是高职院校在合作中的职责所在。在办学定位与办学思路方面，部分高职院校在寻找合作企业的过程中，并没有经过一定的市场调研，如严格考察企业是否具备合作的实力、是否能为学校提供相应的教学资源；企业经营是否与自己的专业设置相符合，以及学校本身是否能为企业提供相应的支持；有些学校也没有根据自己的特点，通过与不同类型企业的相互选择，确定不同的利益结合点，在人才培养方案及校企协同管理体制等方面进行校内改革，形成与不同类型企业不同的合作方式，导致校企双方利益结合点不明确。

在办学成本方面，一些高职院校没有在办学的各个方面都尽力承担成本，包括承担经费、为企业提供设备场所或实训中心、培训员工，并且为培训提供场地、设备、师资、教材等。企业无法感受到学校的合作诚意和可靠性，在合作中企业的利益诉求得不到满足，反而造成自身利益的受损，这有可能造成合作关系的破裂。

2. 企业化全程渗入导致经济效益至上

经济效益与社会效益协同发展、互相促进，这是企业对教学、管理、课程、评估全程进行企业化渗透的真正目的。无视自身的社会责任，片面追求经济效益的最大化，对学校和企业双方而言都是一种不良的发展思路。在推行企业全程参与高职院校人才培养的过程中，有些学校会不自觉地以企业标准为取向，这就导致学校育人职责的弱化，在人才培养过程中仅专注于企业的需要，忽视学生其他方面的发展。如有些合作的企业产品单一、技术水平一般，学校在实施“订单式”培养的过程中就容易忽视教学计划和目标，学生往往被根据企业的需要安排在固定的岗位上或者进行重复的操作，学生无法对整个流水线进行操作或是全面了解工作流程、工作原理，在这种情况下学校处于被动的地位，学生实习更多的是考虑企业的生产性而忽视学校的教育性；在由企业投资创办的生产性实训基地运作模式中，如果管理权主要在企业，双方并不是以共同的人才培养为基础，当企业将生产线放入学校后，出于自身利益角度，必然更多地考虑其生产性功能，能否保障教学时间能否保障成为校企协同的问题；与学校合作的企业规模大小不一，无法保证有足够的工作岗位接纳整个班级的顶岗实习。在学生的学习受到较大的限制时，如学校选择与多家企业同时合作，实习的分散性又给学校进行学生管理带来了难度，学生实习的质量和水平也难以得到保证。

对任何校企协同来说，取得成功的关键是能否促进企业和学校自身的发展，如果双方缺乏相互认同的利益基础、在实现学校的教育功能和企业的经济效益之间难以保持平衡、合作双方难以达成一体化的一致步调，校企协同过程中就易受利益驱动，从而偏重经济效益、弱化双方的社会责任。

3. 风险规避措施不完善

校企之间的合作，其整体效益依赖于合作双方的相互匹配性和组织管理的有效性，但由于其投入周期长且过程难于监管，也就增加了产生风险的可能性。具体来讲，在双方合作过程中，因责任与权力分配不清而导致的合作利益分配不均、知识产权纠纷、学生实习安全风险等问题，高职院校与企业直接参与到存在不确定性的校企合作中，将面临很大风险。

合作的风险性贯穿于合作的全过程，校企协同的科研成果转化过程存在着巨大的不确定性，这些不确定性表现在投入、目标、技术、结果以及过程等方面。首先，合作的风险性表现在科研成果转化过程中，由于高职院校缺乏企业管理的实践经验，以及在责权配置制度和管理机制的方面的能力需提升，从而难以保证科研成果转化过程顺利完成，使科研成果转化过程中断、延长甚至失败，因而增加了合作的风险性。其次，合作的风险性表现在知识产权风险方面。知识产权风险是在合作过程中，由于参与合作的各方对技术成熟标准认定不统一、对知识产权归属约定不明确、对知识产权价值评估存在争议、对知识产权利益分配有异议等原因导致的知识产权纠纷。随着合作的深入，技术成果的知识产权收益越来越大，利益分配矛盾日益尖锐，利益分配不均造成的知识产权风险在校企协同科研成果转化和更多校企合作中不容忽视。从双方合作的管理机制上来讲，部分高职院校缺乏专门的知识产权管理部门，也缺乏专业的知识产权管理人员，难以把握专项事宜，如对企业的规模、管理水平、知识产权情况的调研。没有以学校与企业双方合作意愿为基础，对知识产权合作目的、方式、权责、利益分配等做出具体明确的规定，没有建立完善、科学的管理制度；知识产权战略意识不足，高职院校教师和学生拥有的知识产权的技术开发、产品设计等成果，没有受到保护；政府有关部门并未结合当前校企协同的实际状况，健全、完善相关的政策法规，规范校企合作中双方的权利、义务、职责，校企协同的开展缺乏制度保障。最后，合作的风险性表现在学生实习安全风险方面。在学生实习教学管理的过程中，高职院校与企业没有明确在协议中约定学生实习中双方各自的责任与义务。一旦学生实习出现事故，高职院校与企业不能合理分担责任，双方的合理权益不能得到有效保障。

（三）校企协同中权责不对等归因分析

1. 利益沟通与协调渠道不畅

双方的利益诉求得到正常表达是长期深入合作的基础，校企长期协同合作需要利益沟通与协调渠道。但在合作的过程中，从校企协同主体角度而言，高职院校与企业追求目标的不同，校企双方在管理体制、工作方式等方面存在着较大的差异，导致各自在实际合作中对利益诉求的期望值存在较大差异。再加上双方所属系统不同，因信息的不对称而造成双方诉求表达的障碍就成为校企协同深入发展最直接的障碍。要促进高职院校和企业实现有效沟通与合作，校企双方必须搭建一个交流的平台，让双方在此平台上进行良性互动。这个过程需要以符合双方意愿的利益协调机制为基础，在合作的各个环节实现双主体的利益诉求。

而目前校企之间还没有建立稳定和通畅的沟通与协调渠道，亦未建立起校企之间的中介机构与组织来规范、管理、协调和引导校企协同主体的行为。如在人才培养模式改革、校内外基地建设、课程开发与实施、应用技术研究、订单培养、企业员工培训等方面，都需要校企双方根据彼此的优势资源和利益诉求，经过充分协商，对原有工作计划和人员安排进行科学合理的调整。如果校企协同缺乏表达的利益诉求平台，那么双方将在复杂的合作过程中难以找到双方不断动态发展的利益结合点，就难以保证合作持续深入发展。

2. 合作运行机制相对滞后

目前高职院校在校企协同建设方面做了很多努力，形成了多种多样的校企协同模式，在整合资源方面也不乏一些成功案例。校企整合资源的最佳方式应当是双方在各个方面实现高度融合，即实现校企一体化。学校成立统筹校企协同相关事宜的管理机构，指导和管理各专业与企业的校企协同合作，从全局的高度统一协调合作过程中遇到的问题，保证合作的平稳向前推进。校企双方要以各自的利益诉求为基础，制订合作章程，明确各方在校企协同机构中的权利与义务，健全管理、制度、经费、政策等方面的保障。校企双方在签订合作协议时，应对设立的管理机构以及管理制度等做出具体规定，要依照不同利益主体的责任、权利和义务关系，制订严格且具有可操作性的管理规范。

由于职业教育校企协同合作受到某些条件的限制，一些校企合作普遍表现出缺乏稳定性、责权分配缺乏规范性以及企业经济效益的生产性与高职院校社会效益的教育性难以被协调等问题，其原因在于没有一套能保证校企协同合作整体利益持续发展的、可操作性强的责权配置运行机制，不能充分整合双方优势资源并促使合作效益最大化，且未能建立稳定、可持续的校企协同合作关系。校企双方没有共同组建合作组织、联合机构或管理部门；没有固定的交流场所与互动合作平台；尤其缺乏共同的合作愿景、明确的合作章程、必要的校企协同资金等。在没有建立民主、科学的管理制度以及管理机构，合作运行机制相对滞后的情况下，校企双方的行为得不到规范，导致双方各自的职责无法被明确，合作无法深入持续发展。

3. 保障体系有待完善

在现行的校企协同运行过程中，校企协同的保障体系有待完善，企业和学校往往会通过合同契约等形式对各自的利益诉求和义务进行约定，在约定履行过程中不管是否顺利，都需要与利益无关的一方参与协助监控。校企两个利益主体对合作的认识、在合作中出现的行为问题需要政府这一公共部门的监督。从而推动校企双方承担各自的合作职责、履行各自的义务，并保证双方能够享受它们应享的权利。校企协同是双方或多方在各自不同利益诉求基础上寻求共同发展的合作过程，因为各方的社会属性不同，其利益诉求存在本质差异。如学校的专业设置与企业的岗位需求不匹配，企业对学生的生产安全、管理、工资报酬也存在顾虑等。地方政府作为地方学校与企业的公共管理部门，应正视现存矛盾，协调好二者的利益关系。只有政府部门直接参与，并引导企业与学校建立合理的的互动关系，才能使校企协同的机制正常运转。

然而政府在部分校企协同中没有充分发挥政策导向和约束作用，一些地方政府组织的协调工作有些方面还不能适应合作的需要。校企协同是不同系统的组合，它们各自的运行机制、目标和价值取向不尽相同，如何规范它们各自的权利与职责，是对政府部门组织协调能力的一个挑战。在校企双方对合作缺乏整体系统规划、对双方利益缺乏综合考虑，职业教育校企协同育人计划性不强的情况下，各地政府对于责任主体行为的约束性不强，已经实现长期稳定合作的校企协同较少。这种情况下，校企双方的合作容易花费了一定的时间和精力，但是无法收获理想的合作效益，与合作培养完全符合企业所需人才的要求还有很大差距。

在相关法律法规的条款陈述中，也应保证校企责权平衡。我国现行的各项有关职业教育的法律法规对企业参与职业教育都有明确的责任要求，企业可以通过适当形式，支持学校的建设、参与学校管理，这就要求企业接纳高职院校学生和教师实习，并给予适当的劳动报酬等，但在校企协同的权利赋予上并没有相应的明确规定。因此，政府在顶层设计上应注意校企协同责权分配的平衡。

二、优化校企协同利益主体权责配置的策略

（一）完善权责明确的职权体系

实践中，校企双方需要树立互利共赢合作理念，以共同的利益为基础，建立完善权责明确的职权体系，进行利益协调和分配。完善权责明确的职权体系应当包括决策、执行和咨询三层机构，学校与企业要组织双方人员组成执行机构，聘任院长，实行理事会领导下的院长负责制，使集中管理有效到位；组建专业指导委员会作为咨询机构，聘请企业专家参与人才培养方案制订、课程体系建立，请专家指导学校实际教学。

在具体运作中，建立制度体系、完善统一管理机制，是校企深度合作的关键。双方要制订合作章程，明确各方在校企协同机构中的权利与义务，以及校企协同运行中相应的考核、奖惩等一系列管理制度。每年双方要投入一定的校企协同资金，保证各项工作的正常运行和校企协同的可持续发展，并有效维护各方的权利和利益。学校应成为搭建统一管理机制的推动方，但并不在其中起决定作用，应当让学校与企业共同成为人才培养主体，真正把对方视为促进自身发展的一部分，让企业发挥学校人才培养的另一阵地作用，真正承担起人才培养的责任。与此同时，校企双方应共同成立专业管理与教学实施的基层组织，这个专业管理与教学实施的基层组织应当包括项目部、工作室、事业部等具有浓厚现代企业管理色彩的组织架构，组织要与职业院校专业进行有效融合。双方组织机构、人员、设备等需在高职院校中实行一体化管理。

（二）政府发挥权责配置的职能

1. 厘清双方职责

政府在引导高职院校办学的同时，也应对企业给予约束或激励。企业在与学校的合作中，通过享受政府给予的税收、奖励等政策上的优惠所获的利益应当是直接的，并且在校企协同过程获利有风险的情况下，保证所有参与校企协同合作的企业都能获利。校企协同前期建设需要一定数量的资金投入，多数高职院校因自身经费的紧张，很难安排出太多资金，企业也不可能安排专项资金用于校企协同。因此为了保障校企协同的稳定运行，地方政府应保证对校企协同的资金投入；在相关法律法规的条款陈述中，政府也应保证将合理的权利赋予校企协同。政府在顶层设计上应注意校企责权分配的平衡，以实现学校与企业在职业教育领域内的权责对等。赋予企业以权利，是为了有效调动企业承担职业教育责任的积极性，并且在实践中企业承担职业教育责任能获得的核心利益是人才，这也就涉及人才培养权的问题。高职院校应该在教育教学的不同环节上对企业的知情权、行动权和决定权予以不同程度的体现，只有给予企业以权利，才能使企业全身心投入支持职业教育，从而有效提高学校的教育教学质量。政府也应进一步明确赋予企业权利的适用范围和适用对象，以便于在实践中进行操作。

2. 加强监督审核

政府在校企协同中也扮演着监督者的角色，以保证高职院校优选合作单位。校企协同的双方需要具备一些特定的条件，随意的合作并不能保证学校与企业寻找到各自准确的利益结合点，也就更难以形成整体性的利益实体。因此，选择恰当的企业作为与学校进行校企深度合作主体就显得尤为重要。政府需要在综合考虑校企协同主体的利益诉求以及发展内涵，并在兼顾区域经济发展等要素的基础上，通过与学校和企业深入的沟通交流，帮助学校牵头选择合适的合作企业。这是校企深度合作的前提，否则校企双方在后续的合作中很难实现其合作目的。政府帮助学校选择合作企业的具体标准：第一，合作企业需具有较强的合作意愿，能积极承担社会责任，在参与合作过程中愿意在设备、资金以及与学校共建实训基地等方面为高职院校提供支持；第二，相关企业的发展规划，产业或产品与学校的专业匹配；第三，从发展空间及用工需求方面，应优先选择具有一定的规模和影响力的企业；第四，优选前期已有一定合作基础的企业，即校企双方前期已有一定的合作基础，且双方合作比较顺利并已经初步达到双赢的目标。

3. 保障权责共担

政府在校企协同过程中也扮演着利益协调者的角色，可以保障学校与企业权责共担。校企协同是企业、高职院校在各自不同的利益基础上寻求共同发展、谋求共同利益的一种组织形式。但因双方所属系统的不同，二者在合作过程中存在着不可避免的矛盾，需要政府部门的协调。政府部门应强化对双方在合作协议中相关责任和权利的监督，如企业的生产经营周期与学校的教学安排不协调、企业与学校间沟通不足、学校的科研方向与产业界的应用和技术开发不匹配、学校培养的学生与企业需求不匹配等问题、地方政府作为高职院校与企业的公共管理部门，应正视这些现存矛盾，并协调好二者的权责关系。当校企双方在签订合作协议时，政府应选派具有专业水平和丰富经验的人员与企业开展谈判，明确双方在合作过程中的权责义务，并对知识产权归属做出明确规定，防止以后校企之间发生不必要的产权纠纷。在学校履行合同时，要加强对企业履行合同的监督管理、规范和约束企业行为。只有政府部门直接参与，并帮助企业、学校与其他要素部门建立合理的互动关系，才能使校企协同教育的机制正常运转。

政府应以多种方式和途径推进校企协同，支持高职院校与企业以多种方式开展合作。如企业可以以设备、场地、技术、资金等多种形式向学校注资，学校以校舍和教育资源在企业入股；支持高职院校与企业共建技术研发中心，联合开展技术创新和产品研发，推进教学科研成果的应用；推动高职院校与企业共建技术工艺和产品开发中心、技术技能实训平台、技能大师工作室；鼓励高职院校教师和学生可凭借拥有知识产权的技术开发、产品设计等成果，依法在企业进行作价入股等。近年来，杭州职业技术学院在校企共同体的基础上，成功地进行了政校企协同的混合所有制公办高职院校办学模式的初步探索。学校按照现代治理的理念，在决策机构、管理机制、利益风险防控等方面进行创新改革。杭州职业技术学院利用校企共同体利益共享、风险共担的保障条件，在政校企三方广泛的利益共同点的基础上，校企协同得以深度融合，混合所有制探索初见成效。

但值得注意的是，在探索发展公办高职院校混合所有制办学的过程中，政府在其中所发挥的协调规范作用是十分关键的。规避混合所有制办学风险的关键一步，应当是责权明确。在充分考虑投资者利益诉求的基础上，立法建立并规范相关制度。相关法律法规应重点规范和明确各级政府、各类办学主体（学校法人代表）和用人单位的责任和权力；相关制度应构建所有权与经营权、产权与治理权分离的管理模式，协调投资者、管理者、执行者、学校教职员工之间的利益与权责关系。在合作初期为保障各方利益，股份比例、决策方式以及风险防范方式等，各方可以根据各目的意愿做初步协商；后期再根据实际情况，依法并按照程序正式商定各方的股权比例和责权分配。必须解决多元投资的产权归属和收益权，明确办学各方对学校规模扩展和提高质量所需后续投入的责任与权利，以及政府财政是否要按国有资产所占比例拨给这些办学各方经常性经费等问题。

第三节 现代学徒制校企协同育人中的资源分享

校企协同是职业教育界的一个经久不衰的话题，校企合作过程中一定会涉及的便是双方乃至多方的异质资源。学校需要真实化的实践教学资源、高技能的教师资源，企业需要高素质的人力资源、高水平的技术资源，理论上，双方都占有彼此需要的关键资源，但在双方如何获得、何以共享上这些资源的问题依然存在需要跨越的障碍。关于现代学徒制校企协同中的资源共享，目前虽有很多研究成果，但纵观现代学徒制的发展整体，无论是其研究还是实践层面，基本上还是浮在共享的表层，在关键资源的获取与使用目标方面还存在一定差距。在实践中，一对一的单向合作早已不适应当前职业教育发展，各利益主体在网络化的多维联结中，寻求彼此同赢共享显得尤为迫切，并且职业教育发展的瓶颈之一就是教育资源分散、利用率低，而校企协同集团化办学能够使得分散的资源集中化，统一分配并有效地加以利用，提高职业教育办学效益。基于此，笔者着眼于中观层面的实践研究，尝试梳理校企资源共享过程中存在的问题，并在职业教育集团化的发展框架下提出促进我国校企资源共享的建议。

一、现代学徒制资源共享的理论透视

"工学结合、校企协同"一直以来被视为我国现代职业教育的发展模式和高职院校的人才培养模式，成为职业教育区别于普通教育的重要特征。校企协同是职业教育跨界属性的现实要求，校企分属于不同性质的社会主体，在各自追求效益的框架下又存在共生式依赖关系。这种关系形成的前提是关键资源的稀缺性和不可替代性，建立的基础是资源的互补性，并通过合作获得自身不具备的资源；基本特征是资源交换、优势互补、责任分担、共同管理、相互配合、互利共赢。形成资源共享、利益共赢，实现共同发展是学校和企业在现代学徒制校企协同育人中优化组织资源配置的必然结果。学校与企业应充分认识这种资源共享关系的生成境域，并从社会伙伴关系视角分析合作形态以及共享机制特征，从而促进校企的资源共享关系走向规范化与长效化。

（一）现代学徒制资源共享形态

1. 资源驱动

资源作为经济学名词，是指一国或一定地区内拥有的物力、财力、人力等各种物质要素的总称，是通过使用或直接可以为产业、社会产生效益的东西。教育资源是人类社会资源之一，它包括自从教育实践和教育历史产生以来，在长期的文明进化和教育活动中所创造和积累下来的教育知识、教育经验、教育技能、教育资产、教育费用、教育制度、教育品牌、教育人格、教育理念、教育设施以及教育领域内外人际关系的总和，具有公益性、产业性、理想性、继承性、差异性、流动性；而职业教育资源是公共社会资源和市场经济资源的混合体，既有教育资源所拥有的全部特性，又有自己独特的、包罗万象的特征，政府、市场、学校、企业和个人共同构成了职业教育资源供给的责任主体。职业教育的资源需求是多层次和多类别的，目前主要体现在三个层次，即基本教育需求层次、生活保障的就业需求层次、生活品质或质量提升的发展追求层次。其内容主要包括基础文化素质教育、专业基础理论知识、专业基本实践技能、专业提升和拓展等。市场经济中社会对人才的需求呈现动态复杂的特点，市场人才供需系统受到教育周期性、人才就业区间、就业意愿以及就业满足度等因素的影响，它是由社会、政府、学校、社会团体和个人等主体之间的相互作用而构成的，并可以在一定的历史规律下进行动态演化。人才供需的协调和匹配以及人才供需结构的作用，需要从教育资源的供给角度得到确切理解，以真正实现多元主体之间人力资源的储备与共享。

但高职院校不可能全面地具备这些素质，并且以一己之力也难以调配如此之多的支撑人才培养的社会资源，所以高职院校在不断地寻求与企业、行业、社会团体等不同主体的通力合作，通过建立合作共同体、扩充校企协同资源等方式，以达到校企优势集聚、校企优势互补的整合效应。校企资源共享并不需要学校或企业自己拥有最紧要的资源，但它们必须有能力调配最紧要的资源，可以通过建立合作伙伴关系共同享用这些资源，但也要以同样的方式向合作伙伴提供它们所需要的资源，并明白这是对对方提供的价值给予一种公平的补偿。

2. 资源共享的理想状态

现代学徒制作为校企协同、产学研的载体，需要多元主体合作才能实现的主要驱动因素之一是这些主体肯能缺乏或需要的生产能力和资源，以资源为基础的合作共享超越了物质类别的能力共享，当共同的、彼此可以接受的目标被不同主体一致同意，并且那些目标不包括各主体之间的竞争时，这种合作关系就是理想状态的资源共享。如果能保证各方都获利，那么合作将是校企协同各主体在智力上的相互给予和通过这种给予换取收获。职业教育的实施主体是校企协同各个利益相关者的相互结合，包括教育部门、劳动部门、高职院校、行业企业、教育培训机构、社会雇主、学习者、家庭等，各利益主体通过建构社会伙伴关系形成一种多层面、多元化、放射性的合作，相互分享资源，彼此学习成长，以建立诚信和稳定的关系。正如我国校企协同形态有不同类型一样，社会伙伴关系组织亦有不同形式。一是法定型社会伙伴关系，其典型的特征是由外部机构发起组建，并且伙伴之间的利益追求或优质资源是和社区相关的或是直接共享的。这类社会伙伴关系一般是基于某种特殊政策目标，由其所处区域中的相关官方机构发起，由企业和职业教育基金会给予资助的，如学校—工厂社会伙伴就属于这种社会伙伴关系。二是社区型社会伙伴关系，其主要特点是关注所处地区的社会问题，以确保校企协同所有参与者可以获得足够的支持和资源。这类伙伴关系的建立主要是针对特定区域中的特殊问题，从事各种地方社区活动，形成由地方社区组织、地方政府、行业企业、高职院校和职业教育与培训机构紧密合作的区域网络结构。社区型社会伙伴关系一般跨越两个行政区域，以实现地方政府间的互动，同时，这种社会伙伴关系可以引导地方政府制定政策，为当地社区人员提供教育机会，如东北学习和就业网络、亚拉高级社区机构、咖啡社区社会伙伴关系以及亚拉高级职业学院就属于这类社区型社会伙伴关系。三是协商型社会伙伴关系。这种社会伙伴关系形式的建立是通过内、外部利益互动而发起组建的，如校企双方基于互惠共赢的目标达成共识，以确保社会伙伴关系的维持、确保伙伴利益的实现。这种类型的社会伙伴关系已经运行了长达 11～15 年，远超过法定型社会和社区型伙伴关系的运行时间。

（二）现代学徒制的社会伙伴关系纽带

1．现代学徒制中社会伙伴关系的植入

最初，社会伙伴关系是西方国家为了协调社会集团之间多种利益关系所采用的一个较为新颖的概念或范畴。社会伙伴关系是指由政府、公共机构、私营机构和社会团体形成的战略联盟，这个战略联盟有助于为政府提供具有创新性的、能够解决当地复杂的社会问题和经济问题的方案，这些方案必须有利于当地人民的生活，有助于地方机构的协作。社会伙伴关系是社会不同群体之间通过共商协调形成利益纽带，建立在使不同主体实现共赢基础上的一种契约合作关系，包括政府和非政府、经济实体和非经济实体之间的合作，通过建立这种多主体合作的战略联盟，可以提高其成员的利益收益和工作效率，增强成员所拥有的社会资本，并且，通过构筑各群体间的伙伴关系来加强社会合作，改变社会群体之间相互作用的方式与机制，使它们逐步以对话来代替对抗，使社会始终能够在一种相对稳定的环境中有序发展。

随着社会合作的不断发展进步，伙伴关系逐渐被移植到职业教育领域。目前，澳大利亚、加拿大等国家在职业教育领域也引入了社会伙伴关系理念，并取得了显著成果。在职业教育的发展境域，传统的社会伙伴关系是指学校与商界的合作。从企业主角度观之，参与职业教育对它们有一定的益处，一方面会有更多受过良好教育的年轻人可供企业选择，另一方面日渐缩短的产品生产周期需要企业对员工技术进行调整加速。技术结构更新导致企业员工不断对在职培训产生新的需求，引入企业的参与将有利于帮助学校开发针对市场岗位需要的职业教育课程。同时，社会伙伴关系也是一个发展中的概念，任何有关学校、企业、或私人之间为实现共同目标的通力合作、以改进教育质量为目标的合作活动，均可视为社会伙伴关系，它是一种实现改善职业教育教学质量的方式，是校企之间一个建立共识的过程，这个过程是动态的、不断成长的、逐步进化的。职业教育领域的社会伙伴关系在多主体的助推下，逐渐由传统的企业协助学校学生实习转向学校通过不同的社会伙伴关系获取更全面的市场信息以及社会对职业教育的需求信息，以指导职业教育的产出与供给。

2. 职业教育社会伙伴关系的界定

发展至今，职业教育中的社会伙伴关系在动态中逐渐被确定，这主要是指学校、政府、社会组织、企业、教师、学生、家长等为提升教育质量、促进社会和个人发展而建立的合作关系。这种合作关系反映在职业教育的办学形态上，既可以说它是多元社会化力量办学的雏形，也可以说是职业教育办学所追求的方向。社会力量参与的校企协同办学一般由地方政府、高职院校、教育机构、行业企业、科研机构、行业协会等成员主体联合而成，具备社会伙伴关系的一般特征：第一，参与者。办学共同体内各成员主体都必须对该合作关系做出组织承诺，如共同制订共同体章程。第二，关系。办学共同体的每个参与者间的合作关系应该是持久且有关联的，应当具有长效性。第三，资源。每个参与者都必须给合作关系带来一些有价值的东西，或是合作过程中的生成价值，如技能、知识、资源。第四，分担与共享。在办学共同体合作框架中，各方应共同承担责任，并承担各种后果的风险，办学共同体的每个参与者之间拥有共同的利益追求并达成共识，如共同体治理。第五，连续性。办学共同体的每个参与者间应具有共同的价值观、要为了实现共同的目标携手努力、办学共同体的每个参与者之间要形成良好的相互信任，如维护共同体运转。这种亲密无间的合作关系得以建立的基础，是各参与者承担履行承诺的义务、致力于共同的目标、彼此间建立信任、注重团队意识与建设、共担风险并且开诚布公地解决一切冲突和问题。并且，合作各方都承诺为项目或某种合作的成功提供资源和信誉，因此伙伴关系依赖于具体的成本共担协议、风险降低和风险分配的详细分析。

3. 现代学徒制内部的关系网络

社会伙伴关系如同一个无形的大网，在任何活动领域无限集聚与职业教育利益相关者，逐渐形成一个价值网络维系着彼此间的合作关系。价值网络包含整个世界，是相互联系的事物中一个极其复杂的整体。在越来越复杂的全球环境下，构建办学共同体参与者间的良好关系网络是未来成功的关键。价值网络是信息、物质和人力的结合，若有意识地使三种资源成为一个有机的整体，要保证价值网络平稳运行，关键是要做到理解和处理好文化的相互映衬。职业教育社会伙伴关系的突出特征就是将培养、培训、升学、就业捆绑在一起，形成属于办学共同体的利益网络。社会伙伴关系的真正本质是提供服务，办学共同体内各主体皆有其角色职能，如高职院校扮演的主要角色是满足经济与社会发展对人力资本的需求，为社会和行业企业培养应用型、技术技能型人才，通过和行业企业建立合作项目和发展计划为企业员工提供培训；政府主要扮演着统筹者、协调者、规范者、资助者的多重角色，职业教育伙伴关系的形成和发展离不开政府保障方面的专项支持、离不开政府政策法规的扶助、离不开政府顶层设计上的全面统筹与局部协调；行业企业一般扮演着职业教育的举办者、投资者、消费者、服务者、合作者的角色，企业是职业教育的出发点和归宿，它为职业教育的发展提供平台，也是可以接纳职业教育所培养人才毕业后就业的最大劳动力市场。

二、现代学徒制资源共享的现实审视

教育资源分布的不均衡是制约职业教育发展的主要问题，整合教育资源、深化产教融合，是职业教育改革发展的着力点。目前来看，校企协同的质量和深度直接关系着职业教育所培养人才培养的水平，会对学生的未来发展和产业结构调整升级产生重要影响。由于受到诸多因素的影响，我国实然状态下的职业教育校企协同仍然处于初级阶段，流线型的单一校企资源共享虽取得一定成效，但在发展过程中还存在共享虚化、程度不深、利益纠葛等问题，需要有一个平台来沟通和解决这些问题。

（一）现代学徒制中共享的资源类别

现代学徒制中的校企共享的资源无外乎包含在人力、物力、信息、财力四大资源之内，基于教育性资源框架来分析，在目前的校企协同中，参与共享的校企资源主要有人力资源、生产性资源、衍生资源以及文化资源，资源共享的效果与校企协同的内外部环境有着紧密的联系。

1. 人力资源

在现代学徒制体制内参与共享的人力资源主要是师资和学生，师资包括校际专业教师、兼职教师的共享，以及校企间企业技术人员、下企业实践导师的共享；学生包括企业实习实训的各校学生。在人力资源的共享上，职业院校和企业做得比较深入，具体表现在以下两个方面：

一方面，兄弟院校之间互通有无，形成师资公享的模糊边界。校企协同办学共同体内学校和学校之间也有合作，专业教师在院校之间中依据需求进行兼职任教，可以在办学共同体中建立兼职教师资源库，与兄弟院校共享不同专业背景的行业企业专家和技术人员。校企间形成兼职互聘，企业派遣技术人员来校支教，学校派专业教师去企业共同突破技术难题。学校积极与企业合作，进行校企协同双向师资建设，一方面通过师带徒结对使企业师傅与学校教师一一配对，另一方面通过学校教研活动、听评课对企业兼职教师的教学手段和技巧进行指导。在企业实践上，办学共同体中的企业给青年教师开放实践岗位，企业特别为每位青年教师安排实战经验丰富的总经理、总工程师进行悉心指导，在企业产品研发、出差谈判、产品销售、处理售后投诉等方面，进行多岗位轮换和“手把手”传授；下企锻炼的教师又作为企业学院课程的讲师，负责小班化教学改革试点工作，此举有利于让青年教师投入教学改革的前沿。

另一方面，以专业为合作纽带的校企之间要共同制订实习方案，明确学生到企业参与实习的任务与要求，并根据要求进行严格考核，以此保证实习效果。特别是针对校企共建学院，要求制订详细的工作计划，每期实习都进行师徒结对、分组结对、分组指导，把任务明确到人，并且举办师徒结对仪式，以增强企业师傅对徒弟的责任感，密切师徒关系、增强实习效果。校企协同开班，广泛培养、培训有兴趣或有需要的学生。

2. 生产性资源

现代学徒制中参与共享的生产性资源可分为硬资源与软资源，硬资源主要是实训场所建设，即实训中心、工作室、配套设施等；软资源主要是教学培养实践，即课程教材、项目化教学、培养方案等。高职院校和企业越来越注重在实践中落实生产性资源的共享。

实训基地建设方面，学校要与企业合作共建共享实训基地，校企共同体中的企业几乎全程参与。采用完全真实的实训环境，引入完全真实的工作任务，每个实训基地均由合作企业安排基于合作企业工作任务的实训项目，探索不同项目的校企协同，在真实的工作环境中，进行实践教学。以“围绕新兴岗位，引入行业企业标准，课证融通，建设数字化资源”为建设思路，遵循“重构课程体系、重组教学内容、转变教学方式、改造教学情境”的职业教育改革理念，深化课程体系改革，围绕新媒体营销、移动商务、跨境电商等新兴岗位，引入知名企业的标准，把企业的岗位技能需求、职业资格证书考试的内容与课程相融合，学校与企业要与行业企业专家、课程开发专家一起建设相关课程标准、开发项目教材、完成专业数字化资源建设，使改造后的课程体系更适合技术技能型人才培养。

教学培养实践方面，校企协同委员会指导校企成员合作，共同开发课程、教材，并将课程、教材在行业、企业中推广，用于企业内训、订单班讲授，在共同体同类专业中进行成果共享。虽然校企协同编订的课程、教材在数量上颇为可观，但称得上优质课程、教材的还不是很多，共享程度仅局限于办学共同体内，外界辐射度比较小。对于教学实践的共享，企业应为课堂教学提供现实案例，如真实生产线流程、操作工序中错误做法、某个产品开发过程、某项技术攻关瓶颈等，使得企业生产实际内容走进课堂，为教学提供“效”“用”双修的生动素材。校企共同制订人才培养方案，办学共同体要以校企协同委员会为指导，走访当地企业，深度调研市场需求，挖掘行业人才所必备的关键能力要求，并完成办学共同体内相关专业人才培养方案的修订，把行业职业资格标准融入课程教学。此外，校企协同办学共同体还应积极探索人才的系统化培养，如在中高职衔接上不断努力，不管是人才培养方案还是课程教学，都要尽量做到一体化、系统化。

3. 衍生资源

所谓衍生资源，是具有增值性的资源，是能够反映出价值创造的过程和结果的资源。现代学徒制中参与共享的衍生资源有研发资源、意识资源、就业平台。我国也有一部分学校和企业在尝试衍生资源共享，但其效果仍需提升。关于研发资源，既可以说是技术攻关也可以说是技术服务，涉及知识产权、生产专利、重大项目等，在层次上超过了单个企业的水平，一般是由企业群组与学校群组进行合作共攻。在实践中，是企业给出技术难题，教师承接来做，或是企业一线技术人员和学校优秀专业教师结成项目组，共同攻破瓶颈。关于意识资源，教师下企业实践的重要收获之一就是提高对岗位、对行业、对现代技术的认识水平。企业对产业发展的感知、动态最为清楚，对行业、市场的走向、变化最为敏感，对技术、设备的追求也最为前卫。教师在企业实践过程中耳濡目染的先进性与时代感，有助于促进其育人理念的更新、课堂教学内容的调整，提高学生对市场需求的适应性。这种意识形态在合作交流中得到了校企双方的认可，并且校企协同也极其重视教师下企业参与实践的环节。关于就业平台，这里所讲的就业平台区别于我们日常的理解，主要是指学校群组与企业群组合作下的产物，不是一校对一企而是多校对多企的就业平台，从单向选择的就业平台发展成多向互选的就业平台，这一就业平台上既拓展了学生的就业面也提高了学生的就业质量，毕竟办学共同体内的企业大部分都是被学校认可且具有一定实力的。在合作过程中，基于校企协同的就业平台更便于企业还能优选人才。如浙江瑞宏机器人有限公司与嘉兴技师学院签订了“订单班”协议，为工业机器人应用与维护专业学生的对口就业提供了有力保障。

4. 文化资源

文化资源属于隐性资源，这里所指的主要是企业文化资源，如行为规范、操作流程、职业素养、制度管理、经营理念等都属于企业文化资源的范畴。如嘉兴职业技术学院与合作企业共享的文化资源主要体现在师徒文化传承上，即通过拜师学艺的形式，让学生拜企业有资格的技术人员、管理人员为师。企业师傅对徒弟的要求是“尊敬师傅，礼貌待人；刻苦钻研，勤奋学习；认真守纪，注意安全”。同时也要求企业师傅胸怀宽广、真心待徒、认真传授知识和技能、严格要求与训练、做到既“带思想”又“带作风”。师带徒是职业教育对本源的回归，企业的核心理念、价值观、工作氛围，都是职业教育的大课堂，拜师是一种对技艺的尊崇、对文化的传承，不管是拜师学艺还是拜师仪式，都强调学徒对师傅的尊重，而师傅对学徒的责任心则反映了一种古老的工匠精神内核。目前，我国职业教育极为重视对“工匠精神”的传承，力图将匠人神韵渗透到教育的每一个角落，除了拜师仪式外，专业课程、实习和实践教学中也处处渗透着企业文化，践行企业群组与学校群组的深入对接，企业文化延伸至校园，促进校企文化间的融合，以共同滋养、培育人才。

（二）现代学徒制资源共享的困境

1. 校企资源整合缺乏有效氛围

一是政府推动资源整合作用失位，资源整合共享是指在一定的区域内，教育部门打破职业教育主体之间的现有界限，通过对它们进行集聚和分配整合，统一筹划师资、教学、仪器设备、教育信息等校企所拥有的职业教育资源的分配与使用，与行业、企业、社会共同享用职业教育资源，且共享形式多样、内容丰富。政府在校企协同中，对职业教育资源整合共享承担着重要的角色和功能，不仅要促进两个不同主体走在一起，还负责组织资源的整理。目前来看，部分地区所谓的职业教育资源整合还停留在旧资源的盘活，没有对职业教育资源进行再加工和精加工，还未达到校企资源共享的要求。二是校企之间资源共享不足，学校和企业在职业教育资源的整合共享中缺乏纽带与平台，单校对单企一对一合作感觉压力很大，不知道如何利用。大型国企或龙头企业，本身规模大、实力强，学校与它们合作时可能压力相对小一些，但大型企业毕竟是少数，如江浙一带是以中小微企业为主，局限于单校对单企一对一合作，企业与学校面对资源整合都容易感觉心有余而力不足，不仅学生实习、实践教学岗位安排不开，而且学校或企业自身能提供的技术、信息等资源也捉襟见肘。而且从长远来看，单个企业也难以提供稳定的、具有一定规模的职业教育资源。虽然现在部分地区有成立某种形式的校企联盟，但现有的职业教育信息资源共享平台大部分都是独立分散式的，各资源之间缺乏统一的技术凝聚力，共享稳定性差，存在资源浪费、平台之间也无法实现互通有无等问题，这大大缩小了职业教育资源的使用效益，校企之间理想的资源共享，应该是实现一种基于区域范围，甚至国家范围、国际上的大共享，并不是局限于自己的一方小天地，校与企的一对一的对接终归太过狭隘，并且对于行业产业的普适性比较差。

2. 校企资源共享面有待拓宽

校企之间参与共享的资源大部分还是硬件设施、常规资源，技术层面软资源的参与少之又少，校企资源共享面有待拓宽。究其原因，主要是主体权利义务的边界不明确。高职院校需要的是具有技术含量、与先进生产方式相联系的技术岗位，来帮助学生全面训练以掌握系统的技术技能，但问题是企业不愿给学生提供技术含量高的岗位，更不愿提供全套的岗位技术。企业以生产为主业、以营利为目的，一切岗位都要服从生产和营利的需要，因此，在这样的校企协同资源共享中，企业主要是学生从事一些低端技术生产岗位的场地，甚至有些企业会以实习的名义把技术含量极少的岗位专门留给学生进行上岗操作，通过低酬劳从中赚取利润，这些都与高职院校在校企协同资源共享中对企业的需求恰恰相反。就课程教学而言，学生的学习内容应该是就业后有用的、对工作有帮助的，这些内容很大一部分只有企业内充分了解岗位情况的人员才能全面掌握，这些人员应该成为高职院校教学团队的必要补充，但企业提供理想的技术人员参与教学存在很多困难：一是时间和精力不允许，高素质的企业技术人员能对学校教学提供帮助，但这样的技术骨干必然会把大量精力用于企业管理与发展，虽然学校通过弹性时间安排能够得到这些人员的暂时帮助，但让他们用较多时间去教学则有一定难度。二是技术或技能专利保护，学校最需要企业技术人员提供的关键技术和技能可能，就是企业出于竞争需要而必须保密的内容，技术人员个人很难决定哪些内容可以公开、哪些不宜公开。

3. 校企资源融合共享浮于表面

一是企业参与积极性不高，教育部推行工学结合、产教融合的办学模式，希望企业能够参与校企资源融合共享，但现实中，学校和企业资源共享还面临一定的阻力。众所周知，企业的目标追求是经济利益，在现有环境下，企业参与职业教育没有享受到税收优惠政策，不管是半工半读还是工学结合，企业在合作中除了人力资源方面的某些利益外，基本得不到其他切实的好处，一些企业还担心接收学生实习会影响企业生产效率，再加上企业对职业教育校企协同的办学内涵不甚了解，未认识到职业教育对企业的贡献，这是校企协同发展过程中最大的掣肘因素，影响了企业参与职业教育的积极性。二是共享收益分配不明晰，校企之间的利益共同点还未形成，在校企进行资源共享之后，对于学校而言，可以提高本校的教学、管理等综合实力，通过与企业合作，可以拓宽学生的就业渠道，学校能够获得较大收益；对企业而言，企业最关心的是能否获得更优秀的劳动力，学徒的技术技能是否有新的价值提升，是否具备胜任企业目前和未来的岗位需要的职业能力，合作学校是否有能力解决企业在经营、管理中的困惑等。这些问题企业还未得到肯定的答案，企业能从中收益也不确定。三是校企双方缺乏依赖性信任。校企之间对合作培养、合作生产的认识还存在眼前利益与长远利益、偏安一隅与全局规划的矛盾，不少企业还认为办教育只是学校的事情，学校和企业尚缺乏理智而成熟的“合作教育、优势共享”理念导向。因此学校必须转变传统的办学观念，尝试创新合作模式，努力提高合作育人质量，做到培养目标基于需求、办学形式适应市场，使学校专业设置与经济发展相适应，使学生素质与企业需求相适应，只有这样才能赢得企业的信任与支持，校企协同共享才能取得长足进步。

4. 校企资源共享尚未形成双向流动

现在部分学校和企业的合作共享未实现纵深发展，根本原因是校企之间没有实现资源的双向流动，未建立资源的双向获取机制。一是校企间的松散型合作，实习交流方式不当，学生实习时间短，来不及掌握实践内容，企业也未配专门的企业师傅指导学生，学生很难从企业获取实用资源。同样，学校内丰富的资源也没能通过学生或其他方式带给企业，人才共同开发机制不良，学校和企业在人才资源开发的方向、规模、层次、内容等方面仍是以各自为中心，造成学校学生不了解生产和市场，企业人才缺乏思想体系和理论知识的情况。人才信息局限于本校或本行业，人才共享的机制尚未建立。二是合作中学校“假热情”，学校对校企协同意愿强烈，但又不肯放弃眼前利益，不愿对企业进行实质性资源投入，企业得不到理想收益，合作热情便逐渐冷却。目前来看，有些企业在合作共享中，主要是通过设立学生奖学金、赠予学校实训设备来参与校企职业教育资源共享，但从整体上看，目前校企职业教育资源共享还是处于学校单方主导的合作形式，对于校企共育人才的职业教育追求仍有一定差距。在顶岗实习方面，部分企业供给的工种比较单一，能够实现多工种轮调的实习还比较困难，再加上岗位作业的实效性欠缺，以至于企业能提供的实习实践教学内容与学校的技术技能培养目标存在一定落差，学校参与合作的动力也随之下降。若企业对提供实用技术培养都有所保留，校企之间核心技术的双向流动互益更是无从谈起。

第五章　现代学徒制校企协同育人创新思路

本章的分析对象是现代学徒制校企协同育人创新思路，共三节：不同视角下的校企协同治理研究、产教融合与校企协同育人创新、校企协同保障体系创新。

第一节　不同视角下的校企协同治理研究

职业教育的校企协同治理是一个长期、复杂的系统工程，背后蕴含着错综复杂的政治、经济、社会与历史因素，并已经深深嵌于国家治理体系之中。尽管过去学界开始使用经济学、管理学、教育学、法学等多种不同学科理论方法来对职业教育校企合作的研究进行解释，但多是从学校教育的实践层面寻求理论经验和模式借鉴，未能站在全新的经济社会发展、技术变革、就业市场变化以及教育改革等宏观背景下，从一个国家职业技能教育形成体系的角度来审视职业教育校企合作的内涵、价值与功能发挥，导致职业教育的校企协同治理缺少一个宏观背景的理论支持。西方发达国家的技能形成体系的理论认为，一个国家技能形成体系受到一系列制度因素的支撑和影响，更受益于发达的社会公共组织（如工会组织、行业协会组织等），可以制订一个长久有效的制度，来平衡和协调不同利益主体的利益需求与冲突。因此，笔者在最终讨论校企合作的治理与制度创新之前，尝试先从多重维度对校企合作进行审视。

一、技能形成视角下的校企协同

当下中国职业教育发展中出现的一些问题在一定程度上源自狭隘的、聚焦于个体层面的技能观。技能的载体不只是劳动者个体，也包括组织、组织间的协作关系以及制度。个体的技能只有在协作中才能发挥和运用，组织的技术与文档系统、其人力资源体系及内部的协作关系都使其成为超越个体层面的、技能的载体。由于组织本身就是一种人与人之间的协作关系，且其边界并非完全清晰，因此组织间的协作关系及制度也承载着技能。不同层面的技能载体在技能形成上具有各自的特点且相互影响，个体层面的技能形成是更高层面技能形成的基础；组织层面的技能形成是任何成功的技能形成体系的基石，但单一组织类型的技能形成不充分，因此学校与企业等异质性主体之间的协作至关重要；制度层面的技能形成以个体和组织层面的技能形成为基础，也会反过来对其方式和路径产生深远影响。分析超越组织层面的技能形成的关键在于分析组织间的协作关系，其核心则是不同参与主体之间的协作。

（一）超越个体层面中技能形成的必要性

1. 职业教育的若干现实问题

我们通常将职业技能看作由个人的天赋与后天学习共同塑造的、体现在个体身上的知识、技能、态度和价值观等心理及动作特征的集合。然而，这种聚焦于个人层面的技能观，对于我们理解职业教育及其与经济社会环境的互动是不充分的，它在某种程度上限制了职业教育的发展，这主要体现在以下三个问题当中：

第一，职业教育的校企合作和产教融合仍然面临诸多困难。高职院校与行业企业的合作与融合是职业教育的核心环节，也是保障其人才培养质量的关键。然而，尽管已经取得了许多成效，但当前职业教育在这方面仍存在一些问题，许多高职院校学生的顶岗实习在人才培养方面效果不佳，没能有效地促进学生职业能力的提升，甚至流于形式。多数的校企合作与产教融合的程度不深，教育教学工作的主体仍然是学校，企业在很大程度上游离于人才培养的过程之外。

第二，职业教育的人才培养也存在着参差不齐的情况，部分学生获得了较强的职业能力和较好的就业机会，但高职院校毕业生身上仍然存在职业能力不足、就业质量不高等问题。这一问题集中的体现于一个矛盾的现象中，一方面，中国能够在世界技能大赛上取得优异成绩，但另一方面，高职院校部分毕业生的学习未能在劳动力市场表现出明显的优势。这表明，中国的职业教育体系能够培养出一些非常优秀的个体，使其具备世界顶尖的技能水平，但整体教育水平仍有待提高。

第三，对职业教育发展所遇到的问题和障碍的分析不足。过去国内职业教育界对职业教育问题的分析，更多是从职业技术教育学，尤其是课程和教学论的角度展开，其关注的焦点自然在课堂教学和课程等中微观层面，因此未能从根本上深入剖析职业教育发展所面临的系统性问题和挑战。这对于我们认识现实、解决问题提供的帮助相对有限，从而也部分地导致了以上的问题。

这些问题导致的结果就是职业教育在促进产业转型升级、推动社会经济发展的作用没能得到充分发挥。

2. 聚焦个体层面的技能观及其局限

造成职业教育的上述问题的原因是多方面的，其中不容忽视的一个就是我们对技能和技能形成抱有过于狭隘的理解——聚焦于个体层面的技能观，当我们主要关注个体层面的技能形成时，很容易将技能形成的过程看作纯粹个人层面的知识能力获得，并忽略技能形成所依赖的组织和制度环境，从而将不同的学习地点内部及其相互之间的协作仅仅当作存在于技能形成之外的、同质化的学习环境；实际上，高职院校和企业等不同机构及它们之间的协作并不仅是职业技能学习的外部环境，也并不仅是在学习过程的无关紧要的外围影响因素，而是职业技能养成和习得不可分割的组成部分，组织内部与组织之间的协作不仅深刻地影响了学徒技能形成的过程和成效，也存在于技能形成与学习过程本身，后文将对此进行详细阐述。

在上述技能观的指导下，我们曾经将职业教育质量提升的关键局限于其课程与教学上，以为仅仅通过课堂教学的改善、从学校内部的微观层面进行努力就能提高学生的职业知识和职业能力。然而，这种认识是不充分的，它没能清晰地指出职业教育核心问题的根源，而基于这种技能观的改革措施也自然不足以解决职业教育现实中的困难和问题。因此，我们不仅需要在个体层面理解技能和技能形成，也需要从超越个体的层面对其进行分析。

我们通常认为，技能总是由具体的人来掌握的，组织和制度等社会建构如何能够承载技能呢？其实这并非天方夜谭，在日常生活中我们就会有这样的表述，“某企业的技术水平很高”或者“某国家的工人技术好”，这描述的就是作为一个整体的组织或国家的技能水平。

在当代社会，技能与技能形成的载体并不只是劳动者个体，也可以是组织、组织间的协作关系乃至制度。以下笔者将在前人研究的基础上深入剖析超越个人层面的技能和技能形成的载体，并在此过程中回答以下几个问题：在超越个人的层面，技能和技能形成的载体究竟有哪些？它们相互之间有着怎样的影响和互动关系？怎样分析不同层面的技能形成？与这些相关的发现对我国职业教育发展有着怎样的启示？

（二）超越个体层面的技能载体

技能不只承载于个体层面，对此最直接的体现是个体拥有的技能也不仅是其纯粹的个人事务。首先，职业行为和行动本身是一个社会行动，个体依赖组织或市场的协作网络才能发挥其职业能力，因而技能本身蕴含着社会的属性；其次，技能的提升过程也不只是一个纯粹的个人的过程，它发生于一定的社会情境之中，且人常常通过参与社会实践和实践共同体的方式来实现技能提升，更进一步地讲，组织和组织之间的协作关系等也是技能的载体。

1. 组织作为技能的载体

超越个体层面的技能存在于很多层面，可以是一个组织内部的小团队，如学校中的一个班级、工厂车间中的一个班组、某个汽车4S店的销售或维修团队等，也可以是组织本身，如一所学校或企业，团体和组织承载的技能可以从以下几点来看：

首先，组织内的协作体系承载着技能。组织中的个体虽然承载着技能，但个体需要通过组织内部的协作才能完成特定任务。一个汽车维修工不能单独完成所有的修理任务，其他维修工及仓储、售后服务等部门员工的支持配合不可或缺；一个销售人员不可能独自销售商品，其市场拓展和广告企划等方面的同事所做的工作对其销售工作也会产生影响。因为技能必须通过这种协作关系才能发挥，所以组织内部的协作体系也是技能的载体。

其次，组织的内部技术和文档系统中承载着技能。许多大型组织都有着仅供内部员工使用的数据库、技术文档等内部知识存储和共享系统，也有供员工和用户查阅的用户手册等技术资料汇总，还有集成化的业务系统软件，这些共同组成了企业等组织内部的技能存储的载体。这些技能和知识来源于其员工并由员工梳理整合，已经构成了一个明显超越了个体层面的技能和知识载体。一方面这些技能和知识的数量极其庞大，已经无法为单个员工所掌握；另一方面，其储存和调用的方式依照企业业务流程和管理等特点，具有了非个人的组织的特性。

最后，组织的人力资源等制度也影响到了技能承载的功能和效果。劳动者个体技能的发挥受到组织内人力资源等制度的影响，组织对员工的绩效评估、激励和惩罚会使员工对其技能行为产生偏好，良好的人力资源制度有利于员工个人技能的发挥和成长；反之亦然。在这个意义上，组织作为技能载体的功能更加强化，其人力资源等制度则影响着技能承载和形成的效果。

概括地说，组织是技能的载体，其储存和承载的技能不是其成员所拥有技能的简单叠加，而是作为一个具备自身特性的载体存在，并深刻地影响着个体层面的技能运用和技能形成。不同的组织也因其类型、领域和规模的差异，在承载的技能方面也有着鲜明的差异，企业和学校所承载的技能就因其性质和目标的差异而有着显著的不同。

2. 协作关系作为技能的载体

由于组织本身就是一种人与人之间的协作关系，且其边界并非完全清晰。因此，多种形式的社会协作系统也承载着技能。在哈耶克（Hayek）看来，市场最重要的作用就在于它能够更有效地调动置身于市场中的、分散个体所拥有的、关于特定时空之情势的知识。[①] 在这个意义上，市场或市场中的协作关系就是一种技能的载体。

更进一步地讲，市场协作关系是现代社会最为重要的技能载体之一。单个组织也许在现代产业体系中的某个细分领域具有专长，但许多复杂的产品和服务则只有通过市场框架下的多个组织的协作才能被生产和提供，手机、电脑和汽车都是典型的通过市场协作才能生产的产品。

作为技能载体的组织之间的社会协作并不仅仅局限于市场，其他类型的社会协作也可以成为技能的载体，如非营利的创客空间、多个机构共同参加的论坛和展览以及人们自发组成的兴趣沙龙，都在某种程度上承载着超越个体和组织层面的技能。这种不同个体和组织之间的非市场性的协作关系构成了储存技能的平台，并影响了其中的技能形成过程。

这里需要特别指出的是，超越纯粹的市场关系的组织之间的协作对于技能和技能形成而言至关重要，这主要是基于以下两个原因：

第一，技能载体的异质性对于技能而言至关重要，而不同类型的组织之间的协作常常并非纯粹的市场关系。由于当今产业结构不断调整，技术更新日新月异，社会对技术技能型人才的需求也不断变化。在此情况下，个体、组织或社会协作关系所承载的技能都应做到既能满足当下的需要，也能适应经济和产业的不断变化；由于单一类型的组织所能承载的技能是有限的，且往往具有这一类型的组织的特色和烙印，因此它们难以单独适应快速变化的产业发展。所以，技能载体来源的异质性在今天社会需要的技能形成中格外重要。

第二，纯粹的市场协作对于技能形成而言是不充分的。由于企业间存在相互“挖墙脚”的现象，单纯的市场协作可能导致技能短缺，而不完全劳动力市场机制则是促进企业深度参与职业教育与培训的关键要素，所以协调性市场经济在促进技能形成方面比纯粹的自由市场经济具有一定的优势。

正是在这个意义上，在技能承载和形成的过程中，单个企业与学校之间形成的关于人才培养的产教融合以及校企合作的社会协作体系不容忽视。产教融合及

① 哈耶克．哈耶克文选[M]．冯克利，译．开封：河南大学出版社，2015．

校企合作的重要意义在于这种企业界与学校系统之间的协作，有别于同样是追求利益的企业之间的协作，参与协作的主体具有不同的目标和价值取向，这种异质性使其有可能克服纯粹的市场协作可能带来的局限，使得技能承载和技能形成具有更加丰富的可能性，从而能够更好地应对产业变化所带来的挑战。

3. 制度作为技能的载体

既然不同类型的社会协作系统和契约关系能够成为承载技能的载体，制度也能够成为承载技能的载体。

从不同的理论视角出发，制度可以具有不同的内涵，从新制度经济学的角度看，制度是在一个时期内“重复参与博弈的行为人的战略互动的一种稳定状态”，它“既是参与人持续不断的战略互动的产物，同时又稳定的独立于个体参与人的行动选择”，[①] 它既是博弈规则，也能使博弈达到平衡状态。在这个意义上，制度的核心仍然是参与写作的各主体之间的协作关系，当然，它必须是一种相对稳定的协作关系，是其所具有的一种均衡状态。因此，技能也自然也被协作关系的均衡状态所承载。

制度承载技能的典型表现在于不同的制度条件下，技能特征乃至水平会产生着显著差异。在自由市场经济条件下，技能具有较强的普适性，技能劳动力主要来自外部劳动力市场，且个体之间就业竞争激烈；在协调市场经济条件下，技能具有更强的专用性，技能劳动力很多需要学徒经由内部培训获得，个体之间的就业竞争则相对有限。从更加一般的意义上讲，具有完整的现代市场经济制度的国家和地区具有更高的技能水平，它们也更有可能完成大型飞机和高铁等复杂性极高的产品生产，而那些有制度缺陷的国家和地区的技能水平则相对较低。换句话说，只有相对完善的制度中才承载着那些更加高级和复杂的技能。

综上所述，技能不仅承载于个体之中，它也承载于超越个体层面的组织、组织间的协作关系以及更加宏观的制度之中，而且，不仅因为个人禀赋和教育培训等方面的原因，个体承载的技能存在相互差异，组织类型、协作关系和制度的差异也会带来其所承载的技能的差异。

（三）协作关系视角下的技能形成

1. 不同层面的技能形成的关系

如前文所述，组织、协作关系和制度都是技能的载体，且它们所承载的技能

① 梅纳尔．制度、契约与组织 从新制度经济学角度的透视[M]．刘刚，冯健，杨其静，等译．北京：经济科学出版社，2003.

有着显著的差异。然而，无论是个体层面的技能，还是组织和协作关系中承载的技能，都并不是静态地存在于那里的，这些技能必然是随着时间的推移不断变化、形成和发展的。因此，若要更加深入地理解个体、组织和制度所承载的技能的差异及相互关系，自然要分析和探讨这些不同层面和维度的技能载体在技能形成上有怎样的差异、它们的相互关系是怎样的。

第一，个体层面的技能形成是所有超越个体的、更高层面的技能形成的基础。没有个体对知识的理解、对动作技能的掌握，任何组织、任何超越组织层面的协作关系都不可能凭空发挥技能的任何功能。与此同时，个体层面的技能形成也受到中观和宏观层面技能形成的影响，一个良好的组织和制度条件下的个体更有可能具有较高的技能。

第二，组织层面的技能形成是任何成功的技能形成体系的基石，没有高质量的组织层面的技能形成，就没有宏观层面的、有效的技能形成；同时，组织层面的技能形成也受到个体层面与宏观层面的技能形成的影响。此外，单一组织类型的技能形成常常是不充分的，学校和企业在技能形成上都有其难以克服的内在不足，因此具有异质性的技能载体之间的协作对技能形成而言至关重要。

第三，组织之间的协作关系层面的技能形成是更加宏观的技能形成体系和制度的基础，但它同时受到个体和组织层面技能形成以及宏观制度的影响。国家和地区层面的、有效的技能形成体系，必然建立在运行良好的组织在技能形成上进行协作的基础上。微观层面的校企合作、中观层面上的产教融合就是一个国家或地区宏观技能形成体系的基础。

第四，宏观制度对个体、组织和组织间协作关系层面的技能形成都会产生影响，组织在技能劳动力方面自制与外购的决定、组织之间以怎样的方式合作，都受到制度的影响。制度本身则与产业发展水平有关，也受到劳动力市场制度等宏观制度的影响。此外，制度是逐渐演化的，制度化的联动与制度的互补对技能形成而言至关重要。

2. 从合约的视角分析技能与技能形成

如前所述，无论是国家层面的技能形成制度、区域层面的产教融合，还是个体组织层面的校企合作，都是承载着技能的社会协作体系，它们深刻地影响着技能形成。尽管它们有着丰富的内容和多种多样的形式，但其本质则是经济界和学校系统之间、学校与企业及其他参与主体之间的协作关系。我国的技能形成体系在不同地区之间的差异，在很大程度上就体现在组织间的协作关系方面，其最具体的表征就是区域层面的产教融合，以及组织层面校企合作的方式和程度。

从新制度经济学的视角看，这种协作关系的核心则是参与协作关系的主体之间的合约，它集中地体现在各种类型的校企合作和产教融合的协议中，这些协议包容和反映了产教融合及校企合作的丰富可能性。要深入理解产教融合和校企合作，学校与企业、教育系统与产业界之间达成的（显性或隐性）合约是我们对其进行分析的理想切入口。

第一，衡量产业界与教育界之间、企业与学校之间的协作关系的第一个标准在于其相互之间的协作关系在多大程度上是正式的。如果相互之间的协作关系仍然建立在相对私人关系的基础之上、没有形成正式的文本，则它们的关系尚未制度化，也更有可能不够稳固。

第二，衡量这一协作关系的第二个重要标准在于校企之间协作关系签订合约的签订方有哪些、它们分别是什么层面的参与主体、是否有学习者或政府等学校与企业之外的签订方的参与。协作的形式、参与主体的差异、不同的协作形式和权责利分配，自然影响着技能形成的过程和效果。

第三，合约的内容是协作关系中的核心内容。在技能形成方面，最核心的内容在于组织间的协作中在多大程度上涉及了人才的培养过程本身。换句话说，需分析合约在多大程度上是一个技能培养的合约，而不仅是一个雇佣合约。

第四，合约中与技能相关的内容是否涉及不同类型的组织在技能上的交换。这是对上一条内容的细化，如果合约所涉及技能的内容仍然仅涉及学校一方的权力、责任、利益而没有涉及其他参与主体，则不同组织的在技能形成上的协作仍然是相对有限的。

第五，合约内容是否涉及（狭义上的）产权的改变也是分析协作关系的重要维度。在中国的校企合作中，学校与企业之间的、涉及产权的合作形式也较为常见，分析技能形成中不同组织的协作关系，不能完全忽视这类涉及产权的合作。按照这个分析框架，我们可以将现有的、多种形式的校企合作和产教融合的形式进行初步的梳理，并概括出这些协作关系合约的主要特点，这里仅进行以下几条补充分析：

第一，不同的技能形成的具有不同的合约形式和特点，而不同的合约形式则意味着不同的激励、交易成本和治理结构，它背后隐藏着技能承载和技能形成的方式和途径。

第二，发生在学校或企业内部的技能形成也可以被看作一种协作关系，只是这种协作关系仅存在于组织内部，并受组织内部的雇佣合约和规章制度等制约。

第三，真实的合约则常常是在几种合约形式之间的过渡形式的合约，比如，许多现实中存在的合约往往就是介于顶岗实习和现代学徒制之间的合约形式。

第四，看上去一样的合约，其内涵却有可能有巨大差异。如职业教育集团在不同地区的实践可能很不一样，其参与主体、内容、具体措施和涉及人才培养过程的深浅都可能有显著差异。如果想更加深入地理解合约，无疑需要结合具体案例进行分析。

第五，制度在这一分析框架中被看作宏观层面的协作关系。德国的双元制职业教育与培训是技能形成体系的典型代表，在这一社会协作关系中，技能形成的参与主体不仅有中微观层面的学习者个体和企业组织等，也包括宏观层面的行动主体，如其全国层面的行业协会、联邦及州政府，正是这些较为宏观层面的参与主体之间的复杂博弈和协作，有效地激励了中、微观层面的企业和学校等主体之间的协作，降低了其相互协作的交易成本，并提供了有效的治理结构。

（四）协作关系视角下的现代学徒制的困难

组织及组织间的协作关系是技能形成的重要载体，在这样的背景下，我们自然应当思考，怎样的协作关系最有利于技能形成？哈耶克提出，市场能够通过价格机制调动和运用不同个体所拥有的“特定时空之情势的知识”，[①]但是，哈耶克没有意识到，知识并不是静态地存在于那里的，而是在特定的社会条件下逐渐发展的。市场固然能够较为有效地调动和运用不同个体所拥有的知识，但在何种情况下，知识能够更好地发展、形成和成长，却并不是纯粹的市场机制可以实现和解决的，它更可能需要建立在不同类型的组织之间的协作关系这一基础之上。

在这样的背景下来思考校企协同和现代学徒制，我们可以更好地理解校企进行深度合作时面对的困难，这些困难的产生，在很大程度上正是因为超越纯粹市场交易的协作关系比纯粹的市场交易更加难以建立与维持。这至少体现在两方面：一方面，企业最习惯以纯粹的市场合约与其他主体进行协作，而学校则更适应行政和官僚体系中的行动，而超越市场交易的协作，并不是这些组织最为习惯和适应的协作形式，另一方面，不同组织之间进行超越纯粹市场交易的协作，其实是增加了协作的复程度，参与主体难免对其背后所涉及合约的签订、维护和调整付出更多的精力和决策，这本身就使运行费用进一步增加。

在这种情况下，只有其真实的收益明显的大于协作成本时，参与主体之间才有可能达成协作关系，而对于每个参与主体而言，收益都要大于成本，这显然需

① 哈耶克．个人主义与经济秩序[M]．邓正来，编译．上海：复旦大学出版社，2012．

要较为严苛的外部条件才能实现，否则，由于纯粹的市场交易更加容易，参与主体也更有可能放弃超越市场的协作，转而寻求纯粹的市场协作。因此，任何校企之间、产业界与教育界之间的协作关系，都是在较为特殊的外部约束条件下产生的。现代高职院校实行现代学徒制教学的可能性和其教学深度的显著提高、企业与学校之间协作关系的明显改善，都仰赖于劳动力市场和产业结构等相对宏观的因素。

当宏观制度因素缺位时，校企合作或产教融合的合约的本质功能就在于用不同的方式、方法顾及企业和产业界、学校和教育界的不同利益诉求和价值倾向，通过某种激励途径和治理结构来尝试兼容不同主体在利益诉求和价值倾向上的差异、降低交易成本，从而创造条件实现共赢。

二、几种典型职业教育体系的历史制度主义分析

迄今为止，关于外国职业教育校企合作的先进经验和模式比较研究成果颇丰。

在学术界，对西方职业教育的研究往往过于狭隘，只关注其技能培养体系，却忽略了其外部制度空间和构成要素。这种研究方法导致研究领域和范围显得较为局限，缺乏宏观背景下的理论说服力和解释力。然而，实际上，任何一个国家的职业教育与培训体系都与其历史传统、心理特征和社会政治结构等密切相关。笔者尝试采用历史制度主义的分析视角，通过对英国、法国、德国三国的社会制度发展、经济发展模式、文化传统等因素进行分析，构建一个初步的分析框架。这个框架可以帮助我们更好地认识几种典型职业教育与培训体系的发展演变与历史逻辑。英国、法国和德国的职业教育与培训体系各有其独特的发展历程和特点。在英国，职业教育与培训体系的发展与现代学徒制传统密切相关，而这种传统又与英国的历史文化和经济模式密不可分。在法国，职业教育与培训体系则更注重于为年轻人提供全面的教育服务，这与法国的社会主义传统和经济结构紧密相连。而在德国，职业教育与培训体系以其高度的系统性和精细化而闻名，这反映了德国的历史文化和经济发展模式。通过这样的分析框架，我们可以更全面地理解不同国家的职业教育与培训体系的发展演变和历史逻辑，从而为我们未来研究西方典型职业教育体系提供更为丰富和深入的理论基础。

历史制度分析是一种独特的研究路径，它巧妙地融合了历史信息和特定社会背景，深入探讨了制度发展路径的多样性及其起源和影响。其基本的观点认为，制度分析应该结合历史信息，在特定的社会背景下来探索制度发展路径多样化的

起源和影响。[①] 该研究方法认为，制度及其运作受到如经济、政治、社会关系等多重因素的影响，这些因素之间相互作用，共同塑造了制度的发展轨迹。历史制度分析着重强调历史在制度出现、存在和变化过程中的决定性作用。该方法能够解释各种事件和行为，为我们提供了深入理解制度发展根本原因的独特视角。历史制度分析不仅关注特定历史环境下制度的形成和演变，还着眼于制度在历史长河中的变迁和传承。我们应当特别关注造成不同国家培训体制多样性的历史根源，通过对各国培训体制的形成和发展进行深入剖析，探究制度演化和制度发展路径依赖的内在机制。通过跨学科和跨文化的综合研究，笔者将培训体制的发展置于更广阔的社会、经济、政治和文化背景中，通过探讨历史制度分析，更深入地理解制度的本质和运作规律，从而为政策制定者和实践者提供有价值的参考。历史制度分析的广泛应用将有助于我们更全面地理解社会现象的复杂性和多样性，为推动社会的和谐发展提供科学建议。

历史制度主义是将制度以历史的角度进行研究的学科，它具有整体性、关联性等特点，它可以做到辩证唯物地对制度进行研究，它对国家、社会、政治等方面内容的研究非常准确。丹麦新制度主义研究者尼尔森（Nielsen）给历史制度主义的分析提供了一个良好的分析框架，他认为应该从四个新的要素入手进行历史制度主义分析，即历史时段、关键节点、路径依赖以及制度断裂。[②]

历史制度分析框架为我们深入剖析英国、法国和德国的职业教育与培训体系的变化提供了有力的工具。通过划分历史时间段，我们可以明确不同阶段下制度的形成与演变，从而更准确地识别制度形成的关键时刻。对这些关键时刻的深入理解，有助于我们挖掘三国职业教育与培训体系变化的依赖路径及其根本原因。同时，全面分析历史进程中的政治、经济、文化因素及关键点，为我们提供了更广阔的视角，历史制度分析不仅要关注制度本身的变化，还要考虑制度与社会其他领域的相互影响。通过这种综合分析，我们可以更深入地理解制度变化的路径依赖性，以及不同国家在职业教育与培训体系发展中的独特路径。此外，对制度断裂的关注也为我们提供了宝贵的启示，制度的发展并非一帆风顺，而是一个不断变革与调整的过程。抓住历史否决点，即一套制度的脆弱之处，是推动制度变革的关键。对于三国职业教育与培训体系变化中的断点均衡，我们需要找出其形成的原因及断裂的规律，以便更好地总结历史制度经验与教训。

① 崔宝敏．制度变迁：理论与经验：基于诺斯与格雷夫的比较分析视角 [J]. 经济与管理评论，2014，30（2）：18—23.

② 何俊志，任军锋，朱德米．新制度主义政治学译文精选 [M]. 天津：天津人民出版社，2007.

为了深入探究英、法、德三国的职业教育与培训体系的发展轨迹，我们需要从分析欧洲职业教育与培训的宏观视角出发，全面考虑政治经济结构、文化传统结构等因素对制度演变的影响，同时还要关注制度本身以及参与者等因素在其中的作用。只有这样，我们才能全面地解析欧洲职业教育与培训制度的演变过程，为深入了解其历史背景和社会文化因素提供更为全面的视角。

（一）英、法、德职业教育与培训体系的演化轨迹

1. 职业教育与培训体系变迁的逻辑起点与关键节点

欧洲职业教育与培训体系的起源于古代欧洲人的日常生活和生产方式中，在这个背景下，行会制度应运而生，并随着时间的推移，发展出了与之相似的职业教育与培训模式。这些早期的职业教育与培训模式往往依托于特定的行业或领域，能够为学徒提供深入和专业的指导。然而，随着工业革命的到来，欧洲各国的工业化步伐逐渐加快，城市发展和劳动力市场经历了一场翻天覆地的变革。这些变化使得原有的职业培训方法不再适用，不再能满足新的工业生产需求，因此，欧洲各国的职业教育与培训体系开始呈现出多样性。在这个过程中，行会制度的命运也因国家而异。有些国家选择保留行会制度，并对其进行改革以适应新的工业环境，而在其他国家，行会制度则被废除，让位于新的职业教育与培训体系。这使得各国职业教育与培训体系的多样性进一步增加。此外，不同国家文化、宗教的影响也在欧洲各国职业教育与培训体系的形成过程中发挥了重要作用。最终，欧洲各国职业教育与培训体系逐渐形成三种古典模式，即英国、法国和德国的模式。这些模式因其独特的特点和优势，长时间地影响了欧洲职业教育与培训体系的制度变迁。英国的职业教育与培训体系以其灵活性和市场导向性而著称，它强调个人的自我实现和终身学习，鼓励人们通过不断学习和提升技能来适应不断变化的市场需求。法国的职业教育与培训体系则以其严谨性和学术性而闻名，它强调理论知识和学术研究，注重培养具有高度专业化和深度理论知识的职业人才。德国的职业教育与培训体系则以其精细化和实用性而受到赞誉，它强调对实践技能和职业能力的培养，致力于提供高质量的职业人才以满足工业化的需求。这些古典模式为欧洲各国的职业教育与培训体系逐步完善提供了框架和指导，随着时代的变迁和经济的发展，欧洲的职业教育与培训体系也在不断地进行改革和创新，以适应新的挑战和需求。

2. 职业教育与培训体系的演化路径

英国的职业教育与培训体系历史悠久，起源可以追溯到中世纪的行会制度及

其学徒制度。与其他欧洲国家类似，英国的行会组织在当时起到了重要的作用，行会对学徒培训进行管制，以维护其在市场的地位。然而，随着18世纪英国工业化进程的加速，纺织工厂在全国范围内出现，导致企业对技术工人的需求激增，传统的手工作坊逐渐瓦解，人们离开农村，进入城市寻找工作，这一变化使得传统的学徒制度逐渐失去了其存在的必要性。在工业革命之后，英国社会经历了前所未有的变革，物质财富大量增加，传统社会秩序逐渐被淘汰。这一时期英国经济和技术变革深远地影响了其社会结构、生活方式和政治制度。随着工业化进程的加速，新的社会问题也随之出现，如劳工过剩、童工问题以及工人工资下降等。这些问题为英国的职业教育与培训体系带来了新的挑战。针对这些问题，英国职工大会应运而生，其行动策略主要是通过调节技术工人供给量来与雇主进行谈判，以改变工人工资水平和雇佣待遇。然而，当时的英国并没有为学徒制职业教育与培训设立制度化的强制机制，而且传统的法律框架也没有适应市场环境的变化。然而，面对新市场所带来的压力，在不断变化的市场环境中，行会组织逐渐衰落，传统学徒制度也随之瓦解。这一时期，英国的职业教育与培训体系开始逐渐转向更为现代化的模式，以适应不断变化的社会和经济需求。在英国职业教育与培训体系的发展过程中，各种力量和因素相互交织，形成了复杂而多元的发展态势。从行会组织到工业革命，从传统学徒制度到现代职业教育与培训体系，英国的职业教育与培训体系经历了多个阶段的演进和发展。在这个过程中，不仅技术和经济因素发挥了重要作用，社会和政治因素也起到了关键作用。随着时间的推移，英国的职业教育与培训体系逐渐成为了具有鲜明特色的现代职业教育体系。这个体系不仅满足了英国社会对技术工人的需求，还为个人的职业发展和英国社会的稳定做出了重要贡献。在当今的英国，职业教育与培训体系仍然是其教育体系中不可或缺的一部分，为英国社会的繁荣和发展提供了有力支持。总之，英国的职业教育与培训体系经历了漫长而曲折的发展过程。在这个过程中，各种力量和因素共同作用推动了这个体系的不断演进和发展，虽然其中充满了挑战和困难但英国人民和英国的各个组织积极应对挑战、勇于创新，最终使这个体系得以不断向前发展，为英国的社会和经济发展做出了重要贡献。

在法国大革命前法国是一个深受封建主义与神权政治影响的国家，这种社会背景，直接导致了法国职业教育水平的严重滞后。尽管早在文艺复兴时期，法国的资本主义经济已经萌芽，但政府并不直接参与职业教育办学。相反，它们将教育这一重要责任外包给了天主教会。这也就意味着，天主教会控制了法国的职业教育，从而也使得法国的资本主义经济发展受到了严重的压制。随着时间的推移，法国资产阶级与封建势力的矛盾日益增长并逐渐激化。这种矛盾的激化，使得政权更迭频繁，一方上台，另一方下台，这种动荡的政治局面，深刻地影响了法国职业教育的发展。直到 19 世纪末，法国才真正进入了工业化的高潮。工业化的落后直接影响了法国的整体国力与国际地位。在法国大革命之后，虽然行会制度被废除，但是技术工人缺乏培训的问题却并未得到有效的解决。法国进行职业教育和培训仍然主要依赖于政府开办的夜校、工业学校等机构。这些学校虽然在一定程度上满足了技术工人的培训需求，但是由于种种原因，它们的教学质量和规模都存在着明显的不足。法兰西共和国的成立，标志着法国历史上的一个重要转折点。法兰西共和国对国家的教育体系进行了全面的改造，普及义务教育成为国家的重要战略。义务教育成为国家重要战略的出发点是出于国家利益，完成义务教育后，孩子们将走向社会，成为劳动力的构成主体，培养大量的技术工人成为能帮助法国提高经济实力和军事战斗力的关键因素，因此，法兰西共和国政府创办了两类公立学校，一是为培养技术工人而设的工艺学校，二是为培养一般文职人员而设的文实学校。二战结束后，法国典型的中央集权制教育管理模式登上历史舞台，由政府推动职业教育发展，政府发展职业教育的手段主要是通过主导教育立法来促进职业教育的健康发展。受政权和文化的影响，法国最终走向了以政府为主导的职业教育发展模式，政府的职责是主导、制定职业教育政策，并通过拨款等方式协调各方利益关系，推动职业教育发展。

随着工业化的进程加速，德国也面临着与英国类似的挑战。纺织制造业的机械化在 19 世纪中期开始，而后电气、化工、汽车工业也开始迅速发展。这些新兴行业需要大规模的劳动力，而传统的学徒制和行会制度已经无法满足这种需求。面对这种局面，德国的职业培训体系开始进行自我调整。机械制造业教育对技能的高度依赖使其成为小型工业企业所提供技能的重要消费者。因此，大约在 19 世纪末 20 世纪初，德国的机械制造企业开始尝试通过内部劳动力市场展开培训以及借由厂办技校来寻找替代性的技能形成模型。然而，这个过程并不是一帆风顺的。在二战后，德国工业快速升级，这也推动了德国职业教育与培训体系的升级。此时，德国的学生们不能直接进入技术学校，他们需要先进入中学完成中等教育，然后选择去接受高等教育或进入职业技术学校。正是在这个时期，德国独特而备受赞誉的双元制职业教育与培训体系逐渐形成。这种教育模式强调对理论学习和实践操作的并重，学生在学校接受理论知识教育的同时，也在企业接受实践操作培训。这种模式不仅使学生能够更好地将理论知识应用到实践中，也使得企业能够更好地了解和评估学生的能力。此外，德国的双元制职业教育与培训体系还强调职业资格证书的重要性。在德国，要想从事某种职业，必须获得相应的职业资格证书，这种制度保障了职业教育与培训的质量，也使得劳动力市场更加公平和透明。总的来说，德国的双元制职业教育与培训体系是一个充满历史和变革的进程，而今天，德国的职业教育与培训体系已经成为全球的榜样，它的成功不仅在于其教育质量的卓越，更在于其始终保持着对实践的关注和对市场的敏感。在未来，德国的职业教育与培训体系将继续面对更多新的挑战和机遇。随着科技的发展和新兴行业的涌现，如何对其内容进行更新和完善将是一个重要的议题。同时，如何在国际化的背景下保持其传统的优势和特色，也将是德国职业教育与培训体系面临的重要议题。然而，我们有理由相信，德国的职业教育与培训体系能够在未来继续发展和完善，它已经证明了其具有强大的适应能力和创新能力，同时，德国政府和社会各界对职业教育的重视和支持也为这个体系的未来发展提供了坚实的保障。

3. 职业教育与培训体系的模式选择

基于对英国、法国、德国三个国家职业教育系统的研究，将它们的特点相结合，可得知职业教育与培训体系具有以下模式：

（1）自由市场经济模式

学者与政府对职业教育进行研究，总结出了自由市场经济模式的职业教育与培训体系，该体系的代表为英国，该理论认为，职业教育就像自由市场一样，会有一只“看不见的手”对职业教育与培训体系进行调整。人们知道自己的爱好和需要，并会根据自己的爱好和需要寻求教育与工作。例如，人们首先会根据自己的爱好选择自己需要的职业教育，但是许多人会因为现实因素放弃自己喜爱的专业，一些专业未来不好就业，因此许多人便会转向自己不那么喜欢、但是就业前景较好的专业。因此根据此理论，政府应当降低对职业教育与培训体系的控制，让人们自行选择自己需要的职业教育，而人们对职业教育专业与教师的需求也会根据“教育市场”的选择而增加、减少甚至是彻底消失。政府要确保所有人选择的公平性，包括他们以后选择职业的公平性。至于人们在接受教育之后能否找到工作或者是融入社会的问题，也应当交由教育市场自行调节。

（2）政府主导模式

政府主导的模式的主要代表是法国，这种模式的观点认为，它们并不相信类似于自由市场的模型能完美控制教育，教育并不只对经济产生影响，也不只对经济负责，因此教育并不是一项完整的经济活动，政府更不可能将教育完全交由市场调节。教育反而应当由政府主导，政府通过将社会上发生的各种事件与需求进行汇总，并最终进行总体分析，得出教育的需求点以及其薄弱点，并进行总体的宏观调控，使教育进一步发展。教育可以为社会提供人才，而教育恰恰能为科研领域提供人才，因此，政府一定要对职业教育进行全方位的把控，确保教育在国家的掌控中，并且能正确地为国家提供人才和服务。

（3）学校企业双元合作

德国采用上述两种模式相结合的模式，这模式被称为学校企业双元合作模式。这种模式是以自由市场为基础，结合政府宏观调控形成的模式。该模式主张教育可以依赖市场进行自由调节，但是政府要对社会以及市场上的各种信息进行收集，随时监控市场与社会上的教育活动，当发现问题时，政府要及时对教育进行调整，帮助职业教育与培训体系合理、正常地运行下去。这种模式对政府与企业之间的合作要求很高，当这种模式被合理运用时，会集合两种模式的优点，让教育既可以自由发展，又可以在出现问题时迅速解决这些问题。但是如果政府对这种模式运用不当，可能会导致更大的问题，即政府的干预反而使教育无法发展甚至是退步，也无法及时解决出现的问题。因此运用这种模式时，政府一定要充分发挥自身的主导作用，与企业紧密合作，共同发展教育，但是同时也要避免腐败与教育不公平，因此这是一种运行起来有一定难度的模式。

（二）英、法、德三国职业教育与培训体系的横向比较分析

当我们对英国、法国、德国三个国家的职业教育与培训体系进行横向比较分析后，我们可以深入了解了工业革命之后欧洲三个古典职业教育与培训体系所采用的模式。这几个国家在各自的职业教育与培训体系发展过程中，分别采用了不同的策略。英国的职业教育与培训体系以自由市场为导向，强调市场竞争对职业教育发展的推动作用；法国的职业教育与培训体系则以政府为主导，通过政府进行政策调控和公共投入来推动职业教育的发展；而德国的职业教育与培训体系则注重学校与企业的双元合作，强调实践与理论的结合，以培养具有高度实践能力和理论素养的劳动者。这些不同的体系在历史长河中各自发展，形成了各自的特色。

1. 以英国为代表的自由市场经济体系

英国的职业教育与培训体系以市场机制为主导，充分体现了自由选择的理念。在这个体系中，其参与者可以根据自己的需求和兴趣选择适合自己的专业和课程。这种自由选择的方式，使得专业资格的类型和质量完全取决于市场需求。英国的职业教育与培训体系在培训模式上表现出多样化的特点，学校教育是其中一种重

要的方式，通过学校教育，学生可以系统地学习各种知识和技能。除此之外，企业内部培训是另一种重要的方式。这种方式可以有针对性地为企业员工提供他们所需的技能和知识，以帮助他们适应企业发展的需要。工学交替是一种将学习和工作相结合的方式，通过这种方式，学生可以在实践中学习，提高自己的实际操作能力。此外，远程学习和电子学习等组织和技术先进的培训方法也为其参与者提供了更多的学习选择。在英国的职业教育与培训体系中，培训费用通常是由这些培训的受益人承担的，这意味着参与者需要为自己的学习和成长付出一定的代价。然而，如果参与者是企业员工，企业也会支付部分费用，以支持员工的培训和发展，这种费用分担的方式，使得企业和个人都可以从培训中获益。尽管职业教育与职业培训在定义和组织上存在明显的区别，但在英国的职业教育与培训体系中，两者之间并没有明显的界限。职业教育主要是在州立学校进行的，这些学校为学生提供各种职业相关的课程和培训。而职业培训则源于参与者的自愿协议，这些市场参与者包括企业、学校和个人等。这些自愿协议可以来自在企业内部进行的员工培训，也可以是在培训机构进行的课程学习。英国的自由主义模式为职业教育与培训体系注入了市场化的元素，这种模式使劳动力、资本和教育子系统之间形成了市场关系。然而，这种自由主义模式也存在一定的结构缺点，它的缺点之一就是可能会阻碍参与者利用教育子系统将自己作为“合格的生产要素”进行市场化。

2. *以法国为代表的政府主导体系*

法国的职业教育和培训体系在很大程度上受到政府的主导和影响，法国政府强调国家机关或官僚对职业教育与培训体系的规划和决定作用，在法国，职业教育不仅是一个教育问题，更是一个政治议题，国家机关或官僚在职业教育提供与需求的量化关系中起着决定性的作用。法国职业教育与培训体系非常重视政治层面的因素，这使得法国的职业教育与培训体系在很大程度上反映了其国家意志和政策导向。在法国，职业资格的质量是由国家机关或官僚进行规定的，这使得法国的职业资格证书具有很高的权威性。在课程设置方面，法国的职业教育与培训体系通常遵循抽象、语言化和理论化的原则。这与法国的教育传统有关，但也在一定程度上反映了法国职业教育与培训体系与实际应用的脱节。尽管以政府为主导的职业教育与培训体系也注重实际应用，这样的职业教育与培训体系在实践活动方面的应用相对较少。此外，以政府为主导的职业学校运营经费通常来自国家财政拨款，虽然这为学校提供了稳定的资金来源，但也在一定程度上限制了学校的发展。

3. 以德国为代表的学校—企业双元合作体系

德国的生产关系被视为一个社区，其学校企业双元合作的职业教育与培训体系在企业和学校之间搭建了一座桥梁，以实践操作技能为主，理论教学为辅。这种职业教育与培训体系与普通教育部门相隔离，但又有自己独特的组织结构和培训规则。学生在企业进行实践操作技能培训的时间相对较长，他们使用的是企业现有的设备和技术，以参与生产性劳动的方式参与培训，这种培训方式不仅减少了费用，还提高了培训的实用性。学生与企业签订私人培训合同，成为具有特殊学员身份的员工，雇主、工会和国家机关共同决定职业概况和培训条例。学校企业双元合作的职业教育与培训体系以工艺为基础，遵循传统的三个原则：第一，理论与实践相结合。在学校企业双元合作的职业教育与培训体系下，学生既要在企业进行实践操作技能培训，又要在职业学校接受理论教学。第二，能力导向。该体系强调学生的实际操作能力，以学生的能力培养为核心。第三，行业主导。该体系以行业需求为导向，根据行业的发展变化调整培训内容和方式。学校企业双元合作的职业教育与培训体系不仅提高了学生的实践操作能力，还促进了企业与学校的合作。这种合作不仅体现在培训过程中，还体现在其课程设置、教学内容等方面。企业与学校的合作使得该体系更加贴近社会的实际需求，更加具有针对性和实用性。

通过上述分析，我们对以英国、法国、德国为首的三种职业教育与培训体系进行分析，得出职业教育与培训体系在三国历史上的发展方向与发展进程，我们可以从中吸取经验并为我国的职业教育与培训体系发展提供一定的参考。但是职业教育与培训体系的发展进程是一个持续不断的过程，所以我们哟啊不断地对职业教育与培训体系的发展要进行研究，这项研究是永无止境的。通过研究其他国家与职业教育发展相关的制度和这些制度的发展进程，从中提取其发展的本质，并吸收其成功经验，这能够让职业教育与培训体系的发展更好地为我们服务。

三、两种经济模式下的职业教育治理体系

不同的国家和地区会因其地方的政治、文化、经济等因素形成不同风格与特点的职业教育治理体系，但是职业教育治理体系的不同根本原因还是来自经济，并为经济服务，因此也诞生了受自由市场模式以及政府主导模式两种经济模式影响的职业教育治理体系。

（一）自由市场经济模式

自由市场经济模式是由著名的经济学家亚当·斯密（Adam Smith）提出的，他将古典经济学与各个国家资本主义发展的历史经验相结合进行研究，最终提出了自由市场经济模式，该模式对资本主义的发展起到了重要的推动作用，这种模式认为技能形成的主要机制应该是市场，而非政府或其他外部力量。市场在这里扮演着至关重要的角色，它负责调节职业教育与培训的供给与需求关系，在自由市场经济模式下，市场自行根据技能需求和供应的变化进行自我调整。该理论认为，市场可以自行对自己进行控制，政府应该对所有的经济活动减少干预，供求关系会自动调节各种经济活动，市场本身就像是一只“看不见的手”，它会对经济活动进行自动调节。可以说是市场万能论。这种方式下的职业教育则主要取决于企业对市场的预期，由于政府不会干预市场，行业中不会有很多的职业资格证书，相关考试内容也会大幅度减少。由于是市场来主导职业教育，社会上基于职业实践的培训会明显增多，但学校依旧存在。大部分的培训遵循谁需要谁付费，无人需要便会消失的原则对人进行教育。这种情况下，学校制度下的职业教育与具体的职业培训在内涵和组织上存在显著的差异，这可能是因为自由市场经济更加强调市场的自我调节作用，而非政府的统一规划和管理。

（二）政府主导型模式

政府主导型模式是注重教育公共化的模式，它以国家为职业教育的主要设计者，遵循学术理性逻辑，旨在通过政府的积极行动推动结构化劳动力市场的顺利运作。这种模式的一个显著特点是国家在职业教育的类型和质量上扮演着决定性的角色。这种模式的优点在于它能够确保职业教育教学的公共性和公平性，并且能够快速、有效地响应治理需求。然而，它也有一些局限性。由于国家是职业教育的主要设计者，可能无法灵敏地贴近市场需求，这可能进而导致职业教育的内容与实际工作需求之间存在一定的差距。这种模式也存在一定的风险，由于职业教育提供与需求的量化关系由国家机关或官僚机构决定，这可能会导致职业教育实践教学的效果不够理想。在课程设置方面，这种模式强调抽象化、理论化和文字化原则，这种原则的优点是能够确保职业教育的内容具有一定的深度和广度，但同时也可能使职业教育的内容过于理论化，这可能导致学员难以在工作中将所学知识应用于实际情境。此外，这种模式的优点是能够确保培训内容的针对性和系统性，但同时，它也将受教育的对象局限在特定适龄人群之中，这可能使那些不在特定年龄范围内的人失去接受高质量职业培训的机会。

（三）两种模式的简要评价

政府主导型模式下，职业教育由政府掌控，政府通过各种手段对等同于教育进行调节与控制，但是，政府对于职业教育相关的整体掌控不等同于政府干预市场，政府对于职业教育的干预应当有一定的限度，不宜颁布过于强硬的教育政策，政府在职业教育行业应当起到的作用是把握整体方向，而不是在细枝末节上过于深入。政府不仅仅是职业教育资源的掌控者，政府也应当充当职业教育行业的服务者，为职业教育提供便利，利用自身的职能为职业教育服务。同时政府也要有一定的优先度以及顺序性，要统筹好各级别政府对于同一个地区职业教育的掌握程度，避免造成各级政府之间的冲突。

政府主导型模式在技能提供和管理中存在双重角色，职业教育治理体系的运行效率不高，无法满足社会的多样化需求。此外，这种模式还可能受到政府官僚体制的影响，缺乏足够的灵活性和市场适应性。相比之下，自由市场经济模式的支持者认为，市场化的竞争机制与激励模式可以更好地满足现代人多样化的技能需求。通过市场机制的调节，可以更好地调动各方面的积极性，提高职业教育与培训的效率，使其更好地满足社会发展的需求。这种模式加速了职业教育治理体系的分权化改革，使非政府组织也能在职业教育治理体系中获得合法地位。同时，这种模式促进了职业教育服务机构之间的竞争，促使各个机构不断提高服务质量，以满足政府和社会的需求。这种自由市场经济模式不仅提高了职业教育治理体系的效率和质量，而且更好地满足了社会的多样化需求。它使得政府能够更好地发挥其指导和协调作用，同时，它也促进了各机构之间的竞争和创新，推动了技能形成体系的发展和完善。

（四）两种职业教育治理体系的逻辑区分

1. 协调技能供需

自由市场经济模式下的劳动力市场具备出色的能力，足以平衡职业教育的技能需求与供应。以美国为例，各州独立运作，形成了一种有效的方法来塑造和协调职业教育市场。这种分散化的方法给予了地方更多的决策权，使得职业教育与培训更贴近企业的需求，更能适应地方经济发展的需要。国家主要负责为职业教育提供良好教育条件的角色、为各类学校和教育机构提供了资金和政策支持，这确保了职业教育资源的高质量和公平分配，能够使职业教育及时适应经济的变化和企业的需求。企业和个人可以根据自身的需求和实际情况来参与职业教育与培训，这提高了职业教育与培训的针对性和有效性。英国政府也采取了一系列政策，鼓励失业人员参与职业教育与培训，以帮助失业人员重新找到工作。这些政策不仅减轻了失业人员的经济压力，还提高了他们的就业竞争力，帮助他们更好地适应了市场需求的变化。

政府主导型模式当中可以对劳动力进行更好的分配，因此可以根据市场的需求对劳动力进行更好地职业教育与培训，以保证劳动力符合企业的需求。政府主导型模式也可以通过职业教育与培训对国家经济进行影响，防止国家经济过于畸形的发展。如在 20 世纪 50 年代，韩国和新加坡都开始进一步地向工业化社会迈进，政府便会根据本国实际的需求，在各种学校中开设相关的职业教育与培训课程，培养相关人才，并以这些人才来满足国家经济需求，帮助国家实现工业化。并且这些职业教育与培训的内容是由政府把握的，这使得受教育者在此后很长的时间内，都可以应用在职业教育与培训中学会的技能为社会做出贡献。同时政府还会构建相应的职业技能训练体系，协调职业技能的供需使其能够更好地满足经济发展的需求。

2．夯实技能基础

在自由市场经济模式下，职业教育与培训体系特别是针对技术人员的培训流程展现出了其独特的运作模式。在此模式下，雇主和个人承担了职业教育与培训的主要责任，而政府发挥的作用相对有限，我们可以先参考美国的高等教育系统对此进行研究。这一系统在帮助劳动力提升其技能水平方面发挥了重要作用，通过提供涵盖各学科的全面教育以及与行业企业需求密切相关的专业培训，美国的高等教育系统确保了其毕业生能够满足企业对技术技能型人才的需求。与此同时，英国政府采取了另一种策略，即推出“个人学习账户”计划，以鼓励个人接受更多的职业教育与培训，此策略赋予了个人更大的自主权，使他们能够根据自己的需求和兴趣进行自我投资，从而使职业教育与培训的教学效果更佳。自由市场机制的自我评估以及更客观的技能措施确实为技能增长提供了有效的推动力。然而，这种模式也存在一些缺陷，由于其主要依赖市场机制，政府在提高整体劳动力技能水平方面的作用可能受到限制。

政府主导型模式中，政府会基于企业对人才的需求出台相关政策，企业需要的技术技能型人才可以由政府主导进行培养，并使其为企业做出贡献，这样做既可以帮助企业获得它们需要的技术技能型人才，又可以帮助职业教育毕业生缓解就业压力。如韩国政府认为，可以通过内部的劳动力市场扩充经济市场，让拥有更多技术的人才获得更大的发展，以此来适应国家经济的整体发展需求。新加坡政府则对劳动力市场整体结构进行了调整，进一步加大对教育的主导性，使得人才的综合技能水平得到提高。想要实现这些内容，政府需要做到两点：第一，解决培训问题。对于企业来说，培训会增加企业的成本，大多数企业更愿意直接雇用已具备充足技能的员工；第二，是如何保障老员工的就业问题，新技术的掌握者会不会取代没有这些新技术的老员工、如何保障这些老员工的就业问题，也是政府面临的严峻挑战。现在政府可以采用的方法主要有对于老员工进行适合他们的培训，使他们也能够跟上时代，适应市场。

3. 奖励技能获取

在自由市场经济模式中，技能平衡是通过市场调节机制实现的。然而，在某些情况下行业协会的存在可能会打击企业投资培训的积极性。英国政府采取干预措施降低工会的议价能力，使市场更有效地运作。然而，这样做也可能会使经济体面临被锁定在低技能均衡的风险。这可能会导致企业对技术技能型人才得需求下降，从而形成一个恶性循环。为了防止这种情况，政府需要采取措施来鼓励职业教育与培训，这可以通过提供税收优惠、补贴等方式来实现。政府需要加大对职业教育与培训和教育机构的资金投入，并鼓励更多的年轻人选择接受高等职业教育和技术培训。通过这种方式，政府可以帮助企业更好地适应市场变化，提高企业生产效率并创造更多的就业机会。同时，政府还可以通过提供补贴和奖学金等激励措施来鼓励个人参加职业教育与培训，以锻炼他们的职业技能和提升他们的知识水平。

在20世纪70年代，一些东亚国家面临低技能劳动力困境，它们非常需要寻找解决方案来推动其经济的持续发展。为此，它们采取了产业转型升级战略，不仅对现有产业进行改造和升级，还积极发展新兴产业，以提升国家整体经济实力。以新加坡为例，新加坡政府在此过程中扮演了关键角色。它们通过征收高额税费、鼓励工会进行索赔，提高了劳动力价格，使得企业更加愿意投资于员工的技能培训。同时，政府还设立了一系列的基金和计划，资助员工进行技能升级，以适应新的产业发展需求。此外，政府还积极管理劳动力市场，确保其供需平衡。政府可以通过制定相关政策和法规做保障，使得企业和员工都有足够的动力去追求更高的生产效率和生产质量。这不仅可以推动产业的发展和升级，也有利于提高劳动力的技能水平，实现经济的持续增长。

第二节　产教融合与校企协同育人创新

一、开展产教融合型企业认定

（一）制订产教融合型企业认定标准

为了深度推进产教融合型企业的发展，关键的一步是制订一套科学的产教融合企业认定标准，这不仅需要政府部门的积极参与，还需要行业内外专家的深入研讨和反复论证。笔者建议可以成立一个由国务院牵头、多部门领导及校企领导参与的第三方认定组织，这个组织将通过公开申报和评估的方式，全面评估企业的技术实力、生产规模、内部管理、社会声誉等多方面因素。目的是筛选出那些在技术上过硬、生产规模大、内部管理规范、社会声誉良好的企业，同时还要关注他们在职业教育方面的合作条件、技术投入、企业文化以及它们对职业素养的重视程度。对于那些经过严格筛选，被赋予产教融合型企业资质的企业，政府应给予它们在税收、资金、政策等方面的优惠，以鼓励它们积极参与职业教育。此外，政府还应设立专项奖励，对那些在职业教育领域做过突出贡献的企业进行经济和社会奖励，从而激励更多的企业加入这个行列中来。

（二）明确产教融合型企业参与职业教育的责任清单

在现代，中国的职业教育不应当只是某单一主体的责任，应该是由社会各方对其进行综合把握，政府的主导、行业协会的协调、企业的参与和学校的教育相互结合，行业协会的协调都会对职业教育的产教融合起到重要的影响。因此面对多方主体，应当在产教融合的过程中确定各主体的权责划分，如企业应当承担的责任有派遣相关的企业技术人员提供宝贵的工作经验，使学生能更好地将理论与实践相结合；还有为学生提供实习的机会以便让学生在实际操作中提升自身的水平；除此之外，企业还要积极开展试点专业实践活动、根据国家相关的法律法规调整制度、帮助学校培训教师等。

（三）完善产教融合型企业的鼓励政策

为了鼓励产教融合型企业积极参与职业教育，政府需要采取一系列措施。首先，要加强项目引导和经费保障，通过制定专项政策和提供专项经费，启动实施产教融合型企业在职业教育领域的试点工作，旨在推动企业与高职院校深度合作，共同培养技术技能型人才。除了政府的经费支持外，还需要落实行业企业在实习生待遇、实习保险、实训基地建设等方面的税前扣除政策，以减轻企业税负，鼓励企业参与职业教育。其次，政府还需要加强对产教融合型企业的政策引导，在高新技术企业评审、国有企业考核等方面向产教融合型企业提供优惠政策，以提高产教融合型企业在行业内的竞争力。基于现代学徒制与高职院校进行校企协同育人的企业，如果符合职业教育发展规划要求，各地可通过政府购买服务等方式给予这些企业支持，并将企业参与职业教育的情况纳入企业社会责任报告，以鼓励企业参与职业教育。总之，这些措施可以鼓励产教融合型企业更加积极地参与职业教育的各项活动，推动职业教育的发展。

二、完善政策体系

（一）以企业为主体

企业应积极承担起对职业教育的社会责任，通过与政府、学校、行业协会等多方合作，发挥其各自的优势，优化社会资源，共同推动职业教育的发展。政府在鼓励企业参与职业教育时，应以企业的利益为出发点，创造对企业参与职业教育有利的环境和条件，并允许校企自主选择合作伙伴和参与方式，以提高企业参与人才培养全过程的可能性。同时，政策还应引导企业关注潜在的人力资源，而不仅关注直接的经济收益。政府可以通过减免税收、提供资源等手段来调动企业的积极性，让企业更加积极地参与到职业教育中来。此外，政府应建立企业参与职业教育成本的补偿机制，补偿企业在实习工服支出、机器故障损失、技术人员到学校上课耽误生产等方面的直接或间接成本。这样可以减轻企业的经济负担，提高企业参与职业教育的积极性。政府还可以通过挂牌授予示范实训基地等措施，表彰和企业在职业教育领域做出的贡献和成就。这不仅可以使企业在声誉上获得更多的对外合作机会并间接获益，还可以提高企业的社会形象和行业认可度。综上所述，在职业教育领域，企业应与政府、学校、行业协会等积极合作，共同推动职业教育的发展。

（二）着眼多方利益

企业参与职业教育并承担其社会责任，需要利益相关者通过优化关系降低成本等方法，共同营造良好的内外部环境。对于企业而言，参与职业教育不仅是一种社会责任，更是一种着眼多方利益的战略性投资。通过与政府、学校、行业协会等多方进行深度合作，企业可以发挥各自的优势、实现资源共享、提高人才培养质量、推动产业升级和经济发展。在营造良好的内外部环境方面，政府可以采取一系列政策措施，如税收优惠、财政补贴、奖励制度等，以鼓励企业积极参与职业教育。同时，企业自身也需要建立健全的内部管理制度和激励机制，以增强企业员工参与职业教育的积极性和创造力。此外，社会应营造认可企业履行职业教育社会责任的友好环境和氛围，积极宣传成功企业的经验，提升企业的社会形象和认可度。针对我国中小企业难以单独参与职业教育的现状，可以采取企业联合办学或由行业主办跨企业培训中心的模式，通过联合多个企业共同投资办学，降低单个企业的成本压力，实现资源共享和优势互补。同时，跨企业培训中心也可以提供更加灵活和个性化的培训服务，满足不同企业的需求。在资金投入方面，政府应构建多层次、多渠道的资金投入体系，政府可以通过设立专项资金、发行教育彩票等方式筹集职业教育资金，同时鼓励企业设立参与职业教育的专项经费，特别是产学研创新经费。政府应制定对于企业参与职业教育研发投入的相关优惠政策，以鼓励企业加大对职业教育的研发投入，从而推动技术创新和产业升级。

三、深化产教融合

（一）产业政策倾斜

企业在市场中的角色使其参与职业教育的程度和方式存在显著差异，自然垄断行业由于技术创新动力相对较小，更倾向于通过捐赠方式参与职业教育，而不太重视人才培养过程。相对而言，科技型互联网行业则倾向于积极建设专有技术学院和产业实训基地，以适应区域内职业从招生到就业的全过程人才培养需求。此外，它们还为高职院校提供各种支持，包括招生宣传、教学模式改革、科研技术攻关、就业安置及社会服务等。政府在职业教育的发展中也发挥着重要作用。针对不同行业企业参与职业教育的行为，政府应采取有针对性的策略。对于市场调节失灵的行业，政府应为它们搭建一个更为广阔的市场化服务平台，并建立以市场化运作体系为主的社会责任体系。同时，政府还需积极协调各方利益，确保各方都能够有效地参与这个系统。规模较大的所有制企业应与学校或职业培训机构建立紧密联系，企业的负责人可以成为对口学校的咨询委员会或理事会成员，以更好地为学校提供支持和帮助。同时，企业也可以利用自身资源和优势，为大众带来更多福利和利益。

（二）行业指导倾注

为了强化行业协会在职业教育中的宏观指导与协调作用，政府应当明确并赋予它们更多的职责。这些职责包括开展本行业人才需求的预测研究、发布职业教育发展的相关信息、制定教育培训的宏观规划、组织和指导职业教育的实施工作、参与制定职业资格标准和证书的颁发工作、参与制定培训机构资质标准和从业人员资格标准、参与国家对职业院校的教育教学评估和相关管理工作，以及组织相关的职业技能竞赛。此外，行业协会也应当积极参与职业教育的各个环节中，提升其影响力，并使它们对国家职业教育立法与政策产生积极影响，推动本行业职业教育决策的科学化水平提高。同时，为了提高企业服务职业教育的质量和效益，职业教育责任的内容和组织形式需要由了解行业实际情况的行业协会来主导。这种改革思路有利于更好地发挥行业协会在职业教育中的重要作用，推动职业教育的发展。

（三）完善行业服务

政府一定要完善行业服务，要保证其健全发展，其中最重要的就是保证市场的公平性，这是行业长久发展的保证，政府应当在一定程度上避免和企业接触，过多的接触容易让企业渗透政府，从而造成腐败。因此，政府要推进和完善以行业协会为载体的网络化服务系统，使它们在技术开发、产业化生产到市场化推广、责任监督等各个环节发挥应有的功能。通过行业协会的资源整合功能，使学校、企业、科研院所在技术继承领域形成良性互动，使企业在自己力所能及的范围内积极参与职业教育，不断深化产教融合推动产学研合作模式的创新。

第三节　校企协同保障体系创新

一、作为校企协同平台的职业教育集团化办学

（一）国家技能形成体系与职业教育集团化办学

我国职业教育集团化办学是国家技能培养体系的关键，它集结了多元利益主体，为了构建一个持久的、有效的机制，需要妥善处理各利益主体的关系。这需要由政府部门、企业、行业和社会团体等利益相关者共同参与建立基于合作伙伴

关系的多元化办学模式，形成一个互相尊重、互利共赢的职业教育集团化新格局，职业教育集团化办学在很多层面上都发挥着重要的作用，第一，它能够协调各方利益关系，平衡各方的需求和期望，确保职业教育的教学质量达标。第二，它有助于建立市场化的多元产权关系，吸引更多的资本投入职业教育领域，推动职业教育的市场化发展。第三，它能使私有经济参与职业教育与培训，为职业教育提供了更多的资源和机会。第四，它完善了学校的办学体制和管理体制，使学校更能适应市场需求，有助于提高其办学效率和教学质量。

1. 充分发挥职业教育集团化办学的价值优势

职业教育集团化办学在国家技能形成体系中发挥着至关重要的作用，通过成员间的联合办学，实现规模效应，有效降低办学成本，提高教育资源利用效率，满足学生多样化学习需求，进而提升职业教育集团成员的总体竞争力。集团化办学模式有利于不同利益主体间的职业教育资源优化配置，使得集团内部资源得到合理分配和共享。这推动着高职院校办学走向规范化、一体化、现代化，有利于实现对师资力量的统筹安排，使其发挥最大效能，提升教科研工作的水平和效率。此外，职业教育集团化办学可以提高职业教育集团成员在区域和行业中的知名度，对其品牌塑造产生积极影响。通过与行业企业紧密合作，职业教育集团的成员能够更好地了解市场需求和行业动态，及时调整和更新教学内容，提高教育质量。这不仅有助于培养具有社会责任感的高素质技术技能型人才，也可以进一步推动职业教育的可持续发展。职业教育集团化办学可以通过整合教育资源促进人才培养和技术创新。职业教育集团化办学是推动企业转型升级和提升核心竞争力的有效途径，通过职业教育集团化办学成员间的稳定合作，可以实现升学对口，提高招生就业、教学建设与人才培养的效率，有利于降低办学风险，提升个成员的竞争力。这种对口效应可以促进成员之间的深度合作，使其实现共同发展。同时，职业教育集团还可以通过开展多元化活动，如技能比赛、文化交流和创新创业等，进一步增强成员间的联系和合作，推动职业教育与经济社会发展的紧密结合和良性循环。

2. 国家技能形成体系框架下的集团化办学的实践特征

（1）跨部门合作与资源整合的中介性特征

我国职业教育的发展一直受到教育、劳动、产业等部门条块分割问题的困扰。这种分割现象使得各部门的合作变得困难，资源无法得到有效整合，严重阻碍了国家技能形成体系的发展。为了解决这一问题，职业教育集团应运而生，作为利益协调者，它通过组织沟通交流机制，努力寻找合作办学的利益结合点，将各方利益统一起来，形成合力，共同推动职业教育的发展。职业教育集团不仅在协调各方利益方面发挥着重要作用，同时还有助于整合社会职业教育资源，它促进学校、政府、企业（行业）、社会中介组织形成合力，共同推动国家技能形成体系的构建。这种多元化的合作办学模式能够充分发挥各方的优势，使它们之间实现资源共享和互补，为国家技能形成体系的发展提供强大支持。

（2）技能供给的系统性与服务性特征

在目前的国际环境当中，技术对于行业的整体发展起到了越来越重要的作用，许多国家甚至是一些发达国家都因为缺少技术人员出现了结构性失业等负面现象，因此各国纷纷开始注重对劳动力的技能培养，并希望以此来解决经济发展对于劳动力技能要求提高的问题。我国也同样有所改变，面对这样的整体劳动环境，我国也开展了“中国制造 2025”的战略，通过这个战略，我国将进一步优化相关产业的结构，并重视人才的培养，将教育进一步地与企业融合，形成有地区特色的产教融合结构。在这个调整过程中，政府应当打破传统模式，强化职业教育与社会或者本科院校之间的联系，促使职业教育与其人才培养形成一体化促进整体的技能培训与产教融合。我国现有的职业教育体系在经济转型的背景下，表现出一定的不适应性，因此，政府需要采取措施对其进行改进和完善，以更好地满足经济发展的需求。其中，推动职业教育集团化办学是一种有效的途径，这种方式可以加速产教的深度融合，为政策制定者提供更全面、更可靠的产业升级政策建议。这不仅能够保障产业的稳定发展，也有助于促进就业和维护劳动力市场的稳定。因此，政府应该积极探索和实践职业教育集团化办学的模式，使其更好地服务于经济社会的发展。

（3）办学模式的多样性与公益性特征

职业教育集团是由多个成员单位共同组成的合作组织，其形成与职业教育的发展历史和现实条件密切相关。这些集团通过多种方式实现合作，包括契约、全责等，呈现出多样化的实现形式。它们不仅面向特定的区域或行业，而且逐渐发展成为区域性与行业性交融的综合体。在职业教育集团中，成员之间存在着多种利益结合点，这使得它们在合作过程中需要进行利益的博弈，同时，这些集团要以服务地方和行业为宗旨，致力于培养高素质的劳动者和技术技能型人才。职业教育集团的公益性特征主要体现在以下三点：第一，它们为成员提供各种形式的培训和教育服务，帮助它们提高技能水平和职业素质；第二，它们积极参与地方和行业的公共事务，为社会发展做出贡献；第三，它们通过开展各种研究和实践活动，推动职业教育的创新和发展。

（二）职业教育集团化办学治理的路径

我国目前的职业教育集团化已经创造出了具有中国特色的办学体系，并且其发展方向已经为中国的职业教育甚至是所有教育指明了一条发展道路。除此之外，实现这种模式需要考虑多方面的影响因素，除了外在因素，也要考虑到学生的生理规律，形成一个在多方位、全面健康的理论体系，并将这些理论应用到实际的职业教育建设当中，推动我国职业教育事业的整体发展。

1. 完善环境保障体系

完善的环境的保障体系对于职业教育集团的发展是极为重要的，因此，我们可以通过以下几种方式进行环境保障，并以此为教育集团的发展提供帮助。

（1）建立集团化办学的国家制度

想要实现集团化办学，就要得到国家与政府的支持，集团化办学是实现职业教育现代化发展以及建成适合我国职业教育体系的重要方式。因此国家层面必须形成集团化办学的制度，并在此制度下鼓励、规范、约束集团化办学，使其的发展更加适合社会的需要。国家应当组织相应的社会、教育、文化相关专家，将当地的情况与职业教育集团化办学相结合并进行综合考虑，形成专业的职业教育集团化办学体系，并为其设计合理的制度，鼓励职业教育集团开展招生、引资等。政府应当对相关内容、活动进行宏观指导，对其进行监控，在必要时出台政策进行改革，同时政府可以出台相关法规进行支持，并应当严格落实《职业教育法》和《职业学校校企合作促进办法》的规定，做到依法办学。

（2）健全职业教育集团化办学的国家政策

为了鼓励行业企业参与职业教育集团化办学，政府制定优化税收的优惠制度是必要的。通过确保经费税前扣除，包括学生顶岗实习生活补贴、实习工伤保险购买、校内外实训基地与课程建设投入、教师挂职锻炼津贴与学生奖学助学金等，可以减轻行业企业的负担，提高其参与集团化办学的积极性。此外，规范企业职工教育培训经费的提取和使用也是必要的。企业要重视一线职工的校企合作教育和培训，可以提升职工的职业素质和技能水平，增强企业的竞争力。为了更好地推动行业企业参与职业教育集团化办学，政府应该强化政策引导，明确行业企业参与办学的要求和标准。在职业教育衔接试点项目立项、高职院校评估考核、地方应用性本科院校专业硕士学位点审批等方面，政府应该对取得实质性成效的单位给予政策倾斜，这样可以激励更多的行业企业和学校积极参与职业教育集团化办学，推动职业教育的发展，提高人才培养的质量。

（3）开展集团化办学的国家试点

政府在发展职业教育集团化办学的过程中要依照国家的法律、法规进行政策的制定与行业的发展，其中《国务院关于加快发展现代职业教育的决定》和《现代职业教育体系建设规划》是极为重要的指导思想，政府与企业可以根据这两个文件，对相关教育集团进行试点工作。通过试点工作，可以更好地将职业教育与当地的实际情况结合，在实验的过程中发现理论与实践的区别，并从中吸取经验教训，以便推广职业教育集团化，同时，成功的试点计划也可以成为优秀示范，为其他地区的职业教育发展做出引导。

2.构建利益协调机制

职业教育集团化办学成员院校在集团化办学中发挥着举足轻重的作用，它们不仅是职业教育改革的推动者，更是其主体责任承担者。为了实现更有效的资源整合和共享，成员院校要积极推动职业教育集团化办学模式创新，通过优势互补、利益共享的原则，加强成员院校内部管理制度和教学的基本建设。同时，成员院校要充分增强教师的积极性和创造性，让他们成为职业教育集团化办学发展的中坚力量。通过不断提升自身的服务能力，成员院校能够更好地为职业教育集团化办学成员企业和其他成员单位的发展提供支持。这不仅有助于提高职业教育的整体水平，还能吸引更多的区域行业企业和其他单位积极参与，形成良好的商业发展生态。成员院校需要从全局角度出发，大力推进集团组织体系、民主治理结构与服务能力建设。在加快职业集团化办学发展的同时，更要为全体成员单位提供服务，承担引领区域、行业职业教育改革发展的重任。通过这样的方法，不仅有助于推动职业教育的改革与发展，更能为经济社会发展注入新的活力。

成员企业在积极参与集团化办学的同时，更应承担起推动职业教育改革的社会责任。在追求短期合作利益的同时，也应关注长远的职业教育发展需求，树立起职业教育主体意识。通过深度参与到高职院校的人才培养与教学改革中，成员企业能够为职业教育的繁荣发展贡献力量。尤其是央企，更应该发挥自身的优势，积极参与职业教育，牵头组织或参与集团化办学，为推动职业教育的发展承担更多的社会责任。通过提供实训基地、实习岗位和技术人员等教学资源，成员企业可以与高职院校紧密合作，共同培养出更多优秀的技术技能型人才，为国家的经济发展和社会进步做出更大的贡献。

行业协会应当对集团化办学表示支持，以体现其对行业的整体服务性与调节性。同时，行业协会可以根据自身行业特点参与到相关的集团化办学当中，同时可以对其进行一定的干预，如指导如何进行相关的技能培训，或者让学生们提前感受入行之后的相关工作。相关组织要发挥好本身的行业定位，起到对产教融合的支持作用，并尽其所能地进行教育相关的改革，确保其相关行业可以繁荣发展。

3. 进一步规范运行机制

政府要以科学的角度对职业教育集团的整体发展进行考虑，因此政府可以从多角度对职业教育集团进行建设与改革，进一步规范运行机制，例如，从整体行业特征或者是整体区域特色的角度，为职业教育集团制定符合当地实际情况的发展策略。

（1）健全职业教育集团组织体系

职业教育集团应加强与不同类型、不同层次学校、区域行业领军企业和中央企业的深度联系与合作，以及与行业学会、协会、商会及产业园区管理委员会等组织的紧密协作。在集团化办学过程中，各方应共同秉持资源共享、优势互补、互利共赢的原则，以提升职业教育集团的整体实力。职业教育集团还可以通过借鉴学习国内外职业教育集团化办学的成功经验和先进做法，建立健全完善的组织管理体系。这一体系应包括负责协同指导的联席会议、负责民主决策的理事会、负责处理日常事务与协调工作的秘书处或办公室，以及各专业合作委员会或其他基层组织来执行具体工作。同时，需要配备专门人员承担相关管理工作，以提升职业教育集团化办学的管理水平。在实施过程中，各方应充分发挥各自的优势，深度融合、协同发展。只有这样，才能实现职业教育的高质量发展，为社会培养更多高素质的技术技能型人才，为国家经济社会发展做出更大的贡献。

（2）完善集团化办学管理制度

加强制度意识和规则意识，构建集团化办学制度体系，是推动职业教育集团化办学的关键。职业教育集团自身要根据职业教育集团的组织性质和功能特点，制定或修订完善集团章程，确保其制度具有权威性，并增强其成员遵守共同准则的自觉性。日常工作制度的建立健全，可以推动集团组织的常态化运行。通过定期召开成员单位会议、开展交流研讨、组织考察学习等活动，可以增进成员之间的了解和互信，为广泛开展各项合作奠定基础。为增强成员参与职业教育集团化办学的积极性，实施年度考核制度是必要的。通过对成员的工作成效进行评估，表彰先进集体和个人，同时对存在问题的单位进行督促和帮助，推动职业教育集团化办学的可持续发展。建立表彰奖励制度，对于提升职业教育集团化办学的水平具有积极意义。对于在职业教育集团化办学工作中表现突出的成员单位和个人，应给予表彰和奖励，鼓励大家在工作中发挥更大的作用和做出更多的贡献。

二、完善我国职业教育校企合作的保障机制

（一）坚定党对职业教育工作的全面领导

近年来，我国职业教育事业取得了显著的成果，这一成果离不开党对职业教育事业的全面领导。为了进一步深化国家职业教育改革，高职院校必须以习近平新时代中国特色社会主义思想为指导，全面贯彻党的教育方针，坚持马克思主义在职业教育中的指导地位，坚定走中国特色社会主义教育发展道路，坚守社会主义办学方向。为了确保社会主义办学方向和党的教育方针得到彻底贯彻执行，高职院校需要加强党对职业教育事业的领导。党组织在高职院校应发挥领导核心和政治核心作用，确保党的路线、方针、政策在职业教育领域得到有效落实。同时，高职院校要选好学校的领导班子，让具有高度政治觉悟、丰富教育管理经验和卓越领导才能的政治家、教育家来管理学校。他们将带领学校师生员工共同努力，推动职业教育事业的发展。这些措施的实施，可以充分发挥基层党组织的战斗堡垒作用和共产党员的先锋模范作用。基层党组织是党在职业教育事业中的坚实基础，是推动事业发展的战斗堡垒，高职院校要通过加强基层党组织建设，提高党组织的组织力和凝聚力，使其在职业教育事业中发挥更大的作用。同时，要鼓励共产党员在职业教育工作中发挥先锋模范作用，以实际行动展现党的先进性和纯洁性。这些措施的落实可以推动我国职业教育事业取得更为辉煌的成就。职业教育是我国教育体系中的重要组成部分，对于培养高素质技术技能型人才、促进经济社会发展具有重要意义。高职院校要以习近平新时代中国特色社会主义思想为指导，全面贯彻党的教育方针，推动我国职业教育事业迈上新的台阶。

（二）多措并举支持企业和社会力量兴办职业教育

在中国，职业教育长期以来一直以政府作为主要的办学主体，这种单一的办学模式在一定程度上导致了企业参与职业教育的积极性不高，进而引发了办学活力不足、人才培养质量与市场需求脱节等问题。为了解决这些问题，政府开始采取一系列措施，推动形成多元化的办学格局，深化产教融合，鼓励企业、行业、社会团体、公民个人和境外机构等多元力量参与办学，形成多个办学主体、多种投资主体共同参与的职业教育体系。随着行业、企业在职业教育办学中的重要性日益凸显，政府开始重点关注行业、企业在职业教育中的角色。在国家的政策引导下，行业、企业开始深入参与职业教育的办学过程。通过与学校合作，企业可以将自身的生产实践经验与学校的理论知识相结合，为学生提供更加贴近实际的

工作环境和培训机会。同时，行业、企业的参与还可以帮助学校更好地了解市场需求和行业动态，及时调整课程设置和教学内容，提高人才培养质量和针对性。为了充分发挥行业、企业的优势，政府要在宏观层面不断完善政策体系，为行业、企业参与职业教育提供制度保障，政府出台了一系列鼓励企业参与职业教育的政策措施，如税收优惠、财政补贴等，这些政策的实施为企业参与职业教育提供了更加有利的条件和环境。同时，政府还通过深化产教融合，优化外部环境，为行业、企业参与职业教育创造有利条件。政府鼓励企业与学校之间建立紧密的合作关系、共同制订人才培养方案、开展实践教学和提供实习机会等，此外，政府还通过加强行业协会、企业联盟等组织的作用，推动行业、企业与学校之间的交流与合作，促进职业教育的多元化发展。除了政策支持和深化产教融合之外，政府还应注重加强行业、企业主体意识，提高其参与职业教育的积极性和责任感。政府可以通过宣传和教育活动，让更多的企业和行业认识到参与职业教育对于自身和社会的重要性。同时，政府还鼓励企业积极参与职业教育的办学过程，通过提供资金支持、技术支持和教师培训等方式为学校提供更多的帮助和支持。为了进一步推动职业教育的多元化发展，政府还通过落实税收政策等措施，创造了学校—行业—企业三位一体的合作模式。这种合作模式以学校为主体、鼓励行业和企业参与其中，共同推动职业教育的多元化发展。通过这种合作模式，学校可以更好地了解企业对人才的需求和行业动态，并及时调整教学内容和课程设置。企业则可以通过与学校合作，更方便的获取高素质技术人才。而行业则可以通过参与职业教育，加强对行业内人才的培养和选拔。在推动形成多元化办学格局的过程中，政府还注重加强与国际社会的合作。通过与其他国家和地区的教育机构合作，引进国外先进的职业教育理念和经验，推动我国职业教育的国际化发展。

（三）切实发挥各级政府对职业教育办学的基础保障作用

各级政府必须坚定不移地推动职业教育的健康、稳定发展，确保其核心地位不动摇。在政策规划、投入、资源配置、土地供给以及教学团队建设等方面，政府应更加重视职业教育，并将其放在更为突出的位置。为了确保职业教育的协调发展，各级政府需遵循职业教育规律，以人的发展为核心，深化职业教育改革。职业教育不仅是教育体系的重要组成部分，更是培养技术技能型人才、促进就业创业的重要途径。因此，各级政府应从战略高度看待职业教育的重要性，将其作为经济社会发展的重要基础和教育工作的战略重点。在政策规划方面，政府应根据国家战略和地方需求，制定科学的、具有前瞻性的职业教育发展规划，明确职业教育的目标、任务和措施。在投入方面，政府应加大职业教育的经费投入，完善对职业教育的保障制度，同时引导社会力量参与职业教育的发展。在资源配置方面，政府应优化职业教育的布局结构，合理配置教育资源，提高职业教育的整体效能。在土地供给方面，政府应优先保障职业教育的用地需求，为职业教育提供必要的硬件设施。此外，教学团队建设也是推动职业教育发展的关键环节，政府应加强对职业教育教师的培养和引进，提高教师的专业素质和教育教学能力。同时，政府要关注教师的职业发展，建立健全的职业教育教师评价机制和激励机制。

第六章　基于现代学徒制的校企协同育人建设与发展

本章的核心议题是基于现代学徒制的校企协同育人建设与发展。我们将从三个方面进行对这一主题进行深入探讨：校企实施现代学徒制的内外条件、现代学徒制下校企协同的课程体系和工场学习体系、校企实施现代学徒制的问题反思与解决对策。

第一节　校企实施现代学徒制的内外条件

一、现代学徒制人才培养模式运行内部条件

我国的部分高职院校中，在具体执行和操作时现代学徒制的人才培养模式，面临着现了如管理方式不够开放、教育模式单调、课程结构过时以及教学资源短缺等一系列内部挑战，因此，建立健全内部保障机制变得尤为关键。

（一）管理模式

高等职业教育管理模式和人才培养模式在现代学徒制的框架影响下呈现出史无前例的开放性和创新性，该模式对过去的办学模式和用工模式做出了突破，带来了革命性的变革。现代学徒制已经成为一种新的教学管理模式，它将情境教学和知行合一结合在一起，实现了统一教学。它采用了工学交替、半工半读相结合的方式，这是在时间层面上的创新。另外，这一模式也在空间层面上实现了校内外、课堂车间的有机交融。过去，高等职业教育的主体仅为学校，现在则包含了政府、社会、行业、企业以及学校等多个主体，这些主体共担责任、承担风险、互惠共赢，成功提高了高等职业教育的人才培养质量。此外，我们还建立了一个由政府、社会、行业协会、企业和学校等多方参与的、能够相互影响、相互制约、相互监督的机制，其中政府负责决策指导，行业协会负责整改指导，学校和企业

都有各自负责执行的部分，而社会则负责对校企合作的成果进行评估。

（二）育人模式

过去，学校和企业之间的人才培养合作往往是不够深入的，缺乏真正意义上的合作，而现代的学徒制则要求学校和企业这两个主体必须实际参与到人才培养的过程中。在现代学徒制中，多个主体的利益共同体应当最大化地利用现代学徒制的优势和潜在能力，企业在教育过程中应强调自身育人的主体地位，明确自己的权益、职责和义务，并积极参与到职业院校的招生活动中来，同时也要热心于参与到现代学徒制度的建立活动中。学校要建立完善的制度体系和保障机制，为培养高素质技术技能人才提供保障。高职院校、企业和学生都必须签署一份三方协议，明确各方在这一培养过程中的责任和义务，校企应该加强对学生的感恩教育、诚信教育和成才教育。

（三）课程体系

现代学徒制下的教育和教学模式是开放的，涵盖了很多不同类型的内容，教学的形式也是十分多样的，其中理论知识的教学与实践技能的培训必须同步进行，学校与教师需要重新对高等职业教育的教学内容和课程体系进行构思。现代学徒制的课程体系对职业教育和学历教育的融合提出了更高的要求，具体的方法包括提炼出实习和就业岗位的工作流程、任务、方法、案例和人物，从而形成一个符合学生发展规律的课程体系。学校和企业通力合作，联合开发和整理这些课程的具体内容和教学资源，不仅能提高学生将理论知识化为实践技能的能力，还能改善高职院校教师、企业管理人员和学生之间的关系，最终达到学校、学生和企业三个主体的共赢局面。

（四）教学团队

在实施的现代学徒制过程中，需要高职院校的教师和企业的师傅合作对学生开展结合性的教学，建设一个结构上相互补充、专业与兼职相融合的“双师制”教学团队。通过对理论课程和实践锻炼课程的整合，真正构建起理论与技术相结合、理论与实践融为一体的现代化教学模式，以保证现代学徒制的有效实施，达到提升高职院校人才培养质量的效果。高职院校应当派遣一部分专业教师进入企业内部参与实践性的工作，在实践中提升自己的教学和研究能力。企业也应当以有计划、有条理的方式，向企业内部的工人和技术骨干宣传职业教育的概念，并做好基础理论知识的强化工作，更新教育和教学的方法。通过专业与兼职的教学团队成员间的互助与合作，现代学徒制的人才培养模式能够从根本上提升人才培养的水平。

二、现代学徒制人才培养模式运行外部条件

（一）政府支持

1.相关法律法规和扶持性政策

德国的《职业教育法》《劳工促进法案》等法律法规确立了双元制在德国职业教育体系中的核心地位，确保了学校与企业之间能够顺利开展合作，并激励企业更好地履行自己在职业教育中应该承担的责任。参考德国的成功经验可知，我国需要推动政府制定针对现代学徒制的支持性政策，这可以通过制定相关的法律法规，以及一系列支持性政策和国家标准来实现，最终为高职院校的现代学徒制人才培养模式提供实践的法律依据。

2.政府支持的方法

为了更好地满足社会对专业人才的需要，政府应当在高职院校的现代学徒制人才培养方面增加一定的支持。第一，要加快完善相关法律制度和政策。为了支持职业教育的实习和实训基地的建设，政府应当拨出专门的资金，并在税务方面为愿意参与现代学徒制人才培养模式建设的企业提供一定的优惠。对于在现代学徒制人才培养模式建设中表现出色的企业，政府应给予一定的财政补助或奖励，需要给予那些被认证为是国家关键或示范型院校一定的财政补助或奖励，重点支持它们的建设和发展，并为这些院校购买教育设备提供一定的便利条件。第二，建立专项基金，便于现代学徒制学校与企业之间的合作。地方政府应该从相关的制度建设开始，比如，可以建立职业教育专项基金制度和专用教育税制度，同时政府也应制定相关的政策，以确保专项资金能够用于学校与企业的合作办学，从而体现出职业教育的重要地位。第三，要求所有的组织和机构成立相应的职业教育基金，以承担所有有关继续教育和技能培训的费用。在获得了政府科研资金的有力支持后，企业应该多多参与社会组织办学的活动中，推动现代学徒制人才培养模式。

（二）文化传承和社会舆论

1.继承发扬学徒制文化

我国的学徒制文化源远流长，它融合了素质教育和技能提升两种要求。学徒

制这一人才培养的策略是全面且综合的。导师传授给学徒人际交往技巧和生存技能，学徒们将课堂上学到的知识以及导师口传心授的理论和实践经验结合在一起，并通过个人实践验证“知识改变命运、技能成就未来”这一深刻的寓言。中国古代的学徒制文化所蕴含的核心价值，具有广泛的适用性和现实意义。它对于高职院校和现代企业来说都是一种可供借鉴、学习和实践的宝贵经验，具有重要的文化意义和教育价值。因此，我们需要高度重视这一文化传统，让它得到社会大众的认可、被现代的学徒继续传承和弘扬，以推动文化创新和社会进步。

2. 营造社会舆论氛围

尽管我国的高职院校在现代学徒制人才培养方面的试点项目已经取得了一定的良好成效，但这一模式仍未得到社会层面的广泛认可和接受，因此我们需要借助一定的社会力量来发展现代学徒制。首先，要提升学徒制在社会层面的广泛影响。我们应该重视新媒体平台的重要作用，深入推广和宣传现代学徒制。其次，我们需要建立一个持久的奖励制度。鼓励学校、政府及行业协会为培养高素质技术技能型人才做出贡献。为了激励学校、企业和培训机构有效地开展现代学徒制建设工作，应该积极评估现代学徒制的绩效，正视学生的创新成果，企业和学校可以给予学生实质性和精神上的奖励。最后，应当积极地推动学校和企业和国际上的学校、企业合作。通过学校与企业的合作、产业与教育的融合以及中外合作办学等多种方式，我们可以更好地理解现代学徒制的特色，从而增强其在现代社会中的生存实力并为其提供更广阔的发展机会。

（三）沟通交流和机制创新

1. 建立沟通交流协调机制

受到德国双元制教育模式成功经验的启示，我国政府、社会、行业、企业和学校在现代学徒制的实施推广过程中都发挥了重要的作用。目前，我们以学校的人才培养方案、教学大纲、教学计划、课程设置、学业成绩评定、技能水平考核、实习安排、毕业论文、毕业答辩等多个环节为基本出发点，建立沟通交流协调机制，制定了一套符合现代学徒制人才培养模式的具体实施方案。

2. 加强行业资格认证管理和协同机制创新

在现代学徒制的帮助下，学校和企业得以紧密合作、互相配合、按计划进行教学。有效的教学活动能够推进区域经济的一体化发展。由于行业协会建立了系统、全面的职业资格教育体系，并采取了较为严格的管理手段，因此它对职业教育的发展起到了积极的促进作用。职业教育发展的关键在于国家职业资格制度的不断发展，并且这需要我国政府和社会的共同参与。我们应该将行业规范、市场需求和国家职业资格证书考核要求等因素结合在一起，同时推动政府与社会各界协同创新，整合专业的教学方法和课程设计方法。在建立相关职业资格证书考核认证体系的整个过程中，政府需要将职业资格证书考核的要求和岗位的具体需要结合在一起考虑，并与行业协会合作成立一个由政府相关部门认证的国家级职业资格鉴定和审核机构。

（四）转变思路和企业文化

1. 企业主动拓展现代学徒制人才培养思路

为了鼓励企业和高职院校积极参与现代学徒制的试点项目，政府提供了财政支持和购买等激励手段。企业能够参与到高职院校的人才培养过程中，是因为政府有着明确的目标，而且政府也意识到了主动拓展现代学徒制人才培养思路并采取行动能够更有效地推动学校与企业的共同发展。企业与职业院校之间建立了积极健康的长期合作模式，高职院校教育出的高质量技术和能型人才，促进了企业的长期稳健发展。企业和学校之间的合作可以通过政府提供税务减免和现金补助来实现，这样企业就不用再支付学生的实践费用，这样的做法能够帮助企业减少人力成本。在这一过程中，企业能够感受到不同教育层次学生的差距，接受高职院校现代学徒制教育的学生和接受普通高等教育的本科生以及中等职业学校的中职生在实质上是不同的。高职院校学生不仅掌握了普通高等教育学生需要学习的知识，同时也掌握了工作岗位需要的操作方法，这不仅提高了他们的综合能力和素养，也让他们有机会成为社会的栋梁之材。

2. 现代企业教育制度

现代企业教育制度是由多种理论共同组合发展而成的，包括教育、管理、经营等方面的理论知识，这些理论旨在提高企业的市场竞争力以及鼓励企业员工积极参与到现代学徒制度的建设之中。此外，企业的用工、人事和薪酬政策也与现代企业教育制度密不可分。在学校和企业的深度合作过程中，校企合作理事会也随之产生了。校企需要共同制订一份教学和培训方案，以便让学生迅速掌握企业的相关要求，帮助他们更快地适应社会的发展状况。现代企业教育制度能够让学校与企业之间确立稳固且长久的合作伙伴关系，这为社会、企业、学校以及学生的未来成长打下了坚实的基础。

第二节　现代学徒制的课程体系和工场学习体系

一、现代学徒制的课程体系

现代学徒制的课程体系不仅能够实现人才培养的目标，还能够保障职业教育的根本质量。为了适应现代学徒制教学，我们需要重新定位和更新专业课程的理念、目标、结构、内容、教材和评估体系。在现代学徒制的教育框架下，这些课程要素得到了有效的整合，这也是确保现代学徒制人才培养目标得以实施的关键。

（一）现代学徒制课程体系的构建基础

1. 现代学徒制课程体系构建的原则

（1）兼顾学校课程与企业课程

现代学徒制的课程体系要兼顾开发学校和企业的课程内容，在讲授课程的过程中，学校的教师和企业的师傅应该积极展开探讨，共同研究如何使课程更具实际应用价值。这样的合作将有利于提高学校课程和企业课程的针对性，从而满足不同学生的学习需要。学校课程旨在加强学生的专业理论素养，而企业课程的目的是培养学生的实践操作能力。

目前的职业教育体系中，高职院校的课程体系已经发展的较为完善，但是企业课程这一领域还有待开发。为了从根本上符合现代学徒制的发展目标，企业课程应该注重高等职业教育的两个关键词——高等性和职业性。这样做不仅可以展示出高等职业教育的实际水平，还可以推动企业的发展。因此，在如今的现代学徒制课程体系中，企业课程应当注重技能的实际应用。应该根据学生在企业的学习状况，建设一种开放式的课堂，并建设一个将学校课程和企业课程充分结合在一起的现代学徒制课程体系。

（2）融通国家职业资格标准

有关部门在制定和实施现代学徒制度时，应坚持将针对学位证书的知识教育和对于职业资格证书的技能教育结合在一起的原则。这要求学生不仅要在知识水平上达到学历要求的水准，而且在职业资格技能方面，学生还应该能够符合国家职业资格标准的要求。经过这样的人才培养过程，学生不仅能够获得学位证书，还可以获得职业资格证书。

我们应该努力将现代学徒制的课程体系建设与校内理论课程的教学标准相衔接，并与企业的岗位职业技能要求、职业技能的鉴定方法进行相应的融合。这样做的最终目标是确保学生在走出课堂之后，其职业资格也能满足职业岗位需要的职业资格标准。

我们如果将学校教育的人才培养目标与职业资格证书的培训目标结合在一起，就会发现这一结合的目标和现代学徒制的教育目标是相同的。现代学徒制教育使学徒不仅能学会理论知识，还能够将理论知识和实践技能结合在一起。因而，高职院校在制订和开发课程体系时，应该秉持和遵循国家认定职业资格的标准。

（3）工学交替的序列化

工学交替是一种将理论学习与实际工作相结合的教学方法，旨在满足职业教育注重实践的需要。工学交替遵循序列化的原则，比如，学年之间有“工”与“学”的交替，学期之间也存在“工”与“学”的交替。现代学徒制具备学生和学徒之间身份融合、双主体教学等特征，甚至每个星期之间的“工”与“学”的交替也是存在的。现代学徒制以其鲜明的特点成为当前最受欢迎的工学交替形式之一。工学交替的序列化这意味着学校和企业之间需要建立紧密的合作伙伴关系，确保学校的学习与企业的实际工作能够实现有效的对接。

现代学徒制从根本上能够实现双主体教学和学生与学徒身份的巧妙融合，所以，工学交替的课程体系序列化原则和现代学徒制应该是一种相互补充的关系。这不仅工学交替的序列化说明了现代学徒制人才培养的内在含义，而且在具体的实施过程中也展现了一定的优越性。

2. 现代学徒制课程体系的组成

（1）通识课程

现代学徒制课程体系中的通识课程要能够适应培养高素质和技术技能型人才的需要。第一，这一部分课程的关键目标是先教授给学生基础性的理论科学知识，然后再培养他们使用这些理论科学知识解决相关问题的能力，使他们能够熟练地运用自然科学和社会科学的相应知识解决实际问题。第二，通识课程通过帮助学生了解社会的发展动态，以提高他们的实践应用能力水平。第三，通识课程应致力于培养学生形成正确的三观，尤其是培育学生的社会主义核心价值观。

（2）基于岗位能力设置课程

我们对不同行业和企业的相关岗位进行了分析，分析出了企业岗位对员工的综合能力和素质要求，现代学徒制课程体系要求我们基于岗位能力设置课程。此外，我们可以对综合职业能力做进一步的细分，包括专业理论知识、核心技能和企业文化等多个方面的类型。对于这些细分的模块，我们可以将其称为子模块，并据此制订有针对性的课程内容，以满足子模块的具体需求。

（3）职业素质课程

职业素质课程包括针对职业认知、职业道德、职业综合能力和职业规划的培训课程，这些课程最终的目的是提升学徒的职业素质。在现代学徒制课程体系逐步发展的背景下，学生不仅是学校的学生，也是企业的学徒，这意味着他们在进入学校的同时也进入了企业，从他们入学的那一刻开始，他们的职业之路就已经开始了。在学生的学习阶段，应该更为透彻地了解自己的职业发展方向，认真遵守岗位要求和相关规范，并努力为个人职业发展做好充分准备。

（4）顶岗实习课程

顶岗实习课程和过去学校内部的模拟生产和实习存在较大的差异，它要求学生应该在工作岗位上完成自己的工作内容，并全面承担相应工作任务，和企业其他员工一样承担自己的工作责任。相对地，一旦学生完成特定的学习课程，他们将被分配到与所学能力高度匹配的岗位上，再开始工作。学生的顶岗实习课程和理论方面的学习任务应当同步进行，即使它们之间存在延迟，也仅是稍有推迟。

（二）现代学徒制专业课程体系的构建

1. 现代学徒制“模块化”课程体系的构建思路

高职院校应该将已经确定的职业岗位当作基础，和行业内部的专家们一起探讨企业职业岗位中的具体要求。针对企业实际工作的岗位，高职院校需要开展详细的工作分析，从中筛选出具有代表性的工作任务，并对这些任务进行细分，明确工作内容应该如何进行以及完成这些任务所需的职业能力。

在确定了典型的工作任务之后，高职院校需要对这些任务进行总结、梳理和整合，以此为基础设计核心课程并完善相应的培训标准。高职院校应该根据不同职业的要求，以及学员们的思维方式，重点培养专业性比较强的职业技能。还有，高职院校要按照现代学徒制教育的基本原则，详细划分学徒的学习阶段，并科学地规划每个阶段的课程内容，合理安排学习的时间，制订一系列教学内容、进度、评估方法、要求和标准等，以此构建独具特色的现代学徒制“模块化”课程体系。

2. “二元三段模块化”课程体系

“二元三段模块化”课程体系，是针对现代学徒制试点项目而言的，它是学校对技术技能人才的培育要求和从企业的实际工作需求下，由学校和企业这两个教育主体共同制订的。该课程体系是依照初级学徒、中级学徒和高级学徒三个不同培养阶段的发展要求，将国家职业资格标准作为重要的基础，以能力培养为核心，构建起的课程结构，这种课程体系统筹考虑了国家职业资格标准要求的理论知识、专业技能和职业素养，并将其全面整合至课程体系中。

（1）“二元”即课程体系由学校课程体系和企业课程体系组成

学校的课程体系主要注重理论课程的讲授，而企业的课程体系则专注于实践课程的开展。学校课程体系中会按照通用基础能力—职业基础能力—职业基本能力—职业综合能力的顺序安排课程的讲授，企业的课程体系则将德国的双元制教育思想和企业的实际需要结合在一起。该方案将实际工作岗位的顺序作为其课程排列的顺序，注重实践教学和学徒拓展课程的作用，并与学校的关键、核心课程有机地结合在一起，旨在提升学徒的培训品质。

（2）“三段”即课程体系分为三个培养阶段

在第一阶段，“二元三段模块化”课程体系主要关注的是在学校内部的学习；在第二阶段，它将更加注重学生在企业的学习体验；而在第三阶段，该课程体系则更加聚焦于如何安排学生定岗实习的内容。培养阶段的区别决定了学习时段的变化，而这三个阶段的课程体系也实现了分阶段学习对提高学生个人能力的积极作用。

第一个阶段是在学生学校的学习阶段，这个学习的周期一般会持续 2～3 个学期。尽管在特定情况下，学校可以调整具体的学习时间，但也应当以学期为基础对学习的周期进行合理规划，以划分学习时间。在此阶段的重点课程应该包括公共课程和专业基础课程，以及企业思维和职业操守课程。这种做法不仅巩固了学徒的文化基础，还提升了他们的职业技能水平。

在第二个阶段，学生一般需要进行 2～3 个学期的跟岗实习，这应该是该课程体系中主要的学习方式。在这个阶段，教学的重点应该是提高学徒的岗位适应性，这样才能够有利于他们未来的顶岗实习。

第三个阶段也叫顶岗实习阶段，它是该课程体系的最后一个阶段。在这一阶段，企业师傅的主要任务是在特定的工作岗位上指导学徒进行技能训练，而学校教师则在同一岗位上提供辅助性的管理和指导，以帮助学徒提高其职业技能水平。经过这一阶段的学习，教师和学徒在专业实践技能方面都有了显著的提高，这有助于帮助学徒适应未来的工作任务，同时也培养了他们的基础素质，以便在他们正式进入企业工作之前就能够胜任企业的员工岗位，这也使得校企双方都得到了专业上的发展。

(3)“模块化”指通过模块结构来设计课程内容

“模块化”能够将过去单一的教学活动整合为一个具有鲜明主题的课程模块，每个课程模块的教学目标都是存在差别的。课程模块的特色和内容虽然不同，但是各个课程模块之间的关系也是非常紧密的，二元三段模块化的课程结构主要包括四个模块的内容：

①公共基础课程模块。

公共基础课程模块应当涵盖语文、数学、英语、德育、体育、计算机基础、公共艺术、历史和物理等文化素质课程。

②专业基础课程模块。

专业基础课程模块是校企双方根据各个专业对应的岗位群的基本职业能力需求来设计的，主要目的是培养学徒在专业上的基本能力，它主要涵盖了专业基础类的课程内容。

③专业技能课程模块。

专业技能课程模块是在专业基础课程模块的基础之上，整合了与职业技能相关的专业内容，是企业和学校共同开发以供人们选择的专业技能课程。

④学徒拓展课程模块。

学徒拓展课程模块允许学徒根据其个人发展需求对课程做出自由的选择，学校和企业一起对学徒开展个性化较强的培养，以最大限度地激发他们的职业潜能，并培养他们适应现代职业环境变化的能力。通过构建“模式化”的课程模块，为学生提供了一个可以进行实践学习和创新创业训练的平台，有利于帮助学生实现从理论知识到实际工作能力的转化。这个模块由学校内部的课程部分和企业内部的课程部分共同组成，学校提供了书法、演讲、音乐鉴赏、应用文创作等通识课程和各种具有专业特色的课程，而企业课程则注重开设比较符合企业文化和岗位需要的课程。

3. 现代学徒制课程体系的实际应用方式

在实际应用现代学徒制课程体系时，我们的研究对象应该转换为现代学徒制合作企业的试点过程，并基于课程体系的开发开展实践和探索的工作。到了实际应用该课程体系时，我们应采用引企入校、引校入企的教学策略。这两种策略能够最大化地利用学校与企业的联合办学优势，减少工学交替之间存在的时间间隔，从而提高现代学徒制课程体系的教学质量，并为“二元三段模块化”课程体系的深入发展奠定坚实的基础。

（1）“引企入校”

如果高职院校要实施“引企入校”策略的话，不仅要在学校内部设立相应的生产性实践教学基地或者派遣企业师傅来到学校开展教学实践教学任务，最重要的是，我们应该将企业的优势和学校的教学结合在一起，并从企业的招聘需要出发，给学生设置一定的任务。通常情况下，企业会在学校的内部开设相应的生产性实践教学基地，这些基地不仅要能够符合学校教育和教学的要求，还应该满足企业生产的需要，在一般情况下应该采用“前校后厂”的模式。通过这种学习方式，学徒们可以从根本上了解企业的实际生产和经营的状况，以及企业的文化，这能够为学生在“二元三阶段模块化”课程体系中第二阶段的学习奠定坚实的基础条件。

（2）“引校入企”

“引校入企”是指把学校的教育和教学方法融入企业中，并在这些企业中设立专门的学习教室，“引校入企”的教学方法主要分为三种：集中授课、实地跟岗授课以及个性化授课。这里所说的集中授课，是指在企业在每日的生产空闲时段，由学校和企业的双导师分别为学徒进行教学；跟岗授课，是指学徒们在不同的工作岗位上工作，由企业的师傅为他们讲解岗位上的对应专业内容；个性化授课是指企业师傅根据自己的实际情况，对每个学徒进行有针对性的指导。个性化教学意味着学徒在实习过程中出现了一些困惑，可以及时向企业师傅咨询，企业师傅应该在自己的空闲时间为学生解答疑惑，提供具有针对性的辅导。这三种教学方式各有优劣和适用范围，应该相互补充、相互推动，这样才能进一步提升现代学徒制课程体系的教学水平。

通过“引校入企”的教学策略设计，学徒可以在实践操作中与校企两位导师深度互动，从而有效提升他们的实践能力和实习经验。通过实际应用“引校入企”的教学策略，学徒的学习环境更为稳定了，该策略有效缩短了学徒学习与实践的转换周期。通过让学徒在有限的空间内进行轮换学习，学徒可以显著提高在社会适应、工作、生活、技术等方面的综合能力，从而帮助学徒完成从学生身份到学徒身份的转变。

4. 现代学徒制课程体系的教学模式

教学模式是现代学徒制课程体系实施过程中不可或缺的部分，在实际应用“二元三段模块化”的课程结构的教学时，我们应该从有差异化的培训阶段和模块化教学方法出发。而设计教学模式时，我们应该以人才培养出发，旨在确保学生能够将专业知识和岗位工作有效地结合在一起，从而改变过去传统教学模式的不足之处。

这种教学模式的核心是让学生各个岗位的真实化工作流程，这一过程的最大变化是学校的教师和企业的师傅共同为学生开展教学，同时确保学徒在各自的工作岗位上完成相应的学习目标，从而实现教学效果最大化。

5. 现代学徒制课程体系的考核评价

各种课程体系都有其独特的评估方法，而这些考核的方法需要与时代发展保持同步。“二元三段模块化”的现代学徒制课程体系表现出了较为明显的二元性和阶段性特征，因此，对它的考核应该涵盖多个层面，包括过程性跟踪考核、阶段性常规考核和生产性岗位考核等。

过程性跟踪考核是指通过对教学过程进行持续的评估和测试，结合对数字化评估软件系统的应用，由学校和企业的两位导师一起对学生开展考核，将所得的基本的数据按照要求记录到系统或者是手册中。这在一定程度上有助于提高评价的科学性，评价更具有创新特色。

阶段性的常规考核包含了三个阶段：平时考核、期中考核以及期末考核。平时对学徒的考核主要集中在两点，分别是自我评价和德育评价，而期中和期末的考核则主要通过笔试和实际操作的考核方法，来评估学徒对公共基础课程模块、专业基础课程模块和拓展课程模块掌握知识的水平。

生产性岗位考核是一种与企业生产实际情况相结合的考核方式，学徒需要在具体的工作岗位上开始实践性的操作，企业的师傅会根据学徒在岗位上完成工作的具体情况对学生做出生产性的评价，并特别关注学徒对其他课程模块知识技能的掌握情况。

二、现代学徒制的学习工场构建

工场学习是让学生在参与真实任务的环境中获得知识与技能的学习方式，它不仅对职业教育具有价值，也可以帮助学生了解工作需要的真实技能，促进他们的社会化进程和心理发展。构建现代学徒制的学习工场是现代学徒制课程体系的重要组成部分，它是学生在真实的工场环境下完成的在岗培训。在工场学习的帮助下，学生可以深入了解实际工作中需要的技能，能够让他们积极参与实际工作、独立思考、有效沟通、反思总结、建立知识框架，同时培育主观能动性和职业担当意识等职业核心素养。工场学习的教育形式与传统的职业教育的教学或培训方式之间存在较大的差异，工场学习的教育形式旨在让学生将学习与工作角色结合在一起，注重让学生成为具备综合职业能力和职业素养的专业人才。学习工场是一个能够为学生提供真实工作任务体验的场所，能够让他们同时获得知识和技能。现代学徒制的学习工场构建，需要不断地讨论、研究和升级，以解决学习工场所面临的问题。

（一）工场学习体系的驱动系统

学习工场的运行机制是工场学习体系的驱动系统，构建这一驱动系统必须依托互惠共赢的校企共担人才培养机制、市场导向的校企合作利益驱动机制和校企联通双导师的工作机制。为了构建一个学校与企业共同参与的学习工场运行机制，我们需要确立一个“校企联动、合作育人、协作生产、共同研发”的运作模式，我们要致力于实现“教学、生产、培训、职业技能鉴定和技术服务一体化”，以进一步实现学校与企业之间的互利共赢、资源共享，并进一步深化双方的合作关系。

1. 共担人才培养机制

第一，高职院校与企业需要明确校企合作学习工场的管理办法，以进一步明确行业内的企业和学校之间具体的职责、权益和利益关系划分。为了实现校企合作的目标，学校使用了多种策略，如建立专门的机构、配置全职员工、引入先进的信息技术等，从而构建一个一站式的校企服务平台，旨在帮助学校和企业共同建设和共享学习工场，并一起完成研发技术、推广技术的目标。

第二，应该明确校企合作学习工场的管理机制，通过项目立项这一途径，来详细说明校企合作学习工场的目标、任务、合作条件、执行机构以及效益评估等相关的内容。

第三，要对校内外学习工场的建设和管理制度进行完善，明确校内和校外学习工场的核心任务、建设准则、建设条件，并对这些学习工场做出相应的绩效评估和分类管理。还要建立一个由基地院校和合作企业共同构成的管理机构，以共同负责基地的建设和管理工作。

第四，高职院校与企业需要制订关于学校与企业合作构建学习工场的仪器设备管理方法，并通过多种途径和形式筹集构建学习工场所需要的资金。将重点放在“校中厂”和“厂中校”的建设上，同时引入和共享企业的管理规范、技术标准、技术人员、生产设备，从而实现“校内基地生产化、校外基地教学化”这个目标。

2．市场导向的校企合作利益驱动机制

企业以追求利益为目标，教育以培养人才为根本，势必导致任何形式下的校企合作都会存在一定的矛盾。校企合作的项目之一是构建学习工场，而双方的利益是做好学习工场建设的关键环节。如何分配利益是校企合作中的关键问题，只有实现多方共赢才能使构建学习工场的工作取得成功。学校和企业应该积极寻找双方利益的交汇点，并在双方自愿的前提下构建保障校企合作利益的相关机制。

首先，高职院校要设立产学研合作贡献奖励基金，进一步加强对合作企业研发项目资金的支持。这是为了鼓励高职院校各系部和各企业合作建立一个学习工场，并让其正式的挂牌运行。从另一个角度来看，这也是为了奖励那些在学习工场中努力工作的教师、学生和企业员工，设立该基金的最终目的是建立一个多样化的评估体系，鼓励教师们积极参与到学校和企业组织的产学研合作过程中。

其次，高职院校可以推行教师补贴政策，所有在学习工场工作的专职和兼职教师津贴都应该根据其育人工作量做出调整，使这些教师享受到学校所提供的津贴和福利。另外，学校应该积极开展“星级”教师评估计划，这些评上“星级”的教师不仅能够享受基本的薪酬待遇，还有机会获得额外的奖金津贴。

最后，高职院校要通过构建辅助学校与企业合作的一站式服务平台，以及设立专门用于学生服务企业技术改革和技术改进的基金等措施，构建一个教师和学生服务于企业生产全过程的桥梁，从而使学校和企业变成利益的共同体。

3．校企相互联通的“双师型”教师培养工作机制

首先，高职院校要对“双师型”教师团队的建设制度进行完善。我们应对学校的教师双师素质认定办法、专业带头人聘用管理办法、骨干教师聘用管理办法、教师企业实践管理规定等相关管理制度进行修订和完善，旨在为专职和兼职教师的教学能力提升提供有力的保障和支持。

其次，高职院校需要制订学校与企业之间的人员互聘和岗位轮换管理制度。如专业带头人兼职企业顾问制、骨干教师企业挂职锻炼制、专业教师顶岗实践制和建立企业教师工作站以及校企合作项目负责人制，都是我们应该推行的优秀管理制度。与此同时，高职院校应当积极地推动对兼职教师的公平聘用制度，目的是构建一个专职和兼职教师相结合的教学团队。

4．课证融合的工场学习教学体系

（1）工场学习的教学体系设计

为了确保校企能够共同培养出具备实践能力的人才，我们应该坚持“生产导向、能力为本、校企互动”的有关理念，积极推进实习、实训及培训相结合的、

课证融合的工场学习教学体系建设，其中的学习与实训内容应具备系统化、代表性和递进性的特点。高职院校应该融合职业技能和职业素养的要求，并在企业专家的协助下，设计出能够包含众多实训和培训类型的具体方案，以满足企业对员工岗位能力的基本要求。高职院校需要清楚地界定各个“模块化”的教学方法、教学环节、教学计划和教学目标，并从“模块化”的具体特点出发，开展训练和考核工作。依据职业技能发展的固有规律，高职院校应该科学地划分实习和实训的各个阶段，并为每个阶段制订详细的实习和实训教学计划。这样，整体的教学方案与各个阶段的计划能够紧密地结合在一起，形成一个符合阶段计划要求，而且相对独立的实习实训体系，从而满足不同层次、不同阶段和不同就业需求的具体要求，从而提高实习实训的切实效果。

（2）数字化工场学习的教学资源

高职院校与企业要致力于开发多种教学资源，包括题库、考核评价标准、实训项目、实训教材、职业资格标准等资源；致力于开发有针对性的教学软件和仿真实训软件，构建一个数字化的学习和实训的平台。通过数字化的网络平台教学资源已经开始面向全社会开放，高职院校的教师和学生、企业以及社会上的学习者都可以便捷地获取这些教学资源，这就实现了学校和学校之间、学校和企业之间的教学资源共享，并初步实现了在线教学和在线答疑辅导。

（3）工场学习的教学结果评价

高职院校与企业要综合考虑实习和实训的执行过程和结果，对学生的表现做出综合性的评价。对于有职业资格鉴定要求的专业而言，毕业生应该在参与工场学习后，拿到中级或更高级别的职业资格证书和相应的行业企业认证证书。

（二）工场学习体系的主导系统

实践操作是工场学习体系的主导系统，高职院校与企业如果要实现工场式教学，就应该让学生身处真实的工作环境中，通过他们自己的实践探索和发现积累经验，并在各种工具的帮助下建立自己对工作的理解，这就需要一个能模拟真实工作环境的场所、基地或平台。为学生建立与就业相关的学习工场能够培养学生良好的职业习惯和素养，在现代学徒制人才培养的过程中，为了真实地模拟工作环境，学校和企业需要提供具备真实工作条件的学习工场，包括理实一体化教学场地、校内生产性实践教学基地和校外生产性实践教学基地。教师可以从企业的具体工作内容出发，规划教学活动，使学生能够参与到真实性较强的工作任务之中。

产教融合生产性实践基地是可以使文化、管理、技术等创新要素融合发展的平台载体，是促进创新人才培养和创新科学研究的流程再造、机制融合，打造城市节点互联互通的关键枢纽，是行业支点辐射引领的重要载体，是企业重点创新要素供给的核心场所。通过共建共享机制和开放平台建设，最终可以构建覆盖国家全产业链、引领行业标准、培育创新人才的国家骨干架构网。

1. 理实一体化教室建设

理实一体化教室的建设，既要考虑到企业对技术技能型人才的需求，又要考虑到学徒可持续发展能力的培养。

（1）设计理念

理实一体化教学是现代学徒制职业教育的一种新兴的教学方法，借助学徒制的理实一体化教室，以技能服务企业为宗旨、以提高就业为导向、以职业能力为本位，实现教室和工作岗位的有机结合，使学徒在学校教师或企业师傅的指导下，根据学校教师或企业师傅设定的教学任务和项目规划，以小组为单位，有计划、有条理、有步骤地完成学习任务，实现在做中学、在学中做。在整个教学环节中，没有固定的先理后实或者先实后理的要求，而是根据具体情况具体分析，将理论与实践融为一体，充分调动学徒的学习积极性，提高学徒的实践教学能力和专业技能。

（2）建设方案

①教学团队建设。

教学团队建设是理实一体化教室建设的重要内容。理实一体化教学模式模糊了传统教学过程中理论教师与实践教学导师的明确界限，要求教师成为既具备深厚的理论基础，又有很强的实践操作能力和创新能力的"双师型"专业导师。

高职院校和企业想要建好理实一体化教室，必须建立一支具有良好职称、学历、"双师型"教师素质的，以学科带头人为牵引的，以教研相长的骨干教师为主体的教员团队，坚持把"引进来"与"走出去"相结合。

②基础设施建设。

基础设施建设是一体化专业教室建设的根本所在，确保一体化教室的顺利建设的主要任务。理实一体化教室基础设施中不仅包括了多功能桌椅、专业电脑和投影仪等教学设备，还有在教学过程中可能会使用的实体装备和虚拟仿真设备。理实一体化教室应该具备一定的硬件设施支持，因为是学生开展技能训练的关键场地，需要一定的硬件设施来支持理实一体化的教学工作。还有一些无法满足理实一体化教学需求的情况，教师应该尽量使用虚拟仿真的相关技术作为弥补，这将有助于教师规范其演示过程，同时还能让学生快速地跟进和练习。如模拟故障可以帮助学徒积极主动地思考，促使他们能够更为顺利地使用相关知识来修复模拟故障，并对未来的工作保持高度的热情。

（3）理实一体化教室管理

①理实一体化教室信息管理系统。

理实一体化教室信息管理系统的使用有利于实现管理的系统化、信息化、科学化。只有当高职院校与企业建立并不断完善这一信息管理系统时，才能够充分发挥出理实一体化教室的潜力，提升设备的使用效果，并帮助学徒实现学习目标。理实一体化的教室信息管理系统涵盖了四大部分：实训项目课程管理系统、实训设备信息管理系统、使用人员登记管理系统和专业资料查询系统。学校教师要通过实训项目课程管理系统对所学的课程及项目进行系统化整理，确保线上线下同步教学，以便于学徒随时学习。实训设备信息管理系统则是方便教师对教室内所有的装备和仪器设备进行统计和管理，尤其是对新进设备和淘汰设备进行备案，确保无一缺漏。不论在课上还是课下，所有进入教室的人员都要被登记在使用人员登记管理系统中，对于仪器设备的型号和耗材登记，要确保责任到人。专业资料查询系统中要包括装备相关理论知识电子书籍、论文、教案、课件及相关参考资料等，便于师生随时下载，实现资源共享。

②完善制度管理。

为了确保理实一体化教室能够正常且高效地运作，建立和完善科学化、规范化的教室安全管理制度是非常有必要的，同时高职院校与企业应制订安全操作规程和装备的安全使用须知等，高职院校与企业应该加强工作人员的职责意识并落实责任。教师与学徒需全面地记录教室的使用状况，并保持对设备问题的警觉，以确保使用过程的顺利。还需定期派遣专人对教室内的设备和器材进行检修和维护，以保障理实一体化教学活动顺利进行。还有一点需要考虑的是，因为理实一体化教室的性质较为特殊，高职院校与企业应该制订相关的教室开放制度，这样学徒就能够在空闲的时间到教室完成自己的学习任务。

高职院校与企业要积极开展横向研究课题，并利用相关研究经费来增加理实一体化教室实训设备的数量和种类。通过推进横向的课题项目发展，高职院校与企业可以逐步增强学校教师为企业服务的能力，制订并完善课题项目理实一体化申报和管理的具体规定。

课题项目为高职院校与企业进行理实一体化教学提供了支持，同时，对课题项目的管理也是理实一体化教室管理工作的重要内容之一。在建设理实一体化教室的过程中，我们不仅需要加大教学团队方面的建设力度，还应鼓励学校教师与企业合作，根据企业的实际需求，发现并指出问题，而且应该对课题进行正面的横向研究，并使用这些研究资金购买专业教师进行教学时需要用到的实训类设备。通过促进横向研究，高职院校与企业实现了提升学校教师对企业的服务能力。构建并优化课题项目的申报和管理相关要求，不仅要鼓励教师积极地提交课题申请，同时也要鼓励教师对这些课题项目把好关，以提升课题项目的整体质量。

2. 校内生产性实训基地

（1）学校主导模式

这一模式主要是以学校为核心来组织生产和实训管理活动的，其核心思想是利用学校的相关优势条件，通过市场机制开展相应的实训教学。这意味着企业在生产产品、经营业务或进行技术研发的同时，也要积极对在校学生开展实训的练习。这一模式主要可以分为以下三个类别：

①学校自主建设型。

学校主动投资场地和设备，创建具备生产（经营）特性的校内实训基地，并创建一个真实性较强的职场环境。

②“筑巢引凤”型。

在“筑巢引凤”模式中，学校要采用“引企入校”和“校中厂”合作模式，建立生产性较强的实习和实训基地。在这一过程中学校不仅投入了先进的生产设备，还主动与企业开展合作，让企业提供相应的人才和技术，并组织学生积极组织生产和实训活动。通过这种方式，在制造产品的过程中，也能实现让学生参与实际操作训练的目标，达到“学做合一”的教学效果。

③来料加工型。

来料加工型模式要由学校充分利用其目前的设备，从企业那里争取一些产品的来料加工业务，学生在实训教师的指导下参与生产和实训的任务。

（2）企业主导模式

这是一种以企业为核心，组织学生参与生产和训练的模式。在学校与企业的合作中，主要是由行业内的企业为核心来组织生产活动和学生的实际训练，这就形成了企业主导模式。它主要可以分为以下两个类别：

①订单培养型。

各个行业的企业在高职院校建立的“定制班”就属于订单培养型，在高职院校内，这些企业和学校签署了相关的订单协议，企业也积极地参与到了这些学校的教育教学活动之中。学校提供理论教学课程、场地和管理工作，行业企业则为“定制班”提供设备并派遣技术人员到学校配合开展生产和实训的相关工作，学生在学校期间接受岗位培训，准备成为企业的员工。

②赠送赞助型。

赠送赞助型模式是指企业可以通过无偿赞助或半赠送的方式，向学校提供一些用于生产和营销的仪器，赠送赞助型模式主要依靠企业的投入来建设学校的生产性实训基地，企业也指由生产性实训基地推广和宣传企业的相关产品，支持学校积极开展办学的活动。

3. 校外生产性实训基地

校外生产性实训基地是指企业与学校共同建立的，用于学徒在岗培训、教师挂职锻炼及进行科研创新的场所，是实现现代学徒制人才培养目标的主要场所。学校利用企业的生产环境为学生提供了一个真实性较强的工作场所，旨在培育和加强学生的实际操作技巧，从而提升他们的整体素养。

（1）校企共议

校企共建校外生产性实训基地的核心目的在于在这个机制中保障双方的共同利益。一个以校企“双主体”为核心特征的生产性实训基地能否持续并健康运行，关键点在于其利益的分配是否科学，以及如何创新利益驱动的相关机制并保障校企之间的利益是相互联系的。只有在满足双方利益的前提下，校外生产性实训基地才能够更好地发展。江苏某职业学院与企业在创建校外生产性实训基地的过程中，探索了合作双方的利益分配机制，并采取以下措施：首先，学校建立了正确的利益观念，并改变了自己的投机心态。在建立生产性实训基地时，学校应该综合考虑教育管理部门的政策需求和建设生产性实训基地所需的支持，同时确保学生进入企业参与实训不会为企业带来负面影响，并避免增加企业的生产和运营成本。为了更好地与企业管理者和实际操作的技术人员合作，学校从制度上下手，制订更为科学、合理的制度。同时，聘请企业管理人员和技术人员担任生产性实训基地的企业师傅，并将一些培养的经费以课时经费的方式反馈给企业层面，以增强他们的工作热情。其次，在学生的学习过程中，学校应该在各种竞赛和活动中增加对合作企业的介绍，以增强学生对企业的了解和认同。在进行对外国际交流的过程中，学校应当加强对合作企业的推广和宣传的活动，以提升企业在社会层面的影响力。在毕业生的就业推介活动中，学校要特别强调与合作企业的关系，目的是为这些企业推介更多的杰出人才，并维系与这些企业的合作关系，针对企业的人才需求，有目的地进行人才培养，以满足企业对人才的需要。学校的教师应该与企业紧密合作，为其提供技术咨询服务，致力于帮助企业攻克生产过程中遇到的种种技术瓶颈和革新难题，从而与企业协同解决所面临的挑战。学校要建立校企联合办学机制，实现产学研结合。学校也要为合作企业提供便利条件，包括员工的岗前培训、在职教育以及继续教育等。对于企业来说，培养学生不应被企业视为一种负担，反之，企业应该把学生的培训过程视为自身和行业产业存储人才的关键一步，并理解这是企业应该承担的社会性责任。他们应该主动地为学生提供培训的机会，以提高学生的综合能力。企业为学生提供了更有效的操作和实习机会，让学生能够更加真切地感受到实际的工作环境。为了最大限度地利用实训基地的优质教学资源，学校应聘请企业内技术精湛的技术人员来生产性实训基地兼职担任企业师傅一职，帮助学校完成学生的培训计划，并确保学生能够使用最为先进的工具和设备，完善教学的过程。

(2) 校企共管

在政府有关政策的指导下，学校和企业协商合作建立起了校外生产型实训基地，这些基地的建立以企业生产基地为基础，然而，基地的实际管理和运营过程充满了重重挑战。例如，因为畜禽的品种之间存在区别，所以与高职院校畜牧兽医专业合作的企业需要使用不同的管理体制。湖南某职业技术学院的畜牧兽医专业与省内大型畜牧企业积极开展合作，并积极推进对校外生产性实训基地的建设过程。在整个建设过程中，该学院非常注重改善和创新管理、运营架构。该学院运用其他专业在校外生产性实训基地建设和运营方面的相关经验，基于现有体制，创新性地设计了更适于校企共管的管理和运营机制，其中之一就是建立了一个组织结构，它将学校和企业联系在一起，并且还实施了可行的运营机制。该学院和企业积极展开合作，达成共识，决定设立一个专门管理校外生产性实训基地的办公室。由高等教育机构的教学领导和实习管理人员，以及企业生产领导和一线生产主管等人员共同组成管理团队。基地管理办公室的主要任务是对整个基地进行建设，并协调和完善管理过程中可能会出现的种种问题。为保证实训基地的顺利运转，我们应该建立起对学生实训和实习的管理制度，用以管理学生的实训实习。这一管理制度将会把实训指导教师的考核制度、安全管理的措施、成绩评估的方法、日常管理的规定内容包含进去。另外，该学院和企业从不同的途径获得了资金，从而推动生产性实训基地的日常运作和不断发展。在实际的教学工作中，为了做好生产性实训基地的建设和运营工作，学校也应该从专项资金中划拨出一些资金用于生产性实训基地的实际建设，同时企业应承担学生的学习和生活设备费用，并为生产性实训基地的管理人员的相关开支报销。

（3）校企共定

在学校和企业使用生产性实训基地培养人才时，应该将学校和企业合作培养人才的策略结合在一起，并不断地完善生产性实训基地的建设，以提高人才培养的质量。为了使毕业生能够在毕业之后直接上岗，学校应该结合专业技术技能教学的特点，设定相应的培养标准。这可以帮助培养出的学生更适应他们未来的工作，能够胜任日后的工作。在制订人才培养计划时，学校与企业应紧密合作，共同确定人才的培养计划、共同建立体系化的课程、合作设定教学内容。企业与学校还应该协调教师和企业生产一线的技术人员，共同编写出一本符合生产实际情况的教材，学校与企业还应从教学效果的实际情况出发，与时俱进地更新教材内容。

（4）校企互补

为社会培养高素质的专业人才是高职院校的主要社会职责，企业的主要社会职责则是要以合理的方式利用人才资源，从而提升企业的经济效益并生产出高品质的产品，以满足市场发展的需要，使企业获得更大的经济利润。学校希望学生及时接触并了解企业的创新技术，与时俱进，从而提高他们的综合水平，使学校培养出来的人才能够符合整个行业和所在企业的具体需要。在企业的经营过程中，学校能够提供的技术支持是企业经营必要的保障，包括升级和创新技术、新技术培训以及为解决技术困难提供相应的支持。学校拥有符合企业需求的专业技术研发能力和优质的技术培训环境，同时聚集了一批具有潜能的杰出人才，还积极追求最新的科技成果。企业拥有符合学校要求的实践环境、尖端的生产设备和设施，还有水平较高的企业技术骨干。学校与企业的紧密合作关系可以帮助它们实现培养高素质人才和提升企业经济效益的双重目的。在校外生产性实训基地的建设过程中，学校和企业需要更新相应的管理制度，并成立一个专门的管理办公室来负责基地的日常管理工作。在这个办公室里，学校和企业可以一起探讨和解决生产性实训基地运营中的各类难题，讨论关于校企双主体人才培养模式和生产性实训基地管理运行机制的未来发展潜力，校企互补，旨在让教学与生产达到统一的效果，从而实现双主体之间共享教育资源的目的，推动生产性实训基地的创新式发展。

第三节　校企实施现代学徒制的问题反思与解决对策

一、试点现代学徒制需要解决的问题

现代学徒制是将企业学徒培训与高职院校知识理论教育相结合的教育制度，具有双主体、双身份、双导师等特征，包含了学校与企业、企业与学生、学校教师（企业师傅）与学生的主要契约关系。自我国开始试点现代学徒制以来，各高职院校也相继遇到一些问题，需要对这些问题进行探讨解决，以便让现代学徒制这条“路”越走越宽、越走越好。

（一）国家缺乏相关政策法规与推行措施

尽管现代学徒制的试点项目已经逐渐得到了教育部和高职院校的关注，但从国家的角度出发进行探究的话，仍然缺乏相关的政策法规以及具体的推行措施。

1. 相关政策法规不够规范

从总体层面来看，现代学徒制的定义在相关教育部门和学校合作的政策文件中相对宽泛。然而，在政府制定的法律法规中，仍有一些关于现代学徒制的概念不够规范，如法律对学徒的待遇和福利定义不清，这导致学徒的关键利益无法得到保障，不利于在具体情景下实践现代学徒制。

2. 推行措施不够具体

我国对现代学徒制建设的重视程度仍需提升，部分企业在参与现代学徒制的项目时，缺乏使命感和责任感，也不够重视现代学徒制这一模式。同时，由于在国家层面上对企业参与现代学徒制的保障性政策法规仍需完善，企业参与现代学徒制的积极性不足，现代学徒制的推行措施在实际操作过程中仍显得不够具体。

（二）学校管理机制与课程体系不够完善

1. 现代学徒制教学管理滞后

在我国，尽管传统的学校教学模式仍然存在，但现代学徒制教学模式即工学结合、校企合作的教学模式正在逐渐兴起。现代学徒制教学模式不仅需要学校在人力、财力和物力等方面进行更大的投入，而且需要高职院校的高级管理人员提前做好思想层面的准备。高职院校的高层管理人员需要综合考虑不同方面的因素，部分高职院校的高级管理人员容易对现代学徒制未来的前景感到担忧，甚至出现了一些负面的情绪。现代学徒制的基本理念在于将学术研究和实际的工作结合在一起，学校负责的工作是做好课堂的知识讲授，而企业则负责为学生提供实践操作的便利。现代学徒制的出现意味着学校和企业这两种身份角色融合在了一起，这意味着学校需要平衡学生的知识掌握和技能训练，这使得学校对学生学业的评估变得更为复杂，并为学校的管理带来了额外的挑战。从教师的角度看，对教师的评估和管理也会增加不同的角度，因为在现代学徒制中，不仅是教师要承担起教学的责任，企业的师傅也应该积极地参与到教学的环节之中。另外，目前现代学徒制中还存在着一些不足，如缺乏统一的标准等，这又导致了不同院校间教学质量参差不齐，影响了现代学徒制教育效果的发挥。针对上面提到的各种问题，学校需要重视学生的知识和技能培养，并在根据自身情况建立和完善各种教学管理制度的基础上，努力适应现代学徒制的需求，以促进现代学徒制教学的不断进步和发展。

2. 高职院校课程体系与专业设置不达标

在科学技术不断发展的背景下，出现了众多新兴产业。但是，高职院校的专业设置方面仍需与时俱进，而且部分高职院校也没有及时调整教学的具体内容，这些因素使得一些高职院校无法适应当前技术和产业的发展。还有部分高职院校在适应现代学徒制这种特殊的教育模式时，没有及时转变自己的教学方法，仅仅是对过去的制度做简单的调整。这种没有从根本上改变教育模式的做法，无法满足教育改革的需要。这也使得课程设置容易趋于死板，无法结合现代学徒制，工学结合的效果也不如人意。所以，学生无法实现向学徒身份的顺利转变，这些课程培养出的人才也不能很好地满足企业的需要。

（三）企业参与积极性不足

在过去的几年里，“技工荒”的问题对我国经济和企业的发展均产生了一定程度上的负面影响，而采用现代学徒制和校企合作的方法可以解决“技工荒”的问题。尽管从逻辑角度来看，企业对参与现代学徒制的态度也变得更为积极，但事实上，企业对参与现代学徒制的积极性仍需提升。

部分学校在办学质量、基础设施以及社会知名度方面没有达到企业的要求，因此企业无法在与这些学校的合作中获得理想的经济利益。这种状况导致这些学校无法吸引企业与它们进行合作，因此降低了企业参与现代学徒制的积极性。

一些企业认为将实习学徒安排到技术难度较高的职位上是不安全的，所以学徒们经常被分配到无关紧要的岗位上。这些企业的做法会让学生认为自己被忽视，从而降低了学生的学习、工作积极程度。另外，某些企业认为学生的实践经验不足，如果将一些重要的任务交给学生，学生也不能够较好地完成这些任务，可能降低企业的生产效率，这些也导致了企业参与现代学徒制的积极性不足。

学生在学校学习时，企业需要为学生的学习提供大量的人力、财力和物力支持；当学生到企业参与实习实践成为学徒时，企业还应该从学徒的学习具体情况出发，向学徒支付一定的工资。然而部分学徒毕业后是否选择继续留在企业以及是否能为企业带来经济利益，仍是一个悬而未决的问题，这使得企业难以承担这一投入的风险。

从目前的实际状况出发，政府、社会和学校都希望企业能够参与到现代学徒制的建设过程中。企业本质上是追求利益的组织，如果企业在现代学徒制这种模式下不能够获得实在的经济利益，那么企业与学校的合作意愿将会降低。

（四）学徒的身份难以得到认同

尽管现代学徒制能够显著提高学生的专业知识水平和技能水平，并有效地控制“技工荒”问题，但部分家长和学生对这一教育模式的认识仍然有待提升，造成这种现状的原因主要有以下几点：

高职院校一些学生的高考成绩偏低，因此不能进入本科学校学习，一些媒体将高职院校的学生评价为“落榜生”，因此，选择进入高职院校成为学生和家长的无奈之策。部分学生和家长对学徒一词存在误解，如果要将学徒这两个字与高职院校毕业生结合在一起，家长和学生容易感到尴尬。

部分家长认为，将孩子送到学校接受教育的主要目的是获得优质的教育，获得更好的前途，而不是为了在毕业后为企业打工，充当廉价的劳动力。部分家长和学生对学徒制有着一些错误的理解，他们认为校企合作或者工学结合的学习模式仅仅是学校和企业的合作，可能与学生未来的发展关系不是很密切。一些学生也缺乏参与现代学徒制的意愿，甚至存在着一些反感的情绪，因此导致他们的学习热情不断下降。

在现代学徒制教育模式背景下，许多学校会从企业的实际需要出发培养人才，然而，部分学生对自己的职业规划还不够明确。除此之外，他们的生活中还有一些不确定因素，如学生很难确定自己将来会不会选择从事这一工作。所以，如果学生在毕业之后并未选择这份工作，也没有继续为该企业提供劳动，那么由此引发的问题在未来也难以解决。对于学生和家长的固有认知而言，这种基于现代学徒制度的教学方式存在着一定的局限性。

（五）缺乏完善的保障措施

就目前我国现代学徒制的发展状况来看，政府还应该从根本上推动校企合作和工学结合教育模式的发展。在现代学徒制试点项目中，企业在培训学徒方面的支出远远超过了政府为企业提供的支持资金。因为学校的高层管理人员和教师对深入基层参与实践指导的意愿较弱，所以学校和企业之间的合作存在一些困难。部分企业也不能够确定学生毕业之后是否能够进入企业工作，因此，他们努力降低成本支出，如指导学生实际操作的师傅可能并不是企业的核心技术人员，就算一名技术核心人员能够担任企业师傅，并对多名学生开展指导，学生和企业师傅之间的交流也会受到影响。这种情况会使得一个企业师傅难以有效地管理数量众多的学生，从而直接影响学生的学习成果。此外，高职院校的学校教师在实践层面的研究不足，缺乏足够的实践操作经验，因此他们会存在理论知识丰富但是实践操作能力略显缺乏的情况。

二、现代学徒制施行中的问题对策

（一）宏观层面

现代学徒制整合学校教育的效率优势与传统学徒制的质量优势，契合当前高素质技术技能型人才培养以及大国工匠的现实需求。在这种大背景下，基于现代学徒制的人才培养理论，根据国外施行现代学徒制的成功经验以及当前我国现代学徒制的试点情况，未来我国的职业教育将在试点的基础上不断完善与发展现代学徒制，为实现人才培养、产教融合、校企合作的目标奠定基础。

1. 促进三个环节运行顺畅

对应传统学徒制的收徒—学艺—出师，现代学徒制的三个环节，即招生、培养与就业。在传统学徒制中，这三个环节有着严格的制度与要求，并且人才培养的主体相对单一，基本能够按照师傅的人才培养计划从收徒、学艺、出师三个环节一以贯之。然而，在现代学徒制下，招生、培养与就业三个环节所涉及的主体具有多元性，这就导致现代学徒制与传统学徒制相比具有一定的复杂性。目前，通过现代学徒制的试点实践，在培养和就业环节，学校和企业两个主体的合作在前期“订单式”培养与合作经验的基础上，运行较为顺畅，然而，在招生环节，真正实现招生即招工的校企合作较少。例如，在招生环节，学校招生归属教育主管部门，企业招工则出于企业自身的发展需求。而要实现现代学徒制的“招生即招工”，需要将传统的、两个不同的招生和招工体系合二为一，难免遭遇制度上、体制上和机制上的困难。基于此，目前进行的现代学徒制试点在尝试实现“招生即招工”时，通常采取两种措施：一是通过单独招生，给予学校较大的自主权，在自主招生的面试环节，部分试点单位将企业人力资源部门、技术人员（师傅）等作为面试组成员参与面试，以实现校企共同招生。这种方式的弊端在于目前供企业选择的对象有限，企业难以选到更多心仪的目标对象来培养。二是通过在学生入学第二年进行二次双向选择的方式，直接让企业从高职院校学生中选取合适的学生进入现代学徒制试点班，签订相关协议开展培养工作。这种方式从实质上来讲，没有真正实现“招生即招工”，因为校企合作培养学徒的时间最多只有两年，这跟现代学徒制追求的理想状态存在差异，且与之前的“订单式”培养差距不大。可以看出，上述两种方式，都存在一定的弊端，为实现真正意义上的现代学徒制，必须从“招生即招工”这第一道关口实现质的突破，在此基础上实现招生、培养、就业三个环节的顺利运行，才能真正实现现代学徒制的建设。

2. 鼓励行业协会深度参与

从学徒制的发展历程来看，行业协会在学徒制的繁荣阶段扮演着重要的角色，行业协会的出现使学徒制逐渐从私人性质的制度过渡到公共性质的制度。就目前现代学徒制的实践来看，大部分现代学徒制试点单位是学校，其实践过程中通常是个体行为，即凭借自身前期的校企合作基础开展现代学徒制试点，而行业协会较少参与其中，因而很难让现代学徒制打破学校和企业的藩篱拓展为一个行业的公共事业。而在未来，现代学徒制应当是一种允许行业协会深度参与的模式。

3. 确保法律保障精准到位

现代学徒制将突破传统学徒制和传统学校制度的单一主体，成为多个主体共同培养人才的新培养体系。从一元到多元，必然产生更为复杂的多角度、多层面的关系，这就需要通过法律制度来规范多个主体的权益与它们要承担的责任。因此，法律制度是现代学徒制顺利推进的重要保障。

（1）企业积极主动

施行现代学徒制遭遇的主要困难之一，仍然是在之前校企合作中存在的“剃头挑子一头热”的现象。这个问题不从根本上解决，现代学徒制对职业教育的改革目标就难以实现。因此，需要从法律层面，对企业参与人才培养进行鼓励与约束。例如，一方面，通过法律规定企业要承担的人才培养任务，让企业将其作为一种社会责任。另一方面，通过有效的鼓励措施，调动企业参与现代学徒制的积极性，如对参与现代学徒制实践的企业实施减免税收的优惠鼓励政策，提升企业参与现代学徒制的积极性。

（2）安全保障有力

调查显示，目前在施行现代学徒制的过程中，企业为学徒购买保险的比例并不高，这也从侧面证明学生的学徒身份没有从根本上被明确。因此，如何解决或减轻学校和企业在参与现代学徒制过程中的后顾之忧，就需要从法律层面来规定如“由谁为参加现代学徒制的学徒购买劳动保险和人身意外保险”一类问题的解决方案。

（3）师徒身份合法

在学生毕业以后形成的、正式的、以合同约束的师徒关系中，部分企业师傅不会全身心地投入对徒弟的培养中。针对在学校中的非正式师徒关系，一些企业师傅投入的精力则更是大打折扣，人才培养的质量也相应下降。在这种情况下，现代学徒制在高等职业教育中生根发芽还面临着其他困境，除了学校和企业要创造构建现代学徒制的基本条件外，还需要完善的政策环境来支持现代学徒制的发展。一方面，对于现代学徒制中学徒的双重角色，需要政府实事求是地进行定义，并通过修订相关的法律条文来明确学徒的身份，从而推进我国现代学徒制的深入实施。另一方面，对企业师傅的身份确认，同样不可缺少，政府需用法律法规的形式赋予企业师傅现代学徒制中的师傅身份，特别是对企业员工和企业师傅双重身份给予明确界定，并给予相关的政策倾斜和政策支持，以调动企业师傅参与现代学徒制的积极性。

（二）微观层面

现代学徒制的核心是校企深度融合，在微观层面，主要以教学组织、教学方式、师生关系、教学环境、评价方式等方面构建现代学徒制的顺利施行。

1. 校企共生

在现代学徒制背景下，学校与企业的双主体教育面对的核心挑战是如何深化学校与企业之间的合作并确保其持续性。要解决这一问题，不仅依赖于国家政策的有力支持，更重要的是学校和企业这两个主体在经过不断地磨合之后，寻找到双方的利益共同点，并建立起相互联系的合作关系。这样才能形成一个“共商培养方案、共定课程体系、共培教学团队、共建学习环境、共组订单班级、共施教学过程、共评学生质量、共担教学成本、共享发展成果”的机制，使企业能够主动参与到现代学徒制人才的培养过程之中。为了实现现代学徒制，我们必须构建一个持久有效的校企合作平台，这意味着学校和企业之间需要形成一种积极的、能够相互依赖的“共生”关系，以实现持续的双赢局面，并使企业积极参与到校企合作的过程中，而无须受到外界约束，形成持久的合作惯性。

2. 合法协议

现代的学徒制主要包括三个核心部分：学校、企业以及学生。由于主体的多样性和复杂性，现代学徒制的外部保护机制变得至关重要，因为外部保护机制能够确保三个主体各自的职责、权力和利益得到保障。在传统学徒制中，学徒的身份通常是通过签订契约来确定的，这种契约体现了双方之间存在一种权利和义务关系，或者说是一种相互受益的关系；在现代学徒制中，同样需要通过法律手段来赋予学生学徒的身份。调查发现，明确学生在企业学徒身份是施行现代学徒制的难点之一，以何种方式、何种形式明确学生的学徒身份，保证学徒相应的责任、权利、利益是实践现代学徒制时需要突破的瓶颈。学校、企业、学生三方的《顶岗实习协议》《就业意向协议》《就业协议承诺书》等在一定程度上约定了三方在学生顶岗和就业期间的责任、权利、利益，但是还没有真正明确学生的企业学徒身份，距现代学徒制的要求还存在一定差距。因而，在明确学徒身份上，企业还需更积极主动地参与学徒责任、权利、利益保障机制的构建当中，真正帮助学生在企业确立学徒身份，实现招工与招生的统一。

3. 柔性化教学

现代学徒制针对学校教育制度“大一统”的弊端，通过柔性化的教学组织凸显传统学徒制的质量优势。因此，在现代学徒制的实践过程中，实现学生最大限度的发展是教育的宗旨，也是现代学徒制追求的目标。在柔性化的课程结构实践中。一方面，为了满足不同学习程度学生的需要，我们为选择了职业教育的学生设计了各种不同的课程结构；另一个方面，为了更好地满足学生的个性化学习需求，我们提供了基于学分制的弹性空间。此外，通过学生与企业之间的双向选择来组建班级、引入各种试点企业的课程内容、全方位地实施小班教学以及采用多种工学交替的教学方式，这些都为教学的柔性化实施提供了基础条件。

第七章　基于现代学徒制的校企合作趋势和展望

随着技术和经济的发展，现代学徒制也在不断演变和发展。本章为基于现代学徒制的校企合作趋势和展望，分为两节：基于现代学徒制的校企合作趋势、基于现代学徒制的校企合作展望。

第一节　基于现代学徒制的校企合作趋势

一、运行机制

理事会在现代学徒制建设中扮演着重要角色，负责制定政策、规划和监督学徒制的运行。未来的发展趋势是加强理事会的参与和决策权，确保现代学徒制的目标与市场需求相一致，并及时调整政策以适应变化的经济环境。

校企沟通与实践是现代学徒制的核心环节，通过学校和企业的合作，学生能够在真实工作环境中学习和实践技能。现代学徒制未来的发展趋势是加强校企之间的合作，建立更加紧密的合作关系，提供更多的实践机会，使学生能够更好地融入企业并掌握实际工作技能。

人才评价是现代学徒制的重要环节，通过对学生的评价和认证，可以确保学生具备企业岗位所需的技能和素质。未来的发展趋势是建立更加科学和全面的人才评价机制，包括对学生技能的考核、对学习成果的认证以及对学生综合素质的评估，以使学生更好地满足市场需求。

总的来说，现代学徒制的发展趋势是加强理事会的作用，加强校企合作，为学生提供更多实践机会，并建立科学全面的人才评价机制，以适应不断变化的市场需求，培养更多高素质的技术技能型人才。

二、权责划分

现代学徒制未来的发展趋势是企业在参与职业教育时承担更多的责任和义务。企业将更加积极地参与课程设计、教学计划制订和教学质量监控等，以确保培养出符合市场需求的人才。同时，政府应建立更加完善的企业参与机制，加强企业与学校之间的协作和沟通，形成双向互动的合作模式。

权责划分是校企合作中的重要问题，未来的发展趋势是建立更加公平和合理的校企利益与权责划分机制。学校和企业应共同制定合作协议，明确各自的权益和责任，并建立长期稳定的合作关系。同时，要加强监督和评估机制，确保校企合作的公正性和透明度。

资源共享是校企合作的基础，现代学徒制未来的发展趋势是加强校企之间的资源共享。学校可以提供教育专业知识和教学资源，企业可以提供实践机会和先进的技术设备。通过资源的共享，学生可以获得更全面的教育和实践经验，学校和企业也可以相互借鉴和提升。

三、创新方向

从技能形成视角来看，现代学徒制的创新方向是将学校和企业的教育资源进行有效整合，形成全方位、多层次的技能培养体系，以满足市场需求。从借鉴先进经验视角来看，创新方向是学习和借鉴其他国家在现代学徒制实践方面的成功经验，结合本国实际进行改进和创新。从自由市场经济模式与政府主导型模式对比的视角来看，创新方向是在政府的引导和监管下，鼓励市场主体参与现代学徒制建设，使市场主体之间形成公平竞争和协同发展的机制。

现代学徒制的创新方向是进一步加强产教融合，通过学校和企业的密切合作，将教育与实践相结合，提供更贴近实际需求的教学方法和培训内容。这可以通过建立校企合作研究中心、共同开展项目研究和技术创新等方式实现，以便更好地培养适应市场需求的高素质技术技能型人才。

现代学徒制的创新发展方向是建立完善的校企协同保障体系，以确保现代学徒制的教学质量和可持续发展。这包括建立对现代学徒制的法律法规和政策支持，加强对现代学徒制的监督和评估机制，以及建立对现代学徒制学生的权益保护机制等。通过这样的保障体系，可以提高现代学徒制的可信度和可持续性，保证学校和企业之间实现长期合作。

第二节 基于现代学徒制的校企合作展望

一、职业教育需求的增加

随着经济的发展和产业结构的变化，社会对高素质、职业适应性强的人才的需求不断增加。现代学徒制作为一种结合理论与实践的教育模式，能够更好地培养适应市场需求的人才，因此现代学徒制受到了越来越多的关注和重视。未来，随着职业教育需求的增加，基于现代学徒制的校企合作将会得到更多的支持和发展机会。

二、产业界对校企合作的认可

随着校企合作的不断深化和发展，越来越多的企业开始意识到校企合作对于人才培养的重要性。企业逐渐认识到校企合作可以帮助它们更好地培养符合自身需求的人才，并且可以通过校企合作与学校建立长期合作关系，共同推动产业发展。因此，未来产业界预计会有更多的企业愿意参与校企合作，为学生提供更多的实践机会和就业机会。

三、技术发展的推动

随着科技的不断进步，新兴技术的涌现对市场需要的人才提出了新的要求。基于现代学徒制的校企合作可以更好地满足这些需求。学生可以通过与企业合作，接触到最新的技术和工作方法，提前了解行业的发展趋势。同时，企业也可以通过与学校合作，培养出具备新技术应用能力的人才。因此，随着技术的不断发展，基于现代学徒制的校企合作将进一步得到推动和发展。

四、政策支持的加强

政府对现代学徒制的校企合作政策支持逐渐加强，政府将继续加大对职业教育的投入，提供更多的政策支持和经费支持，鼓励学校和企业加强合作，共同培养高素质的技术技能型人才。政府还将加强对校企合作的监管和评估，推动校企合作的规范化和持续发展。因此，政策支持的加强将为基于现代学徒制的校企合作提供更加稳定和可持续的发展环境。

五、国际交流与合作的拓展

在国际化的背景下，国际交流与合作对于学生的职业发展具有重要意义。基于现代学徒制的校企合作可以为学生提供更多的国际交流和合作机会，有助于拓宽他们的视野。同时，学校和企业也可以通过国际合作，借鉴其他国家施行现代学徒制的成功经验，提升自身的教学水平和竞争力。因此，笔者预计基于现代学徒制的校企合作将会在国际交流与合作方面得到进一步拓展。

综上所述，基于现代学徒制的校企合作具有广阔的发展前景。职业教育需求的增加、产业界对校企合作的认可、技术发展的推动、政策支持的加强以及国际交流与合作的拓展等因素都将推动校企合作不断创新和发展。未来，基于现代学徒制的校企合作将成为培养高素质人才的重要途径，为社会经济的可持续发展做出积极贡献。

参考文献

[1] 刘印房 . 地方本科高校校企协同创新机制构建研究 [M]. 北京：科学技术文献出版社，2018.

[2] 周哲民，万秋红 . 校企协同视域下工科高职院校技术技能积累与创新 [M]. 北京：北京理工大学出版社，2020.

[3] 王秦 . 面向现代产业体系的校企协同技术技能积累机制实现路径研究 [M]. 北京：北京交通大学出版社，2018.

[4] 王鹏，夏莹，张俊萍，等 . 政校企协同推进高等职业教育“双证融通”人才培养改革探索与实践 [M]. 上海：上海交通大学出版社，2018.

[5] 郑广成，朱翠苗 .“区域耦合、校企协同、互融贯通”的现代职业教育体系模式的探索 [M]. 北京：北京理工大学出版社，2017.

[6] 刘伟 . 云南现代学徒制试点典型案例 [M]. 昆明：云南大学出版社，2021.

[7] 陆玉梅，高鹏，陶宇红 . 企业参与现代学徒制的动因与机制研究 [M]. 北京：九州出版社，2022.

[8] 陶权 . 现代学徒制人才培养金光模式研究与实践 [M]. 长春：吉林大学出版社，2021.

[9] 赵鹏飞 . 中国特色现代学徒制试点探索与实践（第 1 辑）[M]. 上海：复旦大学出版社，2021.

[10] 门洪亮 . 现代学徒制市场营销专业教学标准研制 [M]. 广州：华南理工大学出版社，2020.

[11] 杨璐宁，季晓伟，曹晶晶 .“院园融合”探索现代学徒制人才培养的“义乌模式”[J]. 商业经济，2022（12）：191−193.

[12] 胡新岗，黄银云，沈璐 . 中国特色现代学徒制的时代意蕴、推行逻辑和优化路径 [J]. 教育与职业，2022（21）：102−106.

[13] 赵岚 . 利益相关者视角下现代学徒制的思考 [J]. 高教论坛，2022（10）：110−113.

[14] 孟凡镇 . 现代学徒制视角下高职课程思政协同育人教学 [J]. 科学咨询（教育

科研)，2022（10）：94-96.
[15] 张勇．高职院校现代学徒制课程构建的实践症结与逻辑选择 [J]. 湖北开放职业学院学报，2022，35（19）：114-116.
[16] 加鹏飞，黄丽颖，李蔚佳．职业本科院校内涵式发展视角下中国特色现代学徒制构建研究 [J]. 教育与职业，2022（19）：52-55.
[17] 沈雁，宋雅兵，杜训柏．基于“企业学院”现代学徒制模式下高职人才培养模式的探究 [J]. 天津航海，2022（3）：43-46.
[18] 赵丹．“双高计划”背景下高职院校现代学徒制人才培养的实践探索 [J]. 江西电力职业技术学院学报，2022，35（9）：142-144.
[19] 卢文阳．现代学徒制视域市场营销人才培养模式 [J]. 商业观察，2022（27）：49-52.
[20] 薛雅文．浅析运动饮料的利与弊 [J]. 文体用品与科技，2021（20）：104-105.
[21] 黎莞萍．基于现代学徒制的中高本职教衔接课程管理研究：以眼视光类专业为例 [D]. 广州：广州大学，2023.
[22] 许澍．青岛市现代学徒制实践的问题与对策研究 [D]. 济南：山东师范大学，2023.
[23] 李治辉．基于现代学徒制的中职学校电气控制技术及应用教学研究与实践 [D]. 长春：长春师范大学，2022.
[24] 徐健．基于现代学徒制的高职院校技能型课程设计研究 [D]. 天津：天津职业技术师范大学，2022.
[25] 刘颖．职业教育现代学徒制的政策研究 [D]. 南京：南京邮电大学，2021.
[26] 邓苗．基于企业参与视域下中英现代学徒制比较研究 [D]. 上海：东华理工大学，2021.
[27] 苏蕾．云南省高职院校现代学徒制政策执行研究 [D]. 昆明：云南财经大学，2021.
[28] 胡思宇．现代学徒制中企业师傅教育角色研究 [D]. 天津：天津职业技术师范大学，2020.
[29] 肖渝琪．基于现代学徒制的中高职课程衔接比较研究 [D]. 武汉：湖北工业大学，2020.